OSTLER
VERBORGENEN SCHÄTZEN AUF DER SPUR

All denen, die sich ihre Phantasie bewahrt haben und dem Zauber verschollener Schätze verfallen sind.

REINHOLD OSTLER

Verborgenen SCHÄTZEN auf der Spur

Geheimnis, Gold und Abenteuer

PIETSCH VERLAG STUTTGART

Umschlaggestaltung: Siegfried Horn, unter Verwendung zweier Dias von Hans-Gerd Brandes und Focus

Bildnachweis

Dr. Richard Gissler, P-R-R-O Treasure-Press, Archiv Reinhold Ostler, Australian Picture Services, US-Agency, P-R-R-O Kartendienst, Liastschenko Archiv, Goldener Ring e.V. Tourist Board Seychelles Frankfurt, Rudolf Elender, Midas Forscherclub, Rupert Lenzenweger

ISBN 3-613-50068-X

Eine Abteilung des Buch- und Verlagshauses Paul Pietsch GmbH & Co. KG.

Gesamtherstellung: Brönner & Daentler KG, 8078 Eichstätt.
Printed in Germany

INHALT

VORWORT

Bereits der amerikanische Schriftsteller Mark Twain beschrieb das brennende Verlangen, auszuziehen und nach verborgenen Schätzen zu suchen. Ein Verlangen, das nicht nur er verspürte, sondern das tatsächlich in vielen von uns schlummert. Einmal auf Schatzsuche zu gehen und Abenteuer zu erleben wie wir sie nur aus Filmen und Büchern kennen – wer möchte das nicht? Meist wird es wohl beim Verlangen bleiben, vielleicht in Ermangelung an Zeit und Geld, oder aber, weil viele Leute glauben, die Geschichten von verborgenen Schätzen seien nur erfunden. Dabei sind die Geschichten wirklich ernstzunehmen, denn die beschriebenen Schätze existieren tatsächlich. Manchmal gibt es dafür sogar hochoffizielle Bestätigungen, wie zum Beispiel im Fall der Cocos-Insel im Pazifik – die durch Robert Louis Stevensons Buch »Die Schatzinsel« zu Weltruhm gelangte. »Die Existenz verborgener Schätze auf der Cocos-Insel ist erwiesen, und seit vielen Jahren nicht nur den Einwohnern von Costa Rica, sondern in allen bedeutenden Küstenstädten von Lima bis Vancouver allgemein bekannt« – so lautet ein Vermerk im Handbuch des britischen Foreign Office von 1920. Die Welt ist voll von Schätzen, die an verborgenen Orten liegen bis eines Tages derjenige kommt, den dieses Wissen nicht länger ruhen ließ, und der das notwendige Wissen und das entscheidende Quentchen Fortune hat, um diese unermeßlichen Reichtümer ihrem Hort zu entreißen.

Jeder von uns hat die Chance derjenige zu sein. Das wichtigste, das dafür benötigt wird, hat jeder Mensch: Köpfchen und Phantasie. Was bleibt, ist nur noch, den Schatz auszuwählen, den man suchen und vielleicht auch finden will. Ob dies tatsächlich vor Ort geschieht oder nur in der Phantasie, bleibt jedem selbst überlassen. Ein Buch soll unterhalten, informieren und anregen. Die folgenden Seiten dieses Buches sollen mehr...

DAS GEHEIMNIS DER SCHATZINSEL

Der kleine mittelamerikanische Staat Costa Rica, kaum größer als Bayern, darf das Superlativ in Anspruch nehmen, die wohl berühmteste Insel der Welt sein eigen zu nennen. Rund dreihundert Seemeilen von dem kleinen costaricanischen Hafenstädtchen Puntarenas entfernt liegt sie – inmitten der Weiten des Pazifiks. Die Cocos-Insel – so lautet ihr Name – lockt seit mehr als einhundertsechzig Jahren Abenteurer und Schatzsucher aus aller Herren Länder. Selbst die wildesten und härtesten Glücksritter bekommen glänzende Augen, wenn das Stichwort »Cocos-Insel« fällt. Immerhin gibt es auch genügend Gründe für ein solches Verhalten – um genau zu sein, rund eine Milliarde Gründe. Auf dieser nur vierundzwanzig Quadratkilometer großen Insel liegen einige der reichsten und berühmtesten Schätze der Geschichte. Dies alles kommt nicht von ungefähr und ist in erster Linie der exponierten Lage des Eilands zuzuschreiben und liegt immerhin auch schon 166 Jahre zurück.

Man schreibt das Jahr 1820, an der Westküste Südamerikas herrscht zur Zeit noch Ruhe, was man von der Karibik nicht behaupten kann. Das Piratentum feiert immer noch Hochkonjunktur, nur gelegentlich gestört von einem der eigens entsandten Kriegsschiffe – wenn die Herren Seeräuber es wieder einmal gar zu toll treiben. Unter denen, die sich mit mehr oder weniger Erfolg über Handelsschiffe hermachen, befindet sich auch ein junger portugiesischer Kapitän Namens Dominico Pedro Benitez. Er hatte sich 1816 im Rahmen einer Meuterei selbst zum Kapitän der Fregatte »RENAUD« gemacht. Mit seiner Mannschaft – überwiegend Mörder und Halsabschneider – gelang ihm 1817 vor Kuba ein dürftiger Beutezug, der ihm aber aufgrund seiner Brutalität immerhin den Beinamen »Bonito vom blutigen Schwert« einbrachte. Da das erbeutete Schiff größer und schneller als seines war, setzte er das risikoreiche Geschäft der Piraterie mit dieser Brigg, der »RELAMPAGO«, fort. Nach einigen dreisten, aber im Grunde erfolglosen Versuchen, im Golf von Mexico Beute zu machen, erregte er die Aufmerksamkeit und den Zorn zweier englischer Fregatten und eines Kriegsschiffes, die sich ihm an die Heckwelle hefteten. Mit mehr Glück als seemännischem Verstand gelang es Bonito, um Kap Horn in den pazifischen Ozean zu entkommen. Unverfroren setzte er sein Piratenhandwerk auch hier fort, und es gelangen ihm zwischen 1818 und 1820 einige bemerkenswerte Überfälle. 1819 überfiel er mit seiner Bande einen Mauleseltreck, der von Mexico City nach Acapulco unterwegs war – die Beute, die ihm dabei in die Hände fiel, belief sich auf etwa 50 Millionen Mark – heutigen Wertes. Nicht lange danach macht Bonito an der Westküste wieder von sich reden. Mit seiner in der Zwischenzeit auf 142 Strolche angewachsenen Besatzung überfällt er eines Nachts zwei Galeonen, die sich gerade – voll beladen mit Münz- und Barrengold – auf dem Weg nach Spanien befinden. Es gelingt Bonito tatsächlich, die wertvolle Fracht der »ROSARIO« und der »ESPERANZA« in seinen Besitz zu bringen. Das Ziel, das Bonito anschließend ansteuert, liegt exakt bei 5 Grad 33 Nord und 87,04 Grad West – die unbewohnte Cocos-Insel! Dort angekommen, werden die Schätze an Land gebracht, unweit einer kleinen halbmondförmigen Bucht. In dieser Bucht heben sie ein drei mal drei Meter großes Loch aus, sechs Meter tief, worin sie anschließend mit Hilfe eines provisorischen Flaschenzuges 175 Tonnen Silbermünzen versenken. Nachdem das Loch verschlossen ist, markieren sie in einem großen Felsblock die Zeiten »PD N2 240 ENIPW« – eine Hilfe, um das Versteck später leichter wiederzufinden. Am entgegengesetzten Ende des kleinen Strandes wird ein weiteres Loch gegraben, in dem 273 juwelenbesetzte Schwerter mit goldenen Griffen verborgen werden. Der wertvollste Anteil der Beute – 783 Goldbarren, die aus der Ladung der »ROSARIO« stammen, finden in einem dritten Loch Platz, das etwa dreißig Meter westlich vom zweiten entfernt ist. Diese beiden Verstecke markieren die Räuber mit »Deposito Pacifico 3+4«. Das Werk wird vollendet, indem sie am Fuß zweier hoher Cocospalmen ein »X« in die Rinde schneiden und ein paar Hände voll Kupfernägel vergraben. Bonito gibt seiner Mannschaft anschließend einige Tage Rast und läßt mehrere Fässer Rum auf die Insel bringen. Bei dem anschließenden Gelage kommt es zu folgenschweren Streitereien, die mit 34 Toten und 17 Schwerverletzten enden. Am Morgen des nächsten Tages lichtet die »Relampago« die Anker und geht unter voller Besegelung auf südlichen Kurs, Richtung Acapulco. Einige Wochen später taucht sie bereits wieder in der Karibik auf, wo Bonito diesmal allerdings Pech hat und von einem englischen Kriegsschiff aufgebracht wird. Die Mannschaft wird in Ketten gelegt und nach Jamaica verfrachtet, wo man sie vor Gericht stellt und ihnen wegen Piraterie den Prozeß macht. Bonitos Mörderbande wurde, wie nicht anders zu erwarten, zum Tode verurteilt. Er selbst allerdings entzog sich der Gefangennahme, indem er sich auf seinem Schiff eine Kugel in den Kopf schoß. Während des Prozesses wurden alle diese Details bekannt und zu Protokoll genommen, aber zu den genauen Versteckplätzen konnte keiner der Strolche nähere Angaben machen, da keinem von ihnen die exakten Positionen und Peilungen bekannt waren. Seit dieser Zeit liegen unermeßliche Reichtümer auf dieser kleinen Insel verborgen, aber die Schätze von »Kapitän Bonito vom blutigen Schwert« stellen einen vergleichsweise geringen Wert dar im Gegensatz zu dem, was nur ein Jahr später auf der Insel versteckt werden sollte.

DER KIRCHENSCHATZ VON LIMA

Mit Beginn des 19. Jahrhunderts geriet die Macht der spanischen Krone in Südamerika immer mehr ins Wanken. Schuld daran war, daß sich immer mehr Provinzen von der Vorherrschaft der verhaßten Spanier lossagten und selbständige Republiken ausriefen. Der Zusammenbruch zeichnete sich erstmals deutlich ab, als im Winter 1819 der argentinische Nationalheld, General José de San Martin, an der Spitze eines Expeditionscorps den 3800 Meter hohen Uspallata-Paß in den Hochkordilleren überschritt. Im Herbst 1820 war das stärkste Bollwerk der Besatzer – die Stadt Lima – ernsthaft in Gefahr. Admiral Thomas Cochrane, von der chilenischen Republik zum Oberbefehlshaber der Marine ernannt, blockierte mit einem Geschwader die Bucht von Callao, während von der Landseite aus General de San Martin mit seinem Heer in Richtung Lima marschierte. Da man auf spanischer Seite nicht zu Unrecht die zusammengehäuften Schätze an Gold und Silber in Gefahr glaubte, entschloß man sich, diese zusammen mit den Schätzen der katholischen Kirche in der Rey-Felipe-Zitadelle in Sicherheit zu bringen. Diese Zitadelle, nur zehn Kilometer von Lima entfernt am Pazifik gelegen, galt in den Augen der Spanier als unbezwingbar. Als sich aber im August 1821 die Lage um Lima ernsthaft zuzuspitzen begann, erschien auch dieser Ort nicht mehr sicher. Bei der Suche nach einem geeigneten Ausweg stieß man auf Kapitän Jack Thompson, der schon seit mehreren Jahren an dieser Küste Handel trieb und dessen Schoner »DEAR MARY« zur Zeit im Hafen von Callao lag. Thompson war den Spaniern vertraut und galt allgemein als zuverlässig. Deshalb schlug man ihm vor, alles an Schätzen auf sein Schiff zu verladen und solange auf See zu kreuzen, bis man ihn benachrichtigen würde zurückzukehren. Falls dies nicht innerhalb von drei Wochen geschehen würde, so lautete die Order, sollte er den Hafen von Panama anlaufen und die wertvolle Fracht den dortigen spanischen Behörden übergeben. Drei Tage später, am 20. August 1821 um 4 Uhr 23, lief die »DEAR MARY« aus, nachdem noch fünf Priester und der

Kazike von Lima an Bord gegangen waren. Thompson passiert ohne Schwierigkeiten die Blockade, die sich lediglich auf spanische Schiffe erstreckte und nahm Kurs auf hohe See.

Nach einigen Tagen kam es zur offenen Meuterei, deren Initiator der Maat der »DEAR MARY« war. Das Wissen um die außergewöhnlich reiche Ladung ließ die Männer alle Hemmungen abstreifen. Die Priester und der Kazike wurden ermordet und ins Meer geworfen. Thompson selbst vor der Entscheidung stehend, zu sterben oder bei dem Raub mitzumachen, entschied sich für letzteres. Nun nahm die »DEAR MARY« Kurs auf die einsame unbewohnte Cocos-Insel, die fast allen Seeleuten als Frischwasserdepot bekannt war. Dort angekommen, wurde in der Bahia Chatham Anker geworfen. Da gerade Ebbe war, befahl der Maat, ein Boot zu Wasser zu lassen, um an Land nach einem geeigneten Versteck Ausschau zu halten. Als er, Mac, so war sein Name, nach zwei Stunden zurückkehrte, begann unverzüglich die Landungsaktion. In insgesamt elf Bootsladungen mit einem Gesamtgewicht von 33 Tonnen wurde die wertvolle Beute an Land gebracht und so sicher versteckt, daß Hunderte von Expeditionen bisher vergeblich danach suchten. Drei Tage später wurde die »DEAR MARY« 130 Seemeilen südwestlich der Cocos-Insel von der Fregatte »ESPIEGLE« – einem spanischen Kriegsschiff, dessen Kapitän von dem Handel mit Thompson wußte – aufgebracht. Die Mannschaft wurde in Panama nach einem Prozeß, in dessen Verlauf Einzelheiten bekannt wurden, gehängt. Kapitän Thompson und seinem Maat schlug man vor, sie laufen zu lassen, falls sie das Versteck preisgeben würden, worauf sie einwilligten. Auf der Insel angekommen, rissen sich beide los und flüchteten in den dichten Dschungel. Nach einer mehrtägigen vergeblichen Suche segelte die »ESPIEGLE« zurück nach Panama.

Thompson tauchte Jahre später krank und abgerissen in Neufundland auf, wo sich der Seemann John Keating seiner annahm. Thompson revanchierte sich, indem er Keating eine Skizze und die Beschreibung des Versteckplatzes überließ, worauf dieser eine Expedition zur Cocos-Insel unternahm. Keating selbst erzählte später, er habe keine Schwierigkeiten gehabt, die Höhle mit dem Schatz zu finden. Allem Anschein nach scheint dies der Wahrheit zu entsprechen, denn Zeitgenossen bestätigten eine größere Menge Goldmünzen in seinem Besitz. Als Keating starb, hinterließ er seiner Frau eine Konservenfabrik sowie zwei Millionen Dollar in Bargeld.

DIE JAGD BEGINNT

Auf dem britischen Auswandererschiff »HIGHFLYER«, das sich im Jahre 1880 auf dem Weg nach Australien befindet, arbeitet ein junger deutscher Seemann namens August Gissler, gerade zwanzig Jahre alt. Im Verlauf der langen Reise freundet er sich mit einem jungen Portugiesen an, der ihm anvertraut, er kenne eine Insel, auf der ein Schatz vergraben liege. Gissler ist augenblicklich Feuer und Flamme, und der Portugiese Cabral erzählt ihm die Geschichte, wie der Schatz dorthin gekommen ist. Manoel Cabrals Großvater war als gepreßter Seemann auf einem Schiff, auf dem eine Meuterei ausbrach. Zum neuen Kapitän erhob sich ein brutaler junger Kerl, der sich Bonito nannte. Manoels Großvater Pedro blieb auf dem Schiff, da es an nichts fehlte und es auch keine Gelegenheit gab zu entkommen. Im Verlauf der nächsten drei Jahre unternahmen sie mehrere Überfälle, unter anderem auf einen Mauleseltransport und auf zwei spanische Schiffe. Der Piratenkapitän beschloß, nach Acapulco zu segeln. Vorher mußte aber noch ein geeignetes Versteck für die geraubten Schätze gefunden werden. Diese Gelegenheit bot sich von selbst, als einige hundert Meilen vor Acapulco eine dichtbewachsene Insel aus einer Wolkenbank auftauchte. Schon von weitem konnte man einen Wasserfall sehen, der aus etwa einhundert Metern steil herabfiel. Die Insel war sehr bergig und an der Küste stiegen steile Klippen hoch. Schließlich ankerten sie in einer Tiefe von 14 Faden, dicht neben einem konischen Felsen, der aus dem Wasser ragte. Am späten Nachmittag umsegelte der Kapitän mit sechs Mann im Beiboot die Insel, aber außer einer Bucht im Nordosten fanden sie keine Möglichkeit, an Land gehen zu können. Als sie wieder am Ankerplatz ihres Schiffes angelangt waren, befahl der Kapitän, den Schatz an Land zu bringen. Fünf Bootsladungen voll wurden an den Strand der kleinen Bucht gebracht, und während die Boote zum Schiff zurückkehrten, um leere Wasserfässer zu holen, hielt Bonito zusammen mit Pedro Cabral Ausschau nach einem geeigneten Platz als Versteck für die Beute. Den Wasserfall, der von See aus sichtbar war, konnten sie nirgends sehen. Erst eine halbe Meile im Inneren der Insel sahen sie den hohen Wasserfall wieder. Die Ufer des Flusses, den sie entlang gegangen waren, waren steil und neigten sich der See zu. Der Kapitän beschloß, die Beute in der Nähe des Wasserfalls zu vergraben. Auf dem Rückweg kamen sie in einen Palmenwald, und Bonito entschied sich endgültig für diese Stelle. Während Bonito in dem Palmenwäldchen wartete, ging Cabral zu den Männern am Strand zurück, um sie mit den Kisten zu dem Platz zu führen. Mit den mitgebrachten Schaufeln gruben sie ein entsprechend großes Loch und versenkten darin die Beute. Der Boden bestand aus einer Art grauen Sandes, mit sehr kleinen Steinen darin. Nachdem das Loch wieder verschlossen war, nahm der Kapitän die Peilung vor. Cabral nahm seine eigene ungefähre Peilung von der Mündung des Flusses in einer Linie mit dem konischen Felsen in der Bucht. Sie gingen zur Brigg zurück, um auch noch die Kisten aus der Kajüte Bonitos zu holen. Auch diese Ladung wurde in das Palmenwäldchen gebracht. Sie folgten einem kleinen Bach, der durch das Wäldchen floß, und in der Nähe eines großen Baumes am Fuß eines Hügels mußte Cabral ein Loch graben und die Beute hineinlegen. Ein Felsen, der am Rande des Loches lag, wurde zum Schluß auf die Stelle gewälzt. Während Cabral den Schatz trug, zählte er die Schritte vom Baum bis zu dem Loch, es waren 75. Vom Palmenhain bis hin zu dem großen Baum waren es nochmals 160 Schritte. Kurze Zeit später lichteten sie Anker, umsegelten die südliche Spitze der Insel und nahmen Kurs auf Acapulco. Diese Geschichte belegte der junge Portugiese mit einem Brief seines Großvaters, indem alles wortgetreu niedergeschrieben war. August Gissler machte sich davon eine Abschrift, die er in sein Tagebuch eintrug. Wie ihm Manoel Cabral weiter erzählte, wurde sein Großvater zusammen mit einem anderen Mitglied der Besatzung in einem Boot losgeschickt, um die Verhältnisse im Hafen von Acapulco zu erkunden. Davon kehrten sie nicht zurück und während sie Monate später versuchen, ein Schiff für die Heimreise zu finden, hören sie vom Prozeß gegen ihre ehemaligen Kameraden.

August Gissler ist von diesem Moment an wie besessen von dem Gedanken, eines Tages den Schatz des Piraten Benito Bonito zu finden und arbeitet nur noch auf dieses Ziel hin. Im Juni 1888 gründet Gissler in Puntarenas eine Gesellschaft, deren Ziel es ist, die Schätze der Cocos-Insel zu suchen und zu finden. Ende Februar erreicht Gissler mit 13 Begleitern die Cocos-Insel, und die gecharterte Brigg »WILHELMINA« geht in der Wafer Bucht vor Anker.

Dies sollte der Beginn einer vieljährigen Rekordschatzsuche werden; einer Suche, die den Deutschen August Gissler zu einem Besessenen machte und den Rest seines Lebens bestimmte. Er fuhr zurück nach Deutschland, um dort Gleichgesinnte zu suchen, die mit ihm die Insel besiedeln sollten. Gissler gründete die »COCOS ISLAND PLANTATION COMPANY« – eine Aktiengesellschaft, die zur Finanzierung der großen Pläne dienen sollte. Tatsächlich gelingt es ihm, fünfzig Familien zu finden, die sich bereit erklären, mit ihm die Insel zu besiedeln. Nachdem sie eine regelrechte kleine Siedlung errichtet haben, suchen sie nach den

Aktie der »Cocos Island Plantation Company«.

Schätzen. Tag für Tag, Monat für Monat wühlen sie sich durch den Inselboden, ohne auch nur die geringste Spur zu finden. Eine Familie nach der anderen verläßt die ungastliche Insel; nur noch August Gissler und seine Frau Klara bleiben zurück. In den folgenden Jahren sieht Gissler viele Expeditionen kommen und gehen, und es befriedigt ihn, daß auch sie nicht mehr Glück zu haben scheinen als er, der von der costaricanischen Regierung inzwischen sogar zum Gouverneur der Cocos-Insel ernannt wurde. Nach insgesamt siebzehnjähriger Suche gibt August Gissler auf und wandert mit seiner Frau in die USA aus. Alles, was er bis dahin auf der Insel gefunden hatte, waren 33 spanische Dublonen und ein goldener Handschuh. August Gissler stirbt im Alter von fünfundsiebzig Jahren als armer Mann in New York. Seine letzten Worte auf dem Sterbebett lauten: »Auf der Cocos-Insel liegen unermeßliche Schätze, davon bin ich überzeugt. Wenn ich könnte, würde ich sofort wieder mit der Suche beginnen.«

Ungebrochen geht die Jagd nach den Schätzen weiter. Abenteurer, Scharlatane, ja sogar honorige Persönlichkeiten sind nicht vor dem Virus Cocos-Insel sicher. Einer, der glaubt, den Schlüssel zu dem Geheimnis in

Händen zu halten, ist Nicholas Fitzgerald aus Harbour Grace in Neufundland. Fitzgerald schreibt eine Reihe Leute an, von denen er glaubt, ihr Interesse für die Schatzinsel wecken zu können. Seine größte Hoffnung setzt er auf den britischen Admiral Curzon-Howe, dem er in einem ausführlichen Schreiben seine Kenntnis mitteilt. Demnach lernte er als schiffbrüchiger Seemann John Keating kennen, der gerade den Verlust seines Schiffes beklagte. Keating war zu dem Zeitpunkt krank, und Fitzgerald pflegte ihn. Als Dank für diese Hilfsbereitschaft vertraute Keating ihm das Geheimnis um einen sagenhaften Schatz an, der auf der Cocos-Insel im Pazifik verborgen sei. Laut Keating sollte der Schatz aus mehreren Kisten voll mit Münzen und Barren aus Gold und Silber bestehen. Zudem gehöre auch eine lebensgroße goldene Madonnenstatue und Reliquien dazu. Fitzgerald gelingt es, den Marineoffizier neugierig zu machen. Höchstwahrscheinlich deshalb, weil er in seinem Brief andeutete, zur Lösung des Rätsels gehöre ein Geheimnis, ohne dessen Inhalt das Wissen um den Schatz nutzlos sei. Fitzgeralds Bedingung war ein Vertrag, in dem ihm ein gebührlicher Anteil zugesichert würde. Ehe jedoch Curzon-Howe zu einer Einigung mit Fitzgerald gelangt, schließt ein anderer ehemaliger britischer Offizier mit Fitzgerald einen Vertrag. Ex-Admiral St. Leger Bury Palliser, der vorzeitig in den Ruhestand geschickt wurde, weil er in eigenmächtiger Weise das Flaggschiff der britischen Pazifik-Flotte und deren Besatzung zur Schatzsuche auf Cocos eingesetzt hatte. Palliser – weiterhin stark an den Schätzen der Insel interessiert, sichert Fitzgerald in dem Kontrakt den lächerlichen Anteil von fünf Prozent zu, worauf dieser in einem Brief vom 23. Mai 1898 das Geheimnis lüftet, das ihm Keating angeblich mitgeteilt hat:

»Folge der Küstenlinie der Bucht im Nordosten der Insel, bis Du an einen Bach kommst. Von der Hochwassermarke dieses Baches aus folge dem Lauf des Flusses 70 Schritte landeinwärts in südwestlicher Richtung. An diesem Punkt, und nur an diesem, ist eine Lücke in den Hügeln sichtbar. Wenn man sich nun nach Norden wendet und den Fluß überquert, sieht man einen hohen Felsen, glatt wie eine Wand. In der Seite der Klippe, etwa in Schulterhöhe eines Mannes, ist ein kleiner Spalt zu sehen, in den man eine Brechstange stecken muß. Damit wird die Öffnung freigegeben, die zur Schatzhöhle führt, in der Gold- und Silbermünzen, Heiligenfiguren und Kirchengeräte sind.«

Fitzgerald berichtet weitere Details:

»Wenn die Höhle ohne Sprengung und Gewalt geöffnet wird, kann man sehen, daß es sich um eine geniale Konstruktion handelt, die wahrscheinlich von peruanischen Spezialisten erdacht und ausgeführt wurde. Nach Keatings Schilderung hat die Höhle eine Abmessung von 12mal 15 Fuß im Quadrat mit ausreichend Höhe. Der Eingang ist von einem Stein verschlossen, der sich herumschwenken läßt und dadurch eine Öffnung freigibt, durch die man in die Höhle kriechen kann. Sobald der Stein wieder zurückgeschwenkt wird, ist von außen nichts mehr erkennbar. Keating sagte mir, daß er beim ersten Mal keine Schwierigkeiten hatte, den Eingang zu finden, doch beim zweiten Besuch hätte es inzwischen einen Erdrutsch gegeben, durch den sich die Umgebung verändert hätte, aber er habe die Höhle auch diesmal gefunden.«

Am 9. August 1903 landet die Expedition Pallisers in der Chatham-Bay, der nordöstlichen Bucht. Zehn Tage lang wühlen und graben sie an jedem noch so fragwürdigen Platz, ohne jedoch etwas zu finden.

Kurze Zeit später trifft bereits die nächste Expedition ein – ebenfalls in Marsch gesetzt durch einen jener Briefe Fitzgeralds. Harold Gray, ein

August Gissler in seiner Kapitäns-uniform in seinem Haus auf der Cocos-Insel.

wohlhabender Brite ist der Initiator, ebenfalls ausgerüstet mit Fitzgeralds Skizze und Beschreibung. Mittlerweile kehrt auch Palliser zurück – diesmal in Begleitung des reichen englischen Großgrundbesitzers Earl Fitzwilliam. Da alle über ein und dieselben Informationen verfügen, geht es auf der Insel bald zu wie im Wilden Westen. Die Zustände veranlassen sogar den New York Herald zu der Schlagzeile «*SCHATZSUCHER-SCHLACHT UM GOLD* – Rivalisierende Expeditionen kämpfen auf der Cocos-Insel um legendäre Schätze«.

Angesichts solcher Verhältnisse sieht sich die Regierung Costa Ricas gezwungen, ein Schnellboot zu entsenden, um die Ordnung wiederherzustellen. In der Folgezeit kommt und geht eine Expedition nach der anderen. Oft ankern zur selben Zeit drei bis vier Expeditionsschiffe in der Bahia Chatham, da die kleine Bucht mit ihrem schmalen Strand gar nicht soviel Lagermöglichkeiten bietet. Bei den Sucharbeiten ging man rigoros vor und machte von Dynamit rücksichtslos Gebraucht. Jeder noch so unscheinbare, aber verdächtige Felsen wurde in die Luft gejagt, da man darunter Gold und Silber vermutete. Erst der Erste Weltkrieg bescherte der geschundenen Insel eine Pause, bis dann 1930 die Jagd erneut mit noch massiveren Mitteln wieder einsetzt. Die Regierung von Costa Rica versucht die Flut in geordnete Bahnen zu lenken, indem sie chronologische Konzessionen erteilt. Zudem wird von nun an jede Expedition von einer Truppe Polizisten begleitet, die die Einhaltung der Auflagen überwachen und verhindern sollen, daß illegale Sucher auf der Insel Fuß fassen.

Eine der interessantesten Expeditionen in dieser Zeit ist die »Clayton Metalphone-Company« aus Kanada, die 1931 mit einem neuartigen elektrischen Suchgerät – dem sogenannten »Metalphon« den Schätzen zu Leibe rücken will. Diese Gesellschaft ist ausgerüstet mit zwei Schatzplänen, die aus dem Besitz des britischen Konsuls Frank Nutter-Cox stammen. Die »Metalphone-Leute« suchen den Plänen zufolge in der Wafer-Bay nach den Schätzen des Piraten Bonito. Unbestätigten Gerüchten zufolge soll diese Suche mehrere Millionen Dollar eingebracht haben. Falls dies zutrifft, dann kann es sich lediglich um eines der zahlreichen Privatdepots einer der Piraten gehandelt haben, die ähnlich ihren Kapitänen ihren Anteil sicher versteckt haben.

Im Jahr 1934 begibt sich eine der dubiosesten Gesellschaften auf die Suche nach den Schätzen. Eine britische Aktiengesellschaft, die »Treasure-Recovery-Ltd.«, unter der Leitung eines gewissen Captain Arthur verkauft in großem Stil Anteilscheine und schafft in diesem Zusammenhang Verwirrung und Verwicklungen größeren Ausmaßes.

Dabei bedient sich der Vorstand eines Mannes, dessen Geschichte sich äußerst interessant anhört.

Am 28. September wurden zwei schiffbrüchige Matrosen in einem kleinen Rettungsboot an die Gestade der Insel gespült: Der Belgier Petrus Bergmans und der Schwede Erik Peterson. Peterson erkrankt, und Bergmans streift immer wieder durch den undurchdringlichen Dschungel, auf der Suche nach Nahrung. Eines Tages tritt er mit einem Fuß in ein Loch – neugierig geworden – erweiterte er es. Was er dann sah, raubte ihm fast den Atem. Bergmans schrieb später in einem Brief an seinen Bruder:

»Am Boden aufgehäuft sah ich große Mengen von Gold und Silber, Barren aufgestapelt und gehäuft; eine große Anzahl von Kirchengeräten, die Statuen der zwölf Apostel, mannshoch aus purem Gold. Daneben standen Kisten voller Geschmeide und Juwelen. Zwischen den Kisten fand ich das Skelett eines Menschen.«

Bergmans nimmt aus der Höhle einen halben Leinensack voll mit, darunter auch eine Pergamentrolle, die sich heute in einem Museum in San Franzisco befindet. Im Dezember werden sie von einem der zahlreichen Walfänger, die es in diesen Gewässern gibt, von ihrem Robinson-Dasein erlöst und mitgenommen. Bergmans kehrt 1935 im Rahmen der »Treasure Recovery-Expedition« zur Insel zurück.

Sosehr er sich aber abmüht, es gelingt ihm nicht, die Stelle wiederzufinden. Dies ist im Grunde nicht verwunderlich; die Insel verändert sich ständig infolge von Erd- und Seebeben.

Nachdem man den nutzlosen Belgier auf seinen Wunsch wieder auf das Festland nach Puntarenas zurückgebracht hat, versucht er ein Schiff aufzutreiben, um sofort wieder zur Insel zurückzukehren. Dem Fischer, den er dafür anheuern will, erzählt er, er brauche nur eine Stunde, um den Schatz zu bergen. Einige Zeit später bricht die »Treasure Recovery Ltd« zusammen, und nachdem sie einen Berg unbezahlter Rechnungen in Costa Rica zurückgelassen haben, wird die gesamte Ausrüstung und das Schiff beschlagnahmt.

EINE SELTSAME GESCHICHTE

Auch in der Folgezeit reißen die Besuche der Expeditionen nicht ab. Es vergeht kein Jahr, in dem nicht in irgendeiner Zeitung über den Versuch, die Schätze zu suchen, berichtet wird. 1963 sind französische Zeitungen an der Reihe, den Start einer Cocos-Expedition zu vermelden. Drei Männer haben beschlossen, das Geheimnis um die legendäre Schatzinsel endgültig zu lüften – die Berufs-Abenteurer Jean Portelle, Claude Chalies und der Leiter des Unternehmens, Robert Vergnes. Alle drei sind erfahrene Taucher und mit den Gefahren aller möglichen Abenteuer vertraut. In Costa Rica angekommen, chartern sie das Schiff eines deutschen Kapitäns, der in Puntarenas lebt und mehr als vierzig Expeditionen zur Insel brachte. Vergnes trifft mit dem Kapitän eine Abmachung, die besagt, daß er nach drei Monaten wieder zur Insel kommen solle, um sie wieder abzuholen.

Als das Schiff nach dem vereinbarten Zeitraum in der Bahia Wafer Anker wirft, steht in der Morgensonne eine wild winkende und gestikulierende Gestalt – Robert Vergnes! Von seinen beiden Begleitern ist weit und breit nichts zu sehen. Die Geschichte, die der Franzose auf dem Festland den Behörden zu erzählen hat, ist ebenso unglaublich wie phantastisch. Zu dritt – so berichtet er – seien sie in einem Schlauchboot in der Wafer Bay gestartet, um die Peninsula Colnett zu umrudern und so in die Chatham Bay im Nordosten zu gelangen. Eetwa auf halbem Weg schlug das Boot infolge einer hohen Welle um, wobei Chalies und Portelle aus dem Boot geschleudert wurden, während Vergnes selbst eine blutende Kopfwunde davontrug. Seine beiden Freunde seien ertrunken, er selbst konnte sich schwimmend in die Wafer Bay retten. Die ganze Geschichte klingt nicht sehr glaubhaft, zudem verwickelt sich Vergnes immer mehr in Widersprü-

Gisslers Haus in der Wafer Bay.

che. Deshalb reist aus Paris eigens eine Untersuchungskommission an, um die mysteriöse Geschichte aufzuklären. Trotz aller Versuche, Licht ins Dunkel zu bringen, gelingt es nicht, die Version des Überlebenden zu widerlegen, da trotz intensivster Nachforschungen die beiden Leichen unauffindbar bleiben. Vergnes beteuert, diese – wie er sagt – »verfluchte Insel niemals wiedersehen zu wollen«. Indes bemühen sich die Angehörigen von Chalies, die wahren Hintergründe aufzudecken. Da es dabei auch um eine Erbschaft in Millionenhöhe geht, rüstet Chalies Verlobte sogar eine Expedition aus, um den Tod der Vermißten nachzuweisen. Aber auch dieses Unternehmen erweist sich als nicht erfolgreich.

Zwar findet man die Skelette einiger Männer, aber die Gesuchten waren nicht darunter. Dies festzustellen ist nicht weiter schwierig, da Chalies eine sehr auffällige Zahnbrücke trug. Somit ist diese mehr als seltsame Geschichte, deren einziger Überlebender Robert Vergnes ist, nicht aufzuklären. In den siebziger Jahren – mittlerweile ist längst Gras über die Geschichte gewachsen – taucht ein Mann in Costa Rica auf, der die »verfluchte Insel nie wieder sehen wollte«. Es ist tatsächlich Vergnes. Ohne irgend welches Interesse bei den Behörden zu erwecken unternimmt er eine Reise zur Schatzinsel. Diesmal allerdings in Begleitung eines costaricanischen Journalisten. Eigentlich nicht mehr als ein kleiner Reporter, aber in ihm hat der Franzose allem Anschein nach den richtigen Partner gefunden. Ohne daß groß etwas über die Excursion bekannt wird, verläßt Vergnes Mittelamerika wieder. In den darauffolgenden Jahren wiederholt er zusammen mit dem Zeitungsmann diese Reise insgesamt noch zweimal. Nichts ist auffällig daran, und allmählich gerät die Sache in Vergessenheit. Das Vergessen geht schnell in einem Staat, in dem die Menschen zusehen müssen, wie sie selbst einigermaßen über die Runden kommen. Vielleicht ist dies auch der Grund, daß niemand Notiz davon nahm, daß der ehemals unbedeutende und arme Reporter sozusagen über Nacht zum Besitzer der drittgrößten Zeitung Costa Ricas aufstieg.

COCOS-EXPEDITION '81

Der frische Fahrtwind des Patrouillenbootes »Isla del Cocos«, das uns in Richtung der untergehenden Sonne aus dem Golf von Nicoya hinaus auf den Pazifik trug, machte die tropisch-feuchte Hitze vergessen: Unsere aufgeheizten Schädel wurden langsam wieder klar. Die Mannschaft schwieg. Der Ausdruck ihrer Gesichter sprach dagegen Bände: »Fünf irre Alemanõs, freiwillig unterwegs zu einer Insel, 600 Kilometer vom Festland entfernt, nicht mehr als ein Mückenschiß inmitten der Weite des Ozeans. Cocos-Verrückte.«

Wer läßt sich schon freiwillig in einen Dschungel karren, der außer angefaulten Kokosnüssen, ein paar tausend Wildschweinen und Unmengen an Ungeziefer von sich aus nichts hergibt. Da hatten diese Ticos schon recht, aber sonst? Sonst hatten sie wirklich keine Ahnung. Oder doch?

Während das monotone Stampfen des 1500-PS-Diesels die Glieder vibrieren ließ, ging ich in Gedanken zurück und ließ die letzten Monate Revue passieren. Fast sechs Jahre war es nun her, seit ich den Artikel über die Schätze der Cocos-Insel in dieser Illustrierten gelesen hatte. Alle meine Bekannten und Freunde erklärten mich kurzerhand für verrückt, als ich verkündete, in den nächsten Jahren dorthinzufahren, um nach den Schätzen zu suchen. Fast fünf Jahre dauerte es, bis ich alles erreichbare Material über die Insel und ihre Geschichte durchgearbeitet hatte – fünf Jahre, in denen ich manchesmal glaubte, der Geist August Gisslers habe von mir bereits Besitz ergriffen. Dann, jener Punkt, als auf den Genehmigungsantrag die ablehnende Mitteilung kam, es dürfe niemand mehr auf der Insel nach Schätzen suchen, weil sie inzwischen zum Nationalpark erklärt

Eine der zahlreichen Expeditionsgruppen 1890.

worden war. Nachdem aber im Kampf Gerücht gegen Gesetz bei Schatzsuchern allemal noch das Gerücht siegte, begannen im November 1980 die endgültigen Vorbereitungen für die Cocos-Expedition '81. »Die bisher wohl bestausgerüstete Expedition«, nannte die Presse dieses Unternehmen – wobei sie nicht unrecht hatte.

Rund eineinhalb Tonnen Ausrüstung, vom Zahnarztbesteck bis hin zum Treibstoff für Generator, Außenborder und Kocher, ganz zu schweigen von der Film- und Tonausrüstung, die wir komplett mit Filmteam gemietet hatten.

Nach nervenaufreibenden Laufereien, deren Ziel es war, die Ausrüstung aus den erpresserischen Händen des schwarzen Zollchefs freizubekommen, legte dann am 15. Januar 1982 das Patrouillienboot »ISLA DEL COCOS« mit uns an Bord im Hafen von Puntarenas ab.

Die Überfahrt selbst gestaltete sich für uns Landratten als Ereignis, dessen Höhepunkt in grünen Gesichtern gipfelte, die sich uns unauslöschbar einprägten. Noch einmal schwenkten meine Gedanken zurück zum Festland – zu jenem Zeitpunkt, als ich die erste Vorreise nach Costa Rica unternommen hatte und mit Peter Disch-Lauxmann, einem in Costa Rica lebenden Deutschen, nächtelang über Karten und Plänen der Insel saß und wir gemeinsam Theorien paukten. Peter Disch hatten wir es letztendlich auch zu verdanken, daß die Expedition klappte. In diesen Tagen reiste ich nach Puntarenas, um Erkundigungen über die beste Möglichkeit der Überfahrt einzuholen. Bei dieser Gelegenheit stattete ich jenem alten Kapitän einen Besuch ab, der unter anderem auch die ominöse Expedition der drei Franzosen zur Insel gebracht hatte. Ein Mann wie ein Bär – stahlblaue Augen und hellblondes Haar, trotz seiner siebzig Jahre – stand mir gegenüber. Eine gelungene Mischung aus Hans Albers und »Seeteufel« Graf Luckner. Wenn ich mich auf einen langen Tag eingerichtet hatte, dann sah ich mich nun gewaltig im Irrtum. Es wurden zwei lange Tage und Nächte. Vieles hat der alte Käptn mir erzählt – über die Insel, über all die Verrückten, die es immer wieder auf dieses menschenfeindliche Eiland zieht, aber auch die Fortsetzung einer Geschichte, von der ich bisher erst den Anfang kannte. Das nachfolgende Gedankenprotokoll stammt aus der Schilderung des alten Seebären.

»Etwa ein Jahr nach der Geschichte, bei der zwei Franzosen auf mysteriöse Weise verschwanden, fuhr ich wieder rüber zur Insel, um einen guten Fang zu machen. (Er lebte damals überwiegend vom Hai-Fang, mit dem er Lokale und Krankenhäuser belieferte.) Eines Tages ankerte ich, wie schon so oft, in der Bahia Wafer und ruderte an Land, um ein Wildschwein

oder eine Ziege zu schießen. Auf dem Rücken der Punta Presidio gelang es mir tatsächlich, einen guten Schuß auf eine Ziege anzubringen. Allerdings hatte ich das Tier nur angeschossen, und es konnte flüchten. Ich verfolgte das waidwunde Tier durch den dichten Dschungel und sah die Ziege plötzlich hinter einem dichten Gestrüpp am Fuße einer steilen Klippe verschwinden. Als ich genauer nachsuchte, entdeckte ich hinter einem dichten Lianenvorhang einen Höhleneingang. Ich schlüpfte hinein und erkannte zu meinem Erstaunen, daß sie voll war mit Ziegen, also eine Art natürlicher Stall. Es stank fürchterlich, und alles war übersät mit Exkrementen. Was mich aber am meisten schauderte war die verfaulte und verweste Leiche eines Menschen, die zwischen all den Ziegen und dem Dreck lag. Ich scheuchte die Ziegen aus der Höhle und erkannte zu meinem Schreck etwa drei Meter tiefer eine zweite Leiche. In diesem Moment vergaß ich die Ziege, deretwegen ich hier war. Nachdem ich meinen Abscheu und den Ekel halbwegs überwunden hatte, zerrte ich die sterblichen Überreste aus der Höhle, um sie zu begraben. Nun, im Licht der gleißenden tropischen Sonne, sah ich auch die Todesursache. Beiden war von hinten durch den Kopf geschossen, und die Schädel waren teilweise zerrissen. Beim Durchsuchen der zerfetzten Kleiderreste fand ich in den Taschen von beiden alte Gold- und Silbermünzen. Weitaus interessanter aber war die Tatsache, daß einer der Toten eine goldene Zahnbrücke trug, die wegen ihrer Form und Größe außergewöhnlich war! Die Münzen und die Brücke nahm ich an mich und stieg dann hinunter zu meinem Schiff, um einen Spaten zu holen.«

Soweit die Geschichte des alten Kapitäns. Als ich ihm am nächsten Tag offen sagte, daß ich die Geschichte nicht glauben würde, kramte er eine kleine Holzschatulle hervor und stellte sie hart vor mir auf den wackeligen Tisch. »Sieh selbst nach, Freund, ob ich dich belogen habe.« Nach anfänglichem Zögern klappte ich den Deckel hoch. Nun glaubte ich ihm die Geschichte. Ich hätte ihm auch geglaubt, wenn er mir erzählt hätte, er sei der Bruder Bonitos. Das Kästchen war voll mit Gold- und Silbermünzen, dazwischen prangte unübersehbar eine auffällig große goldene Zahnbrücke. Nun war ich sicher, den Schlüssel zum Geheimnis der Cocos-Insel in Händen zu halten.

Ein kräftiger Windstoß riß mich aus meinen Gedanken. Meine Begleiter hatten sich bereits in die winzige Kabine im Vorschiff zurückgezogen, da der Seegang von Minute zu Minute zunahm. Bald suchte jeder krampfhaft nach irgendeinem Halt. Flaco war der erste, den es erwischte: Mit dicken Backen stürzte er auf die schmale Tür zu, hinter der sich eine winzige

Toilettenschüssel verbarg. Minuten später drängelten wir uns zu fünft in diese Ecke. Irgendwann erwachte ich wie gerädert. Der Kapitän riß an meinem Arm: »Auf die Brücke!« Eine große Wolkenbank lag vor uns, in die das Boot hneintauchte wie ein Finger in Watte. Mit einem Schlag hatten wir wieder klare Sicht. Da lag sie vor uns. Groß und massig erhoben sich direkt aus der See mit grünem Regenwald bewachsene Berge. Als wir in die Wafer-Bay einliefen war sie leer, und kein weiteres Schiff störte unseren Frieden. Tausenderlei Gedanken schossen mir plötzlich durch den Kopf: »Die Insel der Piraten«. Ich versuchte mir krampfhaft vorzustellen, welch hektische Aktivitäten damals hier geherrscht haben mußten, als Bootsladung um Bootsladung der Schatz an Land gebracht wurde. Wir dagegen hatten nur lächerliche eintausendfünfhundert Kilo Ladung zu löschen. Als ich den ersten Fuß auf den Boden dieser Insel setzte, war mir, als wäre ich hier zuhause. Weniger erfreulich war der gießbachartige Regen, der sich über uns ergoß. In einer notdürftigen Hütte, die nach zwei Seiten offen war, schlugen wir vorerst ein provisorisches Lager auf, das große Mehler-Zelt fungierte als Vorrats- und Küchenzelt.

Das monotone Trommeln des Regens geleitete uns in einen ohnmachtsähnlichen Schlaf in dieser ersten Nacht auf der Schatzinsel.

DIE INSEL

Eine drückende Hitze versüßte uns das Aufstehen. Die Luftfeuchtigkeit beträgt im Durchschnitt 95 Prozent – wobei es bereits ab sechs Uhr morgens ca. 40 bis 45 Grad heiß ist. Der düstere Eindruck, den die Insel bei unserer gestrigen Ankunft noch geboten hatte, war verflogen. Ein Juwel zeigte sich uns. Unzählige Wasserfälle ergossen sich ins Meer, in den kleinen zahlreichen Buchten wiegten sich Cocos-Palmen im Wind, denen die Insel ihren Namen verdankt. Wild und steil ragen fast überall die zerklüfteten Ufer empor, dicht bewachsen mit Moos und Farnen, kaum eine Gelegenheit bietend, gefahrlos an Land gehen zu können. Die Insel selbst ist vulkanischen Ursprungs; sie liegt auf dem berüchtigten Cocos Ridge, das sich von Mittelamerika bis fast zu den Galapagos-Inseln hinzieht und ständig See- und Erdbeben verursacht. Auf der vierundzwanzig Quadratkilometer großen Insel dominieren ausschließlich Hügel und Berge, die zu besteigen eine reine Schinderei ist, da erstens der überaus dichte Bewuchs und zweitens faulendes Laub jegliches Vorwärtskommen

Gouverneur August Gissler mit deutschen Siedlern auf der Schatzinsel.

erschwert und zum Teil sogar unmöglich macht. Jeder Meter Boden muß hier regelrecht erkämpft und dem Dschungel abgerungen werden – ein Vorwärtskommen ohne Machete ist so gut wie aussichtslos. Die allgemeine Behauptung, daß die Insel mit Spalten und Höhlen übersät sei, ist schlichtweg übertrieben. Zwar gibt es Höhlen, aber diese sind meist von geringem Ausmaß und bis auf einige wenige für Schatzsucher nicht interessant. Der Spruch Sir Malcolm Campbells: »Dies ist der Platz, den der Teufel im Zorn zu seinem Spielplatz gemacht hat« – trifft den sprichwörtlichen Nagel auf den Kopf. Überall lauern die vielfältigsten Gefahren, so daß man sich schon sehr vorsehen muß, will man wieder heil nach Hause kommen und sogar dabei noch einen Schatz suchen, beziehungsweise finden.

Zu den Hauptgefahren gehören die Löcher, die allerorten präsent sind. Gegraben von Schatzsuchern und inzwischen teilweise von trügerischem

Grünzeug überwachsen, läuft man Gefahr, in eine dieser zahlreichen Gruben zu fallen, die vereinzelt bis zu sieben Meter tief sind. Eine nicht minder große Gefahr stellen die mehr als fünftausend Wildschweine dar, die den Boden umwühlen. Nachts treiben sie sich in den Palmenhainen herum, um die herabgefallenen Cocosnüsse zu knacken und die gärende Milch herauszuschlürfen. Dies versetzt sie in einen rauschähnlichen Zustand, so daß diese degenerierten verwilderten Nachfahren ehemaliger Hausschweine aggressiv sind und schon mehr als einen Schatzsucher mit ihren großen Hauern getötet haben. Weitaus weniger gefährlich, dafür aber tausendmal unangenehmer sind die Myriaden Moskitos, die sich wie Vampire auf jedes Lebewesen stürzen, das den Fehler begeht, auch nur einen Zentimeter Haut zu zeigen. Auch die Feuerameisen, jene berüchtigte Sorte »Cocos-Ameisen« verbreiten Schrecken und Schmerzen, wenn sie einen anfallen. Sie lassen sich von Ästen und Blättern fallen, kriechen in Nacken und Ärmel, um mit scharfem Biß regelrecht Haut- und Fleischstücke abzureißen. Diese Bisse sind äußerst schmerzhaft, und die betroffenen Körperteile schwellen an. Den Rest erledigen die winzig kleinen Ameisen, die sich in jede Hautfalte verbeißen und eine ätzende Säure dabei einsetzen. Gottseidank gibt es keine Schlangen auf der Insel, dafür allerdings Skorpione, die sich überwiegend unter vermoderten Baumresten und Felsen aufhalten. Ansonsten gibt es an lästigem Viehzeug noch Unmengen Ratten und riesengroße Cougarachas – jene Sorte Küchenschaben, die überall in Mittel- und Südamerika anzutreffen ist. Wilde Katzen, degenerierte Rehe und gelegentlich Ziegen runden das Bild ab. Sich von dem zu ernähren, was die Insel bietet, wird einem leichtgemacht; in den Bächen, deren Wasser aus den Bergen kommt, sind ausreichend Süßwasserfische vorhanden, große Erdkrabben im feuchten Sandboden der Buchten sowie Muscheln bereichern den Speisezettel ebenso wie die köstlichen Kokosnüsse, die man nur einzusammeln braucht. Im Wasser der Buchten wimmelt es geradezu von Riesenlangusten, die man mit Hilfe eines Speers einsacken kann. Allerdings ist dies nicht ungefährlich, da es in den Gewässern um die Insel von Haien sämtlicher Arten ebenfalls wimmelt. Wir erlebten fast jedesmal Attacken von Weißspitzen- und Zitronenhaien. Daneben tummelten sich Makos, Blauhaie, Tigerhaie, Hammerhaie und sogar Hundshaie. Allein zu tauchen ist also nicht ratsam.

SUCHE

Als erstes beschlossen wir, uns auf die Suche nach den Schätzen Bonitos zu machen, die wir in der östlichen Ecke der Bahia Wafer vermuteten. Einer alten Skizze zufolge sollte sich am Ende einer Schlucht eine Höhle befinden, mit einigen Kisten darin. Nach tagelanger Suche stießen wir endlich auf den Felsen mit dem genannten Hinweiszeichen. Über ein felsiges Bachbett gelangten wir an die bezeichnete Stelle. Als wir in die einzige Höhle weit und breit hineingekrochen waren, war uns klar, daß wir uns tatsächlich in der richtigen befanden. Allerdings zu spät, denn die Höhle war bereits geräumt. Nur die Abdrücke einstmals schwerer Kisten und die Überreste von Kistenbrettern und einige total verrostete Beschläge waren alles, was uns blieb. Wir suchten in den nächsten Wochen in allen möglichen Ecken der Insel und kämpften uns in einem zwölfstündigen Gewaltmarsch sogar bis zum höchsten Berg, dem 680 Meter hohen Cerro Yglesias durch. In unmittelbarer Nähe des Camps am Fuße des Cerros stieß Flaco am nächsten Morgen auf einige seltsame Blechteile. Zusammengelegt ergaben sie den Namen »FURY«. Je höher wir den steilen Hang des Berges hinaufstiegen, um so mehr häuften sich diese Teile. Dann,

Alte Karte der Cocos-Insel mit eingezeichneten vermuteten Verstecken der Schätze.

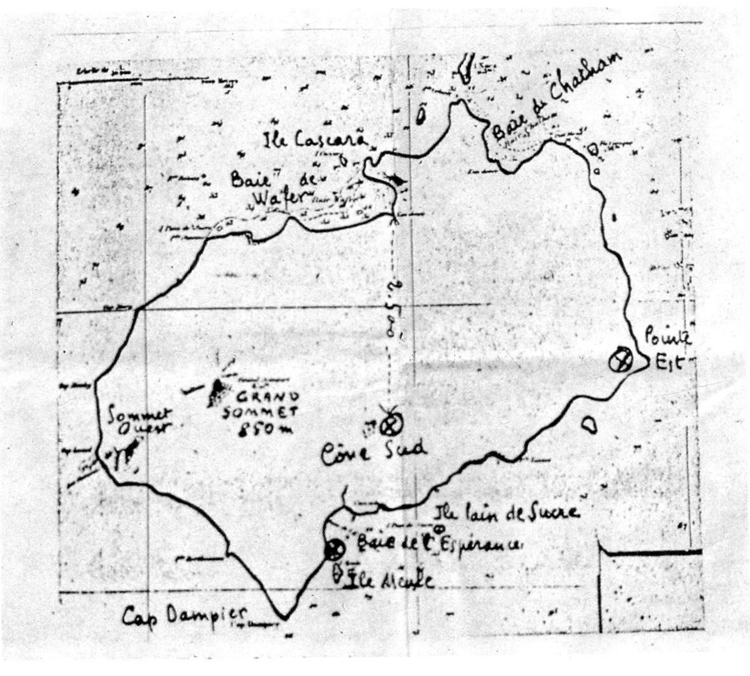

plötzlich, als wir um eine Felsecke bogen, prallten wir regelrecht zurück. Das explodierte und ausgebrannte Wrack eines viermotorigen US-Bombers lag vor uns.

Im Umkreis von ungefähr dreihundert Metern waren die Wrackteile verstreut. Zwischendrin lagen Knochenteile – höchstwahrscheinlich Reste der Besatzung. Die Lage der Wrackteile gestattete es uns, das Geschehnis zu rekonstruieren. Sehr wahrscheinlich geriet das Flugzeug in die tiefhängenden Wolken, wobei der Höhenmesser nicht richtig angezeigt haben mußte. Mit der linken Tragfläche streifte dann die Maschine den Berg unterhalb des Gipfels und wurde in die Bergwand hineingedreht. Beim Aufprall explodierten die Treibstofftanks, der viermotorige Bomber brannte vollständig aus. Den Beweis dafür lieferten die verkohlten Knochen. Zusätzlich explodierte noch die Bordmunition, die zum Teil aus Leuchtspurladungen bestand. Wie wir später erfuhren, wurde bis zum Fund der Maschine allgemein angenommen, die seit 1948 vermißte Maschine sei irgendwo in den Pazifik gestürzt.

THEORIEN

Selbst mit noch so gutem Kartenmaterial und detaillierten Plänen gestaltet sich jede Suche nach Schätzen auf dieser Insel als die berühmte Suche nach der Stecknadel im Heuhaufen. Die einzige logische und systematische Suche ist die, alle Theorien, bekannten Tatsachen und Fakten gegeneinander abzuwägen. Sämtliche Beschreibungen von Vergrabungen und Versteckplätzen – ganz egal, ob unsinnig oder nicht – müssen geprüft werden.

Da es davon einige Dutzende gibt, die durchaus der Realität entsprechen können, hilft wirklich nur reine Logik.

Deshalb empfiehlt es sich, grundsätzlich darüber nachzudenken, welche Gedankenzüge dem Verbergen vorausgegangen sein könnten. Zeit war zwar ausreichend vorhanden, trotzdem ist nicht anzunehmen, daß man sich die mühselige Arbeit gemacht hat, die schweren Truhen und Kisten, weiß Gott wie weit, ins Innere der Insel zu schleppen. Zumal es bereits wenige Meter inseleinwärts steil bergan geht und ein Vorwärtskommen auch schon ohne Last äußerst mühselig ist. Zusätzlich kommt hinzu, daß die Verberger, also die Piraten, nicht unbedingt die schwere Arbeit liebten. Im Fall des Kirchenschatzes von Lima ist auch der Umstand zu berücksichtigen, daß die »DEAR MARY« mit lediglich fünfzehn Mann besetzt war –

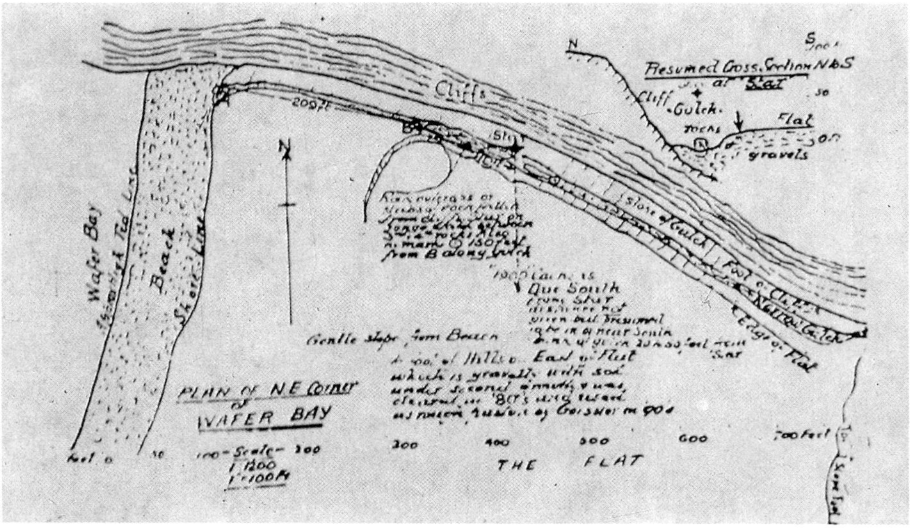

Ein alter Schatzplan, der zu einer Höhle in der Wafer Bay weist.

einschließlich des Kapitäns. Somit mußten also mindestens zwei Mann an Bord zurückbleiben als Schwellwache und um beim Abfieren und Einholen Hilfe zu leisten. Bonitos Bande bestand dagegen zwar aus genügend vielen Leuten, aber auch in diesem Fall wiegt das Argument der Faulheit und des Phlegmas schwer. Man bedenke: Zu der Zeit, als die Schätze verborgen wurden, gab es keine andere Möglichkeit der Wiederfindung, als die genaue Kenntnis der Lage. Somit genügte es, das wertvolle Gut durch einfaches Verbergen dem allgemeinen Zugriff zu entziehen. Nur mit dem nötigen Wissen und der exakten Kenntnis um die Umstände und Örtlichkeit war ein Auffinden möglich. Weitaus logischer scheint es, daß man die sicher nicht geringe Menge aufteilte und an verschiedenen Plätzen verbarg. Allein die Tatsache, daß die Insel seit Jahrhunderten als Anlaufplatz zahlreicher Piraten galt, von denen jeder immer irgend etwas zu verbergen hatte, rechtfertigt diese Annahme.

Aus diesen genannten Gründen darf deshalb durchaus angenommen werden, daß sich die Verstecke nicht allzuweit im Inselinneren befinden.

Der Grund, daß Hunderte Expeditionen erfolglos wieder abgefahren sind, ist vielleicht darin zu finden, daß entweder die Verstecke meterhoch mit Erde oder Geröll bedeckt sind, die zahlreiche Erdbeben darübergetürmt haben, oder eine – wie ich glaube – einfachere Erklärung ist anzuwenden. Das Phänomen der »Duplizität der Örtlichkeit« – das ich in meinem »Handbuch für Schatzsucher« bereits eingehend geschildert habe – könnte die Erklärung sein.

So wäre es durchaus erklärbar, daß sowohl die »DEAR MARY« als auch Bonitos Schiff, die »RELAMPAGO«, weder in der Bahia Chatham noch in der Wafer Bay geankert haben, sondern daß sich beide für die kleine Bucht im Süden der Insel, die Bahia Esperanza, entschieden haben könnten. Nach überlieferten Angaben ankerten beide Schiffe in der Nähe eines kleinen konischen Felsens, der in etwa die Form eines Heuhaufens haben soll. Solche markanten Inselchen gibt es in der Chatham-Bay ebenso wie in der Wafer Bay. Aber auch der Bahia Esperanza ist ein solcher Felsen vorgelagert. Hinzu kommt, daß man vor unliebsamen Überraschungen im Süden wesentlich sicherer war, da die meisten Schiffe die Insel aus nordöstlicher Richtung anliefen und auch heute noch anlaufen. Für diese Theorie spricht der lapidare Vermerk in Chabrals Bericht, der wörtlich aussagt: »Wir lichteten schließlich den Anker, setzten Segel und umrundeten die südliche Spitze der Insel.« »Dann nahmen wir Kurs auf Acapulco.« Dieser eine Satz sagt alles. Die »südliche Spitze« kann nur dann umrundet werden, wenn das Schiff im Süden liegt. Die kleine Bucht mit Beibooten anzulaufen war solch erfahrenen Seeleuten eine Leichtigkeit. Ein weiterer Umstand spricht ebenfalls für die Bahia Esperanza. Chabral berichtet von einem hohen Wasserfall mit hohen Bergen zu beiden Seiten. Weiter berichtet er davon, daß sie den Wasserfall nicht mehr sehen konnten. Erst später wieder, etwa eine halbe Meile im Inselinneren, sahen sie, wie das Wasser aus etwa einhundert Metern herunterfiel. Tatsächlich ist der einzige Wasserfall, der schon von weitem sichtbar ist, jener in der südlichen Bucht. Ungefähr sechs- bis achthundert Meter im Inneren der Insel fällt er über eine ca. hundert Meter hohe Wand in zwei Stufen in ein natürliches Becken. Außer dem Wasserfall des Quebrada Pittier gibt es nur noch einen Wasserfall, der aber höchstens eine Höhe von dreißig Metern hat und von See aus nicht sichtbar ist, da die Schlucht in der er sich befindet, eine tiefe Biegung macht. Um zu diesem Katarakt zu gelangen ist ein Fußmarsch von etwa einer Stunde nötig. Beschreibungen wie jene mit den besagten »70 Schritten« usw. hören sich abenteuerlich an, sind aber meines Erachtens nichts als überlieferte Hirngespinste. Solche dubiosen Beschreibungen gibt es noch mehr. So gehört beispielsweise die nachfolgende zu den schönsten, aber auch zu den absurdesten Beschreibungen sämtlicher Schatzgeschichten.

»Wenn du dem Meer den Rücken gekehrt hast, mußt du nach dem

Gebirge wandern, das sich im Norden der Insel erhebt. Am Abhang des Berges wirst du nach Westen hin einen Bach erblicken. Überschreite ihn und gehe dann noch 20 Schritte nach Westen zu. Dann gehe weiter 50 Schritte nach der Mitte der Insel hin, bis das Meer ganz durch das Gebirge verdeckt wird. An der Stelle, wo der Boden plötzlich jäh abfällt, wirst du auf dem Felsgestein ein weißes Zeichen sehen. Hier ist der Schatz vergraben.«

Jeder, der die Insel und die Örtlichkeit kennt, weiß, daß solche Legenden von Leuten in die Welt gesetzt wurden, die noch niemals einen Fuß auf die Schatzinsel gesetzt haben. Gleiches gilt auch für diese Beschreibung:

»In der untergehenden Sonne sieht man einen Schatten, der aussieht wie ein Adler mit ausgebreiteten Flügeln. An der Grenze zwischen Licht und Schatten ist der Schatz vergraben.«

Den immensen Schätzen der Cocos-Insel beizukommen, bedarf es also weitaus logischerer Methoden als romantischer Sprüche. Ganz egal, von welchen Gruppen welche Schätze auch immer verborgen wurden – eines haben alle gemeinsam: Erstens handelte es sich um große Mengen schweren Metalls, bei dem der Transport größerer Mengen auf einmal nicht möglich war; zweitens sollte das Versteck ja kein dauerhaftes Depot darstellen, sondern nur vorübergehend die Schätze aufnehmen; drittens wollte man ja schnell und ohne allzugroße Mühen wieder darankommen, und viertens sollte das Versteck vorübergehend absolut sicher sein. Unter Berücksichtigung all dieser Aspekte kommen nur einige prädestinierte Variationen in Betracht. Diese großen Mengen beispielsweise bei Ebbe am Strand zu vergraben scheidet automatisch aus, weil sich ein solch großes Loch nicht in der kurzen Zeitspanne zwischen zwei Tidenhüben bewerkstelligen läßt. Außerdem wird ab der Tiefe von einem Meter jegliches Graben unmöglich infolge des einströmenden Wassers. Zu dicht am Strand solche Erdbewegungen durchzuführen wäre gefährlich gewesen; die Spuren wären selbst noch nach Wochen sichtbar gewesen. Weit ins Inselinnere die Ladung zu transportieren war ebenso unwahrscheinlich. Genauso die Theorie, das Zeug einfach im Wasser zu versenken. Seeleute haßten Meer und Wasser, sobald sie darin baden oder schwimmen mußten. Zudem konnten die meisten nicht einmal schwimmen und hatten außerdem einen Heidenrespekt vor Haien und ähnlichen Raubfischen. Somit bleiben eigentlich nur noch wenige infrage kommenden Möglichkeiten. Entweder gab es genügend große natürliche Höhlen oder man mußte künstliche Höhlen graben.

Natürliche Höhlen hatten den Vorteil, daß sie bereits vorhanden waren – aber auch den Nachteil, daß sie auch von unliebsamen und ungebetenen Schnüfflern gefunden werden konnten. Eine Möglichkeit wäre gewesen, im Höhlenboden das Loch auszuheben und die Wertsachen darin zu vergraben. Die andere Möglichkeit könnte gewesen sein, einen Stollen in einen Berghang zu treiben und die Schätze darin zu verbergen. Oder aber man entschied sich dafür, die Menge aufzuteilen und an mehreren Plätzen inerhalb eines begrenzten Gebietes zu vergraben. Ansonsten blieb noch, ein Flußbett umzuleiten und das Versteck im Flußgrund anzulegen, um anschließend den Fluß wieder darüberzuleiten. Das gleiche könnte mit einem der Wasserbecken geschehen sein. Schlußendlich bliebe nur noch eines – nämlich an einem der unzähligen kleinen Strände anzulanden, denen aber gefährliche Riffe vorgelagert sind. Hier hätte man all die Mengen an Gold und Silber beinahe offen herumliegen lassen können, da niemand sonst auf die Idee käme, dort an Land zu gehen oder dort gar einen Schatz zu vermuten. Ein weiterer interessanter Punkt sind all die Steine und Felsen, die mit Hinweiszeichen und Inschriften versehen sind. Vieles davon ist sicherlich Humbug – jedoch kann es sich durchaus lohnen, über

Blick in die Chatham-Bucht. Hier irgendwo soll der Kirchenschatz von Lima verborgen sein.

manche dieser Inschriften nachzudenken. Sicher, warum sollte jemand, der die exakte Kompaßpeilung eines vergrabenen Schatzes genommen hat, sich zusätzlich die mühselige Arbeit machen, irgendwelche Zeichen und Buchstabenkombinationen in das harte Gestein zu meißeln. Zumindest jedoch im Falle Bonitos gilt es als sicher, daß dies geschehen ist. Auch Keating hat einen Felsen beschriftet – diesen fand August Gissler in der Chatham-Bay. Keatings Beschriftung bestand aus drei Pfeilen sowie einem Paar Stiefel. Was dies zu bedeuten hatte, ist ungewiß, zumal dieser Stein dann in den fünfziger Jahren von Schatzsuchern gesprengt wurde. Ebenfalls in der Bahia Chatham existiert eine äußerst seltsame Inschrift, die lautet:

»Look Y. as you goe for ye S. Coco«

Auch der Sinn dieser Worte ist nicht bekannt. In der Wafer Bay befindet sich der Felsen mit den Hinweiszeichen eines Kapitän Smith. Der Felsen ist mit einem langen Pfeil versehen und den Initialen C. Z.

Sicher am interessantesten wären die Felsen, die Bonito beschriften ließ, trotz intensivster Suche vieler Schatzsucher konnte jedoch bisher keiner gefunden werden. Vielleicht auch deshalb, weil fast jeder in der Wafer- und Chatham-Bay danach suchte. Auch dürften die Inschriften inzwischen verwittert oder mittlerweile mit Moos bedeckt sein. Oder aber übereifrige Schatzsucher haben diese in die Luft gejagt.

Ein weiteres Phänomen, gerade die Cocos-Insel betreffend, sind die unzähligen Schatzkarten und Pläne, die existieren. Es darf ernsthaft bezweifelt werden, ob sich überhaupt eine echte Karte darunter befindet. Jahrzehntelang hatten Teerjacken in sämtlichen Häfen von Bristol bis Port au Prince nichts besseres zu tun, als Dummen und Gutgläubigen die Kröten mit solchen angeblich »echten Schatzkarten« aus der Tasche zu ziehen, um sich den nächsten Becher Rum damit zu finanzieren. Für all diese Karten und Pläne gilt auch die Frage, warum jemand eine solche überhaupt anfertigen sollte, wenn er das Zeug schon selbst versteckt hat. Die Gefahr wäre viel zu groß, als daß Unbefugte mit einer solchen Karte den oder die Schätze finden könnten. Wenn schon, dann waren alle Angaben und Eintragungen total verschlüsselt. In diesem Fall wäre eine solche Karte ebenfalls wertlos, da nur der Eingeweihte damit zurecht käme. Kompaßpeilungen – und seien sie noch so genau – sind Schall und Rauch, da sich die Mißweisung ständig ändert. So könnte eine ehemals punktgenau bezeichnete Stelle schon einige Jahrzehnte später um Dutzende Meter daneben liegen, wendete man die Original-Peilung an.

BEFALLEN VOM VIRUS

Sieben Wochen war die Schatzinsel unser Zuhause. Ein Zuhause, von dem es kein Entrinnen gab. Wohin einer auch lief, irgendwann traf er wieder auf einen aus der Gruppe, in diesem begrenzten Bereich, in dem ein Lagerleben halbwegs möglich war. Wir suchten mit den Metalldetektoren alle infrage kommenden, bzw. alle nach unserer Ansicht erfolgversprechenden Örtlichkeiten ab. Zugegeben, mit der Zeit wird man immer seltsamer und verschrobener; der Zustand, den Psychologen als »Koller« bezeichnen. Welche Auswüchse das auch immer annahm, wir waren inzwischen alle befallen von einem Virus, vor dem es keine Rettung mehr gab und den schon viele Expeditionen vor uns beschrieben haben. Befallen vom »Schatzvirus« – verfallen dem Cocos-Syndrom. Gleich einer schleichenden Krankheit, die den Befallenen irgendwann dahinrafft. Jeder Felsspalt wird zur vermeintlichen Schatzhöhle, jedes Blitzen des Gesteins im Sonnenlicht

Die Wafer Bay heute – kaum noch Palmen, aber irgendwo Millionschätze.

als Gold gedeutet. Man hat nur noch das Verlangen, von der Insel fortzukommen, um dann den noch stärkeren Drang zu verspüren, dorthin zurückzukehren.

Eines Tages stiegen wir über den steilen Gissler-Trail auf, um auf dem Landweg in die Bahia Chatham zu gelangen. Der beschwerliche Weg, der jedoch eine herrliche Aussicht über den nördlichen Teil der Insel gewährt, führt über steile Bergrücken und durch schattige Täler in die Bucht, die den Kirchenschatz beherbergen soll. Beim Abstieg über einen dicht mit Farnen bewachsenen Hang wurden wir von Fregattvögeln angegriffen, die wohl ihre Gelege in Gefahr glaubten. Wieder und wieder versuchten sie im Sturzflug mit ihren großen scharfgebogenen Schnäbeln nach uns zu hacken. Erst ein Schuß aus dem Revolver vertrieb sie. Wir schlugen unser Camp an dem schmalen Uferstreifen auf, den der Pazifik hier gestattet. Diese Bucht ist übersät mit Tausenden von Steinen und Felsen, alle mit eingemeißelten Inschriften versehen, von denen die älteste aus dem 16. Jahrhundert stammt. Inzwischen ist dies ein einzigartiges steinernes Gästebuch, in das sich jeder einträgt, der die Insel besucht. Thor Heyerdahl, Graf Luckner, Hans Hass, Kapitän Cousteau und Rollo Gebhard, um nur einige zu nennen. Wir aber hatten kaum einen Blick dafür. Zu sehr waren wir schon davon besessen, endlich Hand an die lebensgroße Madonnenstatue legen zu können.

Der einzige Fluß, auf den die seltsame Beschreibung mit den 70 Schritten angewendet werden konnte, war der Quebrada Lievre, zumindest was die Hochwassermarke betraf. Im Flußbett jedoch auch nur ein paar Schritte zu machen, war so gut wie unmöglich. Riesengroße Felsen türmten sich hier, und das Bett stieg sehr steil an. Wer immer diese Beschreibung erfunden hatte, war entweder ein Scharlatan oder noch nie hier gewesen. Wir durchsuchten alle zugänglichen Ecken der Bahia Chatham und hatten tatsächlich eine gewaltige Anzeige von Metall. Allerdings lagen Tonnen Gestein darüber, so daß jeder Grabungsversuch unsinnig gewesen wäre. Ich neige zu der Annahme, daß es sich um irgend welche Relikte und Überreste früherer Expeditionen handelte. Inzwischen ging unser Wahn bereits so weit, daß wir keinen Schritt mehr ohne Suchgeräte taten – immer in der Hoffnung, zufällig auf einen Fund zu stoßen. Doch alles, was wir ausgruben, waren Teile von einem Bulldozer, August Gisslers Fensterstöcke seines ehemaligen Gouverneurspalastes und mengenweise alte Grabungswerkzeuge. Der Tag blieb aus, an dem wir über unsere installierte Funkanlage das Codewort für »FUND« nach Deutschland melden konnten.

Wir sahen inzwischen selbst aus wie die Piraten, die die Insel so oft angelaufen hatten – ausgemergelte Gestalten, mit wilden Bärten im Gesicht und in teilweise zerfetzten Klamotten. Physisch total zermürbt, angesichts des Dauerregens und der Erfolglosigkeit. Unsere Vorräte gingen allmählich zur Neige, und so beschlossen wir, die Base Naval in Puntarenas über Funk zu informieren, uns wieder abzuholen. Am übernächsten Tag war es dann soweit: Durch die Wolkenbänke tauchte geisterhaft der Schemen eines Schiffes auf. Es war die »CABO BLANCO« – eines der kleinen Patrouillenboote, das kam, um uns zurückzuholen in die Zivilisation des zwanzigsten Jahrhunderts. In eine Zivilisation, die keinen Platz hat für Schätze, Träume und Abenteurer. Bis zur Brust im aufgewühlten Wasser der Wafer Bay stehend, verluden wir unsere Zargeskisten, umkreist von Haifinnen, in den Ohren das Tosen der Brandungsgischt, die sich an den Felsen brach. Stumm standen wir am Heck und blickten zurück auf die Insel, die sieben Wochen unser Zuhause war. Wehmütig hing jeder seinen Gedanken nach, und die Insel verabschiedete uns so, wie sie uns empfangen hatte: Sie weinte strömende Tränen. Unausgesprochen blieb, was jeder von uns dachte:

Eines Tages komme ich hierher zurück, um dieser Insel endgültig ihr Geheimnis zu entlocken. Bis dahin bleibt sie das, als was sie in die Geschichte einging und als was sie weltberühmt wurde: Die Schatzinsel!

DIE SCHATZHÖHLE VON RENNES LE CHATEAU

Ungefähr sechzig Kilometer südlich von Carcasonne in Frankreich liegt eingebettet in die Berge der Corbieres malerisch auf einem Hügel die kleine verschlafene Ortschaft Rennes le Chateau. Daß das verträumte Nest in die Annalen der Schatzgeschichte einging, liegt an einem Ereignis, das 340 Jahre zurückliegt.

Der Hirtenjunge Ignace Paris hütete eine größere Herde Schafe, die sich hier in den saftigen Hügel zerstreut hatte. Ein Muttertier, das sich ständig in seiner Nähe befand, erweckte durch sein klagendes Blöken seine Aufmerksamkeit. Ignace bemerkte, daß das Lamm des Schafes verschwunden war. So sehr er die gesamte Umgebung auch absuchte, nirgends konnte er das Tier finden. Als er in der Nähe einiger Felsen durch ein Gebüsch kroch, übersah er eine der zahlreichen Felsspalten, mit denen die gesamte Umgebung übersät war und rutschte in den Versturz. Der Junge bemerkte, daß er sich in einer Höhle befand, die sich tiefer in den Berg hineinzog. Aus der Tiefe der Grotte hörte er ein klägliches Blöken. Er folgte den Tönen und geriet in eine domartige Höhle, in die durch einen Spalt in der Decke ein schwacher Lichtstrahl drang. Als sich seine Augen an das diffuse Licht gewöhnt hatten, entdeckte er hinter einem Felsen das vermißte Tier. Zugleich aber fiel sein Blick auf etwas, das ihn neugierig machte. In einer Ecke der großen Höhle standen Kisten und Truhen, und als er darauf zuging, sah er zu seinem Entsetzen daneben sechs Skelette liegen. Trotz seiner Furcht wagte er zaghaft, eine der Kisten zu öffnen. Nur mit Mühe ließ sich der eisenbeschlagene Decke anheben. Der schwache Lichtstrahl genügte, um im Inneren der Truhe ein Gleißen und Blitzen hervorzurufen. Bis an den Rand gefüllt war diese Kiste mit Goldmünzen und Juwelen. Mit zitternden Händen öffnete der Hirtenjunge nun auch die anderen Kisten. Jede war randvoll gefüllt. Juwelen und Edelsteine, Gold- und Silbermünzen wohin er auch blickte. Ignace griff in eine der Truhen und holte zwei Hände voller Goldmünzen heraus, die er sich in die Taschen stopfte. Nachdem er sein Lamm auf die Arme genommen hatte, lief er zum Eingang zurück und kletterte aus der Felsspalte.

Fast eine Woche dauerte es, bis Ignace Paris sich dazu entschloß, mit seinem Reichtum etwas anzufangen. Als erstes wollte er sich mit Lebensmitteln eindecken und neu einkleiden. Als er zur Bezahlung einige der gefundenen Goldmünzen aus der Tasche holte, packte ihn der Krämer am

Die Überreste der Hütte von Ignacê Paris, dem Hirtenjungen.

Handgelenk und hielt ihn fest. Zu damaliger Zeit war es eher eine Seltenheit, wenn jemand in Gold bezahlte, und besonders in den kleinen Bergdörfern waren die Bewohner nicht mit Reichtümern gesegnet. Wie sehr fiel da so ein sechzehnjähriger Bursche auf, wenn er gleichsam die Taschen voll mit dem begehrten Metall hatte. Die Frau des Krämers war auf die schmale Gasse hinausgelaufen und hatte hysterisch nach der Polizei gerufen. Schnell liefen die Leute zusammen, um zu erfahren, was geschehen sei. Ignace mußte es geschehen lassen, daß man seine Taschen durchsuchte und ihm all seine Habe abnahm. Dann führte man ihn zu seiner armseligen Behausung und stellte alles auf den Kopf. Man versuchte von dem Hirten zu erfahren, woher er all die goldenen Münzen hatte, doch der Junge schwieg eisern und verriet sein Geheimnis nicht. Der Bürgermeister beschuldigte ihn schließlich, einen Reisenden überfallen und beraubt zu haben. Erst da verteidigte sich Ignace und erzählte von der geheimnisvollen Höhle. Aber obwohl ihn seine Häscher aufforderten, sie zu der Höhle zu führen, weigerte er sich. In dieser Nacht drangen die Schmerzensschreie des Hirtenjungen durch die Gassen Rennes. Unter der Folter, so glaubte man, würde er sein Geheimnis schon preisgeben. Als der geschundene Körper des unglücklichen Jungen dann am nächsten Tag am Galgen vor der Stadtmauer baumelte, waren die Bürger und ihre Obrigkeit genauso schlau wie vorher. Ignace Paris hatte sein Wissen um die Schatzhöhle mit ins Grab genommen. Damit wäre die Geschichte eigentlich schon zu Ende und längst in Vergessenheit geraten, wäre nicht im Jahre 1885 in Rennes le Chateau der junge Geistliche Beranger Sauniere aufgetaucht. Sauniere tritt in dem Jahr seine Stellung als neuer Pfarrer des Örtchens an. Da das Pfarrhaus gerade renoviert wird, wohnt Sauniere bis zur Fertigstellung bei der Familie Denarnaud, wo ihm das hübsche Töchterchen des Hauses, die heißblütige Marie, den Kopf verdreht. Nach vollendeter Renovierung des Pfarrhauses zieht der Abbé dort ein und mit ihm zusammen auch Marie, die ihm offiziell nun den Haushalt führt. Solche Verhältnisse sind keine Seltenheit, und auch die Bewohner Rennes sehen keinen Grund, daran Anstoß zu nehmen, zumal sich Sauniere schnell größter Beliebtheit erfreut. Zu Beginn des Jahres 1891 erhält er vom Bischof von Carcassonne, der sein direkter Vorgesetzter ist, die Genehmigung, in seiner Kirche die notwendigsten Restaurierungen durchzuführen. Insbesondere das Dach der Kirche war stellenweise so durchlöchert, daß sich an Regentagen ein regelrechter Wasserfall über den Hauptaltar ergoß. Deshalb sollte auch gleich der Altar mit überholt werden. Die Kosten für die Restaurierung, 2400 Franc, erhält der Geistliche als Kredit aus dem Gemeindeetat. Mit den Arbeiten wird der Maurermeister René Babon aus Couiza beauftragt. Eines Tages – die Reparaturen des Daches sind bereits ausgeführt, und Babons Leute arbeiten inzwischen schon am Hauptaltar – meldet einer der Arbeiter Pfarrer Sauniere einen seltsamen Fund. In einem Hohlraum hinter einem steinernen Pfeiler des Altars verborgen liegt ein Bündel Pergamente, die, wie es scheint, in Latein beschrieben sind. Pfarrer Sauniere läßt sofort die Arbeiten einstellen und schickt die Leute nach Hause. Nachdem er in Ruhe einen Blick auf die Papiere geworfen hat, weiß er sofort, welch unschätzbaren Wert die Dokumente haben. Doch mittlerweile hat auch der Bürgermeister Wind von der Sache bekommen und noch am selben Abend will er vom Pfarrer wissen, was die Papiere zu bedeuten haben. Sauniere überläßt ihm einige Dokumente, die sich lediglich auf den Bau der Kirche beziehen. Die weitaus wertvolleren und interessantesten Pergamente behält er für sich. Diese enthalten die Unterschrift und das königliche Siegel der Königin Bianca von Kastilien – der Mutter Ludwigs IX. Die später heiliggesprochene Bianca ließ während des Hirtenaufstandes 1250 die gesamten Kronschätze auf einen Wagenzug verladen und flüchtet vor den heranziehenden plündernden Horden aus Paris nach Südfrankreich. Als Zufluchtsort wird die als uneinnehmbar geltende Burg von Rennes le Chateau auserwählt. Diese Wahl hat auch taktische Hintergründe, da die Befestigung in der Nähe der Straße liegt, die nach Spanien führt und Bianca so die Möglichkeit hat, im Gefahrenfall auch in ihre

Heimat flüchten zu können. Hier also, hinter diesen dicken Mauern, wird der französische Kronschatz in Sicherheit gebracht und vorsichtshalber auch nach der Niederschlagung des Hirtenaufstandes dort belassen. Es ist anzunehmen, daß dieser Schatz nie mehr abgeholt wurde, da Bianca von Kastilien im November 1252 stirbt. Mit der Zeit gerät der Schatz in den weitverzweigten Gewölben in Vergessenheit. Pfarrer Sauniere ist nun im Besitz der wichtigen Informationen, die notwendig sind, um die Juwelen auffinden zu können. Zusammen mit seiner Geliebten, Marie Denarnaud, macht er sich auf die Suche nach dem geheimnisvollen Gewölbe. Vermessungspunkte, die in den Pergamenten enthalten sind, geben Aufschluß über bestimmte Stellen in der Kirche, von denen aus das Versteck zu ermitteln ist. Das Paar stößt schließlich auf den Punkt, der das Geheimnis letztendlich preis gibt; eine Grabplatte mit der alles entscheidenden Inschrift am Grabmal der Comtesse de Blanchefort! Als sie am Ende des Rätsels angelangt sind, finden sie das unterirdische Höhlensystem mit den vielen Kisten und Truhen, die noch so geöffnet dastehen, wie der Hirtenjunge Ignace Paris sie im Mai 1645 verlassen hat. Von da an verändert sich das Leben Pfarrer Saunieres und seiner Mätresse. Die ursprünglich lediglich als Renovierungsarbeiten vorgesehenen Ausbesserungen verwandeln sich plötzlich in umfangreiche Restaurierungen. Sauniere ist jetzt viel auf Reisen. Es scheint, als mache er die verschiedenen Fundstücke zu Geld. Immer häufiger treffen im Nachbarort Couiza größere Geldbeträge ein, die für Mademoiselle Denarnaud bestimmt sind. Die feurige Marie erklärt, daß sie eine größere Erbschaft gemacht habe. Das Geld bleibt nicht lange liegen; Sauniere betätigt sich als Bauherr größeren Ausmaßes; ein Kreuzweg wird angelegt, ein prächtiger Garten vor der Kirche, eine neue Friedhofmauer umschließt den Totenacker, und ein feudaler Herrschaftssitz mit zwei Stockwerken wird gebaut, der das alte Pfarrhaus ablösen soll. Diese »Villa Bethania« ist äußerst großzügig geplant – mit Park, einem Wintergarten und sogar einem Turm mit Aussichtsplattform. Nicht minder edel ist die Innenausstattung mit neogotischen Einlegearbeiten und einer wertvoll bestückten Bibliothek. Nun brach die Bauwut bei Sauniere erst richtig aus. Eine Kapelle, den Bau einer Verbindungsstraße von Rennes nach Coniza, und sogar die Wasserversorgung des kleinen Ortes übernahm der geistliche Herr. Schließlich – die Krönung des Bauwahns – orderte er 8000 Kubikmeter Mauersteine, um die Altstadt Rennes wieder aufzubauen. Die Bürger Rennes, die all dies aufmerksam beobachteten, mochten sich durchaus ihre Gedanken machen. Sauniere jedoch verstand es ausgezeichnet, seine Schäfchen bei Laune zu halten. Durch seine großzügige Art

Pfarrer Berangèr Saunier im Jahre 1891. Er fand den Schlüssel zum Geheimnis von Rénnes.

galt er als Wohltäter der Ortschaft und geizte auch nicht den Einwohnern gegenüber. Speis und Trank wurde für jeden Besucher gerichtet, und besonders sein Weinkeller war weit und breit berühmt. Was aber immer wieder Grund zu Spekulationen gab, waren seine ausgedehnten Reisen, die ihn sogar bis in die Schweiz, nach Belgien, Spanien und Portugal führten. Trotz seines Beliebtheitsgrades scheint Beranger Sauniere nicht nur Freunde, sondern auch Neider gehabt zu haben. Anders ist es jedenfalls nicht zu verstehen, daß er eines Tages zu seinem Kirchenfürsten, dem Bischof von Carcassonne, Monsignore de Beausejour, zitiert wurde. Der Bischof verlangte von seinem Abbé Rechenschaft über die immensen Ausgaben, von denen er unterrichtet worden war. Der Pfarrer weigerte sich, und seinem ungestümen und aufbrausendem Wesen entsprechend kam es zu einem hitzigen Wortgefecht. Der Bischof bezichtigte ihn kurzerhand des Ablaßhandels und kündigte ihm eine Strafversetzung an. Der Ablaßhandel war besonders vom 16. bis ins späte 18. Jahrhundert eine willkommene Gelegenheit für die Kirche, gesunde Einnahmen zu erzielen. Allerdings war der Ablaßhandel nur dann für den heiligen Stuhl interessant, solange die Pfründe abgeliefert wurden. Bei der überall verbreiteten Form dieser Art Sündenvergebung bezahlten die Gläubigen – und dabei in erster Linie jene, die zur Oberklasse gerechnet wurden, dafür, daß ihnen die Sünden gegen einen Obolus vergeben wurden. Dafür erhielten sie einen Ablaßbrief, der ihnen sozusagen die Vergebung schriftlich bestätigte.

Sauniere sollte nun nach dem Willen des Bischofs das Pfarramt in Coustouges übernehmen. Aber wieder verweigerte er den Gehorsam, und so sah der Bischof sich gezwungen, harte Bandagen zu verwenden. Er erließ gegen Sauniere ein Berufsverbot. Nun entwickelte sich die Meinungsverschiedenheit geradezu zur Groteske. Sauniere focht dieses Verbot vor dem »Gericht des Heiligen Amtes« in Rom an. Auf eigene Kosten entsandte er zu diesem Zweck seinen Verteidiger für die Dauer von zwei Jahren nach Rom, um diese Anfechtung durchzusetzen! Tatsächlich wurde die Anordnung des Bischofs von Carcassonne am 5. Dezember 1911 infolge der Unbeweisbarkeit für nichtig erklärt. In der Zwischenzeit gab Sauniere das Geld mit vollen Händen aus. Damit aber konnte er auch nicht verhindern, daß der Bischof de Beausejour doch noch einen Sieg erfocht: Infolge hartnäckiger Intervention beim Vatikan, in der er den streitbaren Abbé des Paktierens mit dem Satan bezichtigte, erging gegen diesen das Verbot »Suspens in divinis« – was beinahe einer Exkommunizierung gleichkommt. Unberührt davon führt Sauniere das gewohnte Leben weiter. Mittlerweile spricht er dem Alkoholgeist mehr zu als dem Heiligen Geist, und obwohl inzwischen ein neuer Pfarrer sein Amt übernommen hat, hält er immer noch seine Sonntagspredigten. Sein ausschweifender Lebenswandel rafft ihn dann dahin. Am 17. 1. 1917 stirbt Beranger Sauniere, wie viele munkeln, an seiner kaputten Leber. Marie Denarnaud ist nun alleinige Erbin der Güter. Sie führt ein sorgenfreies Leben in ihrer Villa bis der Zweite Weltkrieg auch von Frankreich Besitz ergreift. Ihre Zuneigung zu den deutschen Besatzern wird ihr zum Verhängnis, und sie endet vorläufig als Kollaborateurin in einem Lager. Als man sie wieder freiläßt, ist ihr Geld nichts mehr wert, und sie verkauft ihren Besitz. Ihren Erben gegenüber macht sie gelegentlich Andeutungen, ohne jedoch Genaueres zu verraten. »Eines Tages werdet ihr reich sein – sehr sehr reich.« »Ehe ich sterbe, werde ich euch ein Geheimnis verraten.« Doch als es dann soweit ist, stirbt Madame Denarnaud am 29. Januar 1953 im betagten Alter von 86 Jahren, ohne das Wissen um ihr Geheimnis weitergegeben zu haben.

WAS STECKT DAHINTER?

Die Spekulationen um den mysteriösen Reichtum und die Mittel Pfarrer Saunieres lassen mehrere Versionen zu. Zum einen ist der Ablaßhandel als Einnahmequelle nicht von der Hand zu weisen, jedoch eine damit aufgemachte Rechnung beweist schnell, daß dies sicher nicht die verschwiegene Einnahmequelle des Geistlichen war. Legt man für eine Ablaßmesse den Betrag von 0,50 Franc bis 1,50 Franc an, dann hätte Sauniere beinahe Tag und Nacht Messen lesen müssen, um allein auf die Investitionskosten seiner Aktivitäten zu kommen. Die aufgeführten Summen ergeben gesamt einen Betrag von 193 000 Franc, wobei vom Landkauf bis hin zur Ausstattung seiner Villa alles beinhaltet ist. Woher aber stammte das viele Geld dann? Die Geschichte von der Erbschaft ist eine reine Schutzbehauptung. Aber andere Einnahmequellen sind fast hundertprozentig auszuschließen. Bleibt also wirklich nur die Erklärung eines Schatzfundes. Das gesamte Verhalten von Anfang an und auch später läßt keinen anderen Schluß zu. Welche Schätze insgesamt Sauniere gefunden hat, ist schwer zu sagen. Sicher ist die Existenz des französischen Kronschatzes. Aber auch die Westgoten residierten in früheren Zeiten in dieser Gegend, und auch Rennes le Chateau war in früher Zeit eine ihrer Festungsanlagen. Für die Existenz gotischer Schätze spricht auch, daß der Pfeiler, hinter dem die Pergamente gefunden wurden, das Gotenkreuz trug. Die Aktivitäten, die Sauniere entwickelte, um sämtliche Spuren zu verwischen, tragen auch nicht gerade zur Transparenz bei. So schloß sich Beranger Sauniere zwischen 1902 und 1909 mehrmals allein im Friedhof ein und löschte die Grabinschrift der Comtesse de Blanchefort aus der Grabplatte aus. Anzunehmen ist, daß diese Platte Hinweise zur Auffindung des Schatzes enthielt. Handelte es sich dabei gar um einen Schatz aus dem Geschlecht der Blancheforts?

Viele Rätsel, die dieser seltsame Mensch hinterlassen hat. Die Suche nach den Schätzen, die man in der näheren Umgebung Rennes vermutet, wird fortgeführt. Seit vielen Jahren schon befaßt sich ein Mann aus Südfrankreich mit dieser Geschichte. Gaston Didier entdeckte bei einem seiner Streifzüge einen seltsamen kleinen Hügel unweit der Ruine der Hütte, in der der Hirtenjunge Ignace Paris gelebt hatte. Untersuchungen ergaben, daß dieser kleine Hügel einen Hohlraum birgt. Klugerweise ließ Didier den Hügel unberührt und setzte seine Suche fort. Dabei entdeckte er eine Quelle, deren Wasser alle zwanzig Minuten versiegte. Neugierig geworden, kroch er in das Loch und stellte fest, daß es sich um eine Art Syphon handelte. Dabei stürzte er drei Meter tief ab und brach sich das Bein. Trotz seiner Verletzung kroch er tiefer in die Höhle, bis er an eine Stelle kam, an der die Höhlendecke eingestürzt war. Im Schein seiner Lampe erkannte er deutlich die Spuren von harten Werkzeugen, mit denen dabei nachgeholfen worden sein mußte. In den darauffolgenden Jahren machte Didier verschiedene Markierungen aus, deren Kreuzungspunkte alle an einer bestimmten Stelle zusammenliefen. Didier war so unvorsichtig, über seine Entdeckung zu sprechen. Vier Tage später fand man ihn in der Kirche von Rennes, erschlagen von einem herabgestürzten Balken. Einem anderen Schatzsucher, der sich zu sehr für die Geschichte von Rennes interessierte, ereilte das Schicksal, indem er überraschend an einem Herzinfarkt verschied, nachdem er verkündet hatte, das Geheimnis lüften zu können. Ein weiterer Toter gab der Polizei in den siebziger Jahren Rätsel auf. Er war aus einem fahrenden Zug gestürzt, nachdem er ebenfalls in Rennes le Chateau so unvorsichtig gewesen war, laut über seine Entdeckungen nachzudenken. Es scheint, als haben der Hirtenjunge Ignace Paris und Pfarrer Sauniere einen Nachfolger gefunden, der auf seine Weise das Geheimnis hütet.

DER »BUSSARD« GIBT EIN RÄTSEL AUF

Viele Schätze, die heute noch irgendwo auf ihre Entdeckung warten, wurden in Eile und Hast verborgen. Mitunter gar in solcher Eile, daß der Verberger im Nachhinein sein eigenes Versteck nicht wiederfand. Besonders dann, wenn sich ein Piratenschiff auf der Flucht befand, und ihm die Häscher dicht auf den Fersen waren, wurde die geraubte Beute vielfach notverborgen. Manch andere Seewölfe dagegen planten ihr Depot lange und gründlich im voraus, und nicht selten wurden komplizierte Systeme ausgetüftelt, die ein zufälliges Auffinden durch unbefugte Dritte ausschließen sollten. Je klüger und gebildeter der Verberger war, desto raffinierter war auch der Weg zum Reichtum. Als einer der größten Kapazitäten auf diesem Gebiet gilt auch heute noch der berühmte französische Freibeuter und Pirat Olivier le Vasseur. Seine Taktik – überraschend aufzutauchen und blitzschnell zuzuschlagen – brachte ihm schnell den Beinamen »La Buse«, der Bussard, ein. Le Vasseur galt als der beschlagenste, aber auch als einer der kaltblütigsten und grausamsten seiner Zunft. Die spätere Entwicklung zum Freibeuter lag mehr oder weniger bereits bei seiner Geburt schon in der Wiege. Sein Vater war zu damaliger Zeit ein bekannter und angesehener Korsar im Dienste Frankreichs. Paul le Vasseurs Ruhm wurde 1665 begründet, als er den Engländern ein Schiff nach dem anderen abjagte und diese als Prisen nach Calais brachte. In diese ruhmreiche Wiege hinein wurde Oliver 1690 geboren. Dem Stande seiner Familie entsprechend, erhielt der Korsarensproß eine erstklassige Ausbildung, die ihm später immer wieder zugute kam. Dank der Hilfe seines Vaters schaffte es der sechsundzwanzigjährige Olivier 1716, von der französischen Regierung einen Kaperbrief zu erhalten. Solche Kaperbriefe waren nichts Seltenes. Die Engländer, Spanier, Portugiesen und selbst die Holländer stellten diese begehrten Freibriefe aus. Immerhin entlasteten sie zum einen die ohnehin knappen Haushaltsbudgets, da ein Freibeuter nicht als offizielles staatliches Schiff galt und vom Briefinhaber selbst angeschafft und vollständig ausgerüstet werden mußte, zum anderen brachten die Kaperbriefe auch noch eine Stange Geld ein, da der Kaperkapitän seine erbeuteten Gewinne mit der jeweiligen Regierung teilen mußte. Für die ausstellende Regierung war somit kein Risiko vorhanden, sehr wohl jedoch für den Kaperkapitän. Die Bestimmungen waren genau geregelt; so durfte selbstverständlich kein Schiff der eigenen Nation und auch keines unter der Flagge einer befreundeten oder verbündeten Nation angegriffen und aufgebracht werden. Das Dilemma mit den Kaperbriefen war, daß zu viele ausgestellt wurden, so daß die Kaperfahrer es bald nicht mehr so genau nahmen. Auch Olivier le Vasseur umging diese Bestimmungen. Er bestimmte die Gewässer des indischen Ozeans als seine Jagdgründe und ging eine Allianz ein mit den englischen Piraten Howell Davis und Francis Cocklyn. Wie umtriebig das Piratenwesen in diesen Gewässern zu jener Zeit war, schilderte der Engländer Francis Cocklyn. »... Wir kamen zu dem Schluß, daß es für uns große Fortune bedeuten könnte, gelänge es uns, die Festung von Gambia zu nehmen. Wie einige Leute aus der Mannschaft Kapitän Davis' wußten, war der Gouverneur von Gambia ein Halunke, der mit dem Handel von Sklaven viel Geld und Juwelen angesammelt hatte. Kapitän Davis hatte deshalb einen Plan ausgearbeitet, wie die gut bewachte Festung im Handstreich zu nehmen sei. Als wir mit Gold und Juwelen überhäuft von Gambia abfuhren und den Gouverneur in seinem Elend zurückgelassen hatten, tauchte am Horizont plötzlich ein großes Schiff auf, das direkten Kurs auf uns hielt. Als das fremde Schiff nahe genug an unsere beiden herangekommen war, dippte der Gegenüber plötzlich die schwarze Flagge. Auf allen drei Schiffen brach nun ein höllisches Gelächter aus, als Davis und ich ebenfalls den Jolly dippten. So lernten wir jenen verwegenen Kapitän kennen, den alle nur ›den Bussard‹ nannten.«

»La Buse« trennte sich nach einiger Zeit wieder von den beiden Engländern und paktierte 1721 mit John Taylor – einem anderen englischen Piraten, der ihm mit seinem Schiff »Defense« einige lukrative Beuteschiffe zutrieb. Die bemerkenswerteste Prise dabei war die »Vierge de Cap« – eine portugiesische Karacke, die der »Bussard« in einem frechen Handstreich im Hafen von St. Denis in seine Gewalt brachte. Welchen Fang sie da gemacht hatten, merkten sie erst, als sie an Bord gingen. Kein geringerer als der Vizekönig von Indien, Comte d'Ercereira, in Begleitung des Erzbischofs von Goa war nun ihr Gefangener. Dementsprechend reich war auch die Beute, die sie in den Laderäumen vorfanden: Große Mengen an Gold- und Silberbarren, Münzen, Edelsteine und kistenweise Kirchengerätschaften. Unter den wertvollen Gegenständen befand sich auch das rubin- und diamantenbesetzte Krönungsschwert des Vizekönigs, sowie das legendäre »Cruz de Fuego« das »Feuerkreuz von Goa«, dem man wundertätige Kräfte nachsagte. Der Wert der Beute allein aus diesem Schiff war so groß, daß er in sämtlichen Annalen und späteren Berichten immer ausdrücklich betont wurde. Nach heutigem Wert rund zwei Milliarden Mark, was Le Vasseur in die Hände fiel. Der Einfachheit halber ließ »La

Buse« gleich gar nicht umladen, sondern wechselte lediglich das Schiff. Mit der »Victorieux« – wie das Schiff von nun an genannt wurde – war der Franzose in der Folgezeit noch erfolgreicher als vorher. Die Akten der ehemaligen »Ostindischen Kompanie« verzeichnen bis ins Jahr 1723 mehrere reiche Schiffe als Verlust an diesen dreisten Piraten. Im Alter von 34 Jahren schien Olivier le Vasseur genug zu haben; er dachte daran, sich zur Ruhe zu setzen. Am 25. März 1724 schrieb er in einem Brief an den Gouverneur von Bourbon – der ihm eine Amnestie angeboten hatte, unter der Bedingung, sämtliche Beute an Frankreich abzugeben und der Seefahrerei ein für allemal abzuschwören (der Piraterie selbstverständlich auch) –, daß er die Amnestie nur annehmen würde, wenn er seine Beute behalten könnte. Aus der angebotenen Amnestie wurde nichts, und man versuchte

Solche Kaperbriefe waren äußerst beliebt. Sie garantierten dem Inhaber fette Beute.

LOUIS JEAN-MARIE DE BOURBON, DUC DE PENTHIEVRE, GOUVERNEUR ET LIEUTENANT-GENERAL pour le Roy en sa Province de Bretagne, AMIRAL DE FRANCE, A TOUS ceux qui ces presentes Lettres verront, SALUT. Sçavoir faisons, Que Nous avons donné Congé & permission à Maistre & Capitaine d nommé du port de tonneaux ou environ, monté de pieces de Canons & de Pierriers, estant de present au Port de de faire équipper en Guerre & Marchandise l armer & munitionner de toutes choses necessaires, & le charger de telles marchandises que bon lui semblera, pourvû qu'elles ne soient ni prohibées ni défenduës, pour aller trafiquer & en ce faisant, faire la guerre aux Ennemis de l'Estat, à tous Corsaires, Pirates, gens sans aveu, & autres qui voudront empescher la liberté du Commerce aux Sujets du Roy; les attaquer en quelques lieux & endroits qu'il les pourra rencontrer, les prendre & amener prisonniers avec leurs Vaisseaux, Equipages & Marchandises, & exercer sur eux toutes les voyes & actes permis & usitez par les Loix de la Guerre; à la charge par ledit de garder & faire garder par ceux de son Equipage, durant son voyage, les Ordonnances & Reglemens de la Marine sur les peines y contenues; de porter pendant son voyage les Pavillons & Enseignes des Armes du Roy & les nostres; de faire enregistrer le present Congé au Greffe de l'Amirauté le plus proche du lieu d'où il partira; y mettre un Rôlle signé & certifié de lui, contenant les armes, munitions, les noms, surnoms, naissances & demeures des hommes qui s'embarqueront. Et a son retour qu'il fera dans l'un des Ports du Royaume qui lui sera le plus commode, & avant de rien décharger; fera bon & fidel rapport pardevant les Officiers de l'Amirauté & non autres, de ce qu'il aura fait pendant son voyage; déclarera s'il a ramené tous ses hommes; & s'il ne les a ramenez, le lieu où il les aura laissez; lequel rapport & verification d'icelui il envoierâ au Secretaire general de la Marine, pour estre sur icelui par Nous ordonné ce que de raison. Et en cas de prise en Guerre, fera faire des procedures pardevant les Officiers de l'Amirauté, conformément aux Ordonnances, lesquelles seront pareillement envoyées au Secretaire general de la Marine, avant que lesdites prises puissent estre déchargées, pour sur icelles estre par Nous ordonné ce qu'il appartiendra. PRIONS ET REQUERONS tous Rois, Princes, Potentats, Etats, Republiques, Amis, Alliez & Confederez de cette Couronne, leurs Amiraux, Gouverneurs de leurs Provinces, Villes, Ports, Havres & Passages, Capitaines, Chefs & Conducteurs de leurs Vaisseaux & Equipages, & autres leurs Officiers & Sujets qu'il appartiendra, de donner audit toute assistance, passages & retraite en leurs Ports, avec sondit Vaisseau, & ce qu'il aura pû conquerir, offrant de faire le semblable lorsque Nous en serons par eux requis. MANDONS ET ORDONNONS aux Vice-Amiraux, Lieutenans-Generaux des Armées Navales, Chefs d'Escadres, Capitaines de Vaisseaux, & à tous autres Officiers de Marine qu'il appartiendra, de laisser seurement & librement passer ledit avec sondit Vaisseau & Equipage, & tout ce qu'il aura pû conquerir pendant son voyage en vertu du present Congé, sans lui donner ni souffrir lui estre fait ou donné aucun trouble ni empeschement, mais au contraire tout le secours, ayde, faveur & assistance dont il aura besoin: & ne servira le present Congé que pour un seul voyage. EN TEMOIN dequoy Nous avons signé ces Presentes, & à icelles fait apposer le Sceau de nos Armes & contre-signer par le Secretaire general de la Marine. A jour du mois d mil sept cent

L. J. M. de Bourbon

PAR SON ALTESSE SERENISSIME,

deshalb, den »Bussard« im Indischen Ozean aufzuspüren. La Buse war wie vom Erdboden verschwunden. Inzwischen weiß man, daß der »Bussard« sich auf seine Ländereien auf der Insel St. Marie und seiner Lieblingsinsel Mahê auf den Seychellen von den anstrengenden Raubzügen erholte. Zum Verhängnis wurde dem Piraten schließlich sein Hang zur Geselligkeit, die ihn gelegentlich die Gesellschaft seiner Kumpane suchen ließ. Bei einem dieser Besuche wurde Le Vasseur in der Bucht von Antogil von einem Kapitän erkannt, den er einmal um sein Schiff erleichtert hatte. Die Festnahme des »Bussard« kam so überraschend, daß er nicht mehr dazu kam, sich zu widersetzen. Eine kurze Anklageschrift, in der die Festnahme und vereinzelte Taten festgehalten wurden, waren Grundlage eines ziemlich kurzen Verfahrens.

»Große Verdienste im Kampf gegen das allgegenwärtige Piratenunwesen hat sich Monsieur D'Armitte erworben, der als Kapitän der Brigg ›Meduse‹ in der Bucht von Antogil den berüchtigten Kapitän Olivier le Vasseur – besser bekannt unter dem Namen ›La Buse‹ – erkannte und im Namen Frankreichs festgenommen hat. Auf Antrag der Staatsgewalt hat man La Buse den Prozeß gemacht und auf Beschluß des Konzils zum Tode durch den Strang verurteilt. Kapitän le Vasseur werden zahlreiche Verbrechen gegen das Seerecht vorgeworfen, in denen er sich der Piraterie schuldig gemacht hat.«

Das Urteil lautete also, wie nicht anders zu erwarten, auf Tod. Am 17. Juli 1730, genau an seinem vierzigsten Geburtstag, um 17.00 Uhr betrat der »Bussard« den Galgen von Saint Denise. Ehe man ihm die Schlinge um den Hals legte, warf er ein Bündel zusammengerollter Pergamente unter das johlende Volk, das sich in Erwartung seiner Hinrichtung versammelt hatte und rief: »Finde meine Schätze, wer kann.« Um 17.05 Uhr war der berüchtigte »Bussard« »vom Leben in den Tod gebracht« – wie es im Urteil hieß.

Mit dem Tod Olivier le Vasseurs begannen auch die Spekulationen und Vermutungen um seine Schätze. Infrage kamen schließlich alle Orte, an denen er sich des öfteren regelmäßig aufgehalten hatte. Manch einer vermutete die Beute des Piraten sogar auf der Cocos-Insel – immerhin hatte der »Bussard« die Schatzinsel mehrere Male angelaufen.

Zwar hatte La Buse vor seinem schändlichen Tod seine Papiere dem Mob preisgegeben, jedoch ohne das entscheidende Papier, das besagte, in welcher Umgebung danach zu suchen sei. Wichtigstes Blatt der Papiere ist ein Pergament, das – wie es scheint, in einer Geheimschrift – der Schlüssel sein könnte. Dieses aus 17 Zeilen bestehende Kryptogramm ist seit der Preisgabe durch den Piraten das Papier, auf das sich jede Suche nach dem Schatz stützt. Aufbewahrt wird es in der National-Bibliothek in Paris, jedoch sind eine ganze Reihe Kopien im Umlauf, die als Ausgangspunkt für die Suche zugrunde gelegt wurden und werden.

Eine dieser Kopien ist in Händen von Herbert Cruise-Wilkins, der auf der Seychelleninsel Mahê den Spuren des Piraten Le Vasseur folgte. Wilkins wurde 1949 zufällig auf die Seychellen verschlagen, als er sich dort nach einer schweren Krankheit erholen wollte. Das Schicksal führte ihn mit Madame Savy zusammen, die als Nachfahrin der alteingesessenen Familie ein Stück Land geerbt hatte, das mehr als zweihundert Jahre im Familienbesitz war. Eines Tages erzählte die alte Dame Wilkins während eines

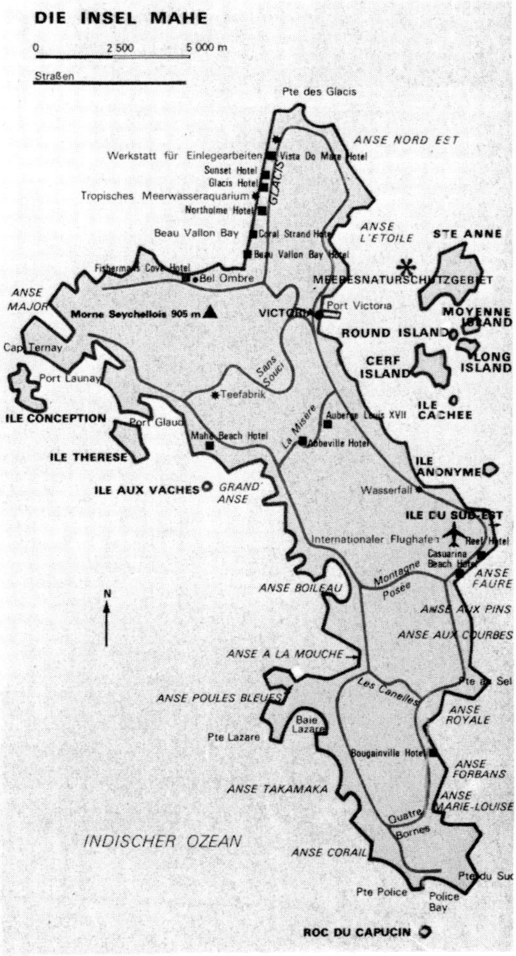

Mahê – die Hauptinsel der Seychellen. Hier liegt das Vermögen des Piraten Olivier Le Vasseur, genannt La Busê.

Spaziergangs von seltsam geformten Felsen, die sich auf ihrem Strand befanden, und immer bei absolutem Niedrigwasser sichtbar wurden. Ganz nebenbei erwähnte sie auch Pergamente mit seltsamen unverständlichen Schriftzeichen, mit denen sie nichts anfangen konnte. Wilkins bat sie, die Papiere doch einmal sehen zu dürfen, da er sich seit jeher für geheimnisvolle Dinge interessierte. Madame Savy stimmte gerne zu. Herbert Wilkins erkannte, daß er hier ein einzigartiges Vermächtnis in Händen hielt: das Vermächtnis des Piraten Olivier le Vasseur!

Nach eingehendem Studium der Papiere machte sich der Engländer auf, die geheimnisvolle Felsformation genauer zu untersuchen. Und auch hier schien Wilkins das Glück hold zu sein; er entdeckte eigenartige Zeichen eingeritzt – eindeutig von Menschenhand angefertigt, und einige der Zeichen stimmten mit Zeichen aus der Geheimschrift überein. Wilkins war nun sicher, daß zwischen Felsen und Papieren eine Verbindung bestand, und er wollte das Geheimnis um La Busés Schatz lösen. In Übereinstimmung mit Madame Savy nahm Herbert Wilkins die Papiere an sich, um sie zu entschlüsseln. Fünf Monate brütete er über den Pergamenten, umgeben mit einem Stapel Wörterbücher aus dem 17. Jahrhundert, und es gelang ihm tatsächlich, viele der unverständlichen Zeichen in festen Begriffen zu deuten. Er fand heraus, daß der Pirat in den Papieren Peilungen und Kreuzungspunkte festgehalten hatte, und ein Dokument erwies sich als Schlüssel für eine Zahlenreihe. Nach und nach schaffte Wilkins das Kunststück, einen kompletten zusammenhängenden Satz zu kombinieren. »Fordere die Frau heraus, die im Wasser gefangen liegt« – lautete der Lösungssatz.

Mit diesem Hinweis konnte Herbert Wilkins nicht viel anfangen. Tage- und nächtelang zerbrach sich Wilkins den Kopf, was der »Bussard« damit wohl gemeint haben könnte. Welche Frau sollte im Wasser gefangen sein, und wo? Wilkins kam zu dem Schluß, daß es sinnvoll sein würde zu versuchen, noch mehr zusammenhängende Sätze zu entziffern. Nur so, dachte er, ließe sich die vermeintliche Wortspielerei deuten. Ein weiterer entzifferter Satz brachte ihn schließlich der Sache näher: »Lasse dich von Jason führen und dir öffnet sich der Dritte Kreis.« Nun ging dem Schatzsucher ein Licht auf, und er mußte den Piraten insgeheim bewundern. Hier zeigte sich die Bildung und die Intelligenz des französischen Freibeuters. Die Hinweise bezogen sich nämlich auf Sagen aus der griechischen Mythologie. Mit der »im Wasser gefangenen Frau« war keine andere gemeint, als Andromeda, die in der griechischen Sage an einen Felsen im Meer gekettet gewesen sein soll, um auf Perseus auf dem fliegenden Pferd Pegasus zu warten. Auch der Hinweis auf Jason – den Führer der Argonauten – ergab nun einen Sinn. Jason und die Argonauten waren bekanntlich auf der Suche nach dem »Goldenen Vlies« – einem mit Goldstaub gefärbten Widderfell. Nun kam Wilkins mit der Entschlüsselung zügig voran. »Befreie die Scheide der gefangenen Frau, damit sie mit dem Mann, der der ihre ist, schlafen kann« – lautete ein Satz. Zweifellos hatte La Buse die Beschreibung zu seinem Schatzversteck in Rätsel der Mythologie verpackt, und nur jemand, der eine nicht mindere Bildung als er selbst hatte, konnte das Rätsel lösen. Wilkins war nun sicher, daß die Rätsel auch in unmittelbarem Zusammenhang mit den Gestirnen standen, die in der Mythologie ja auch eine große Rolle spielten. Wilkins besorgte sich verschiedene Astro-Karten und Bücher über die griechische Sagenwelt und kehrte nach Mahê zurück, um an Ort und Stelle den Zeichen des »Bussards« zu folgen. Als erstes engagierte er 22 Arbeiter, mit denen er die Felsengruppe ausgrub, da er unter dem Sand noch weitere Hinweise zu finden hoffte. Und wirklich – in sechzig Zentimeter Tiefe stießen sie auf eingemeißelte Zeichen, die wieder mit den Papieren übereinstimmten. Diese Zeichen waren es schließlich, die Herbert Wilkins zu einer Stelle am Hang eines Berges führten, wo er in einen flachen Felsen eingemeißelt die exakten Kompaßpeilungen des Piraten fand, die La Busé zum Anfertigen seines Rätsels dienten. Mit Hilfe von Seilen und Schnüren nahm Wilkins tagelang Messungen vor, die die Felsengruppe passierten und ihn dann direkt hinter sein Haus führten. An dieser Stelle, so glaubte Wilkins, mußte das erste Zeichen zu finden sein. Drei Meter tief gruben die einheimischen Arbeiter, dann stießen sie auf das Muttergestein. Nachdem der restliche Sand entfernt wurde, lag es vor ihm: das erste Zeichen – Andromeda – in Form einer steinernen Statue, zweieinhalb Meter lang und die Beine angewinkelt. Wilkins erinnerte sich an den Satz, die Scheide zu befreien und grub zwischen den Beinen der Figur ein Loch. Als er jedoch keinen weiteren Hinweis finden konnte, ließ er rund um die Statue graben, wobei der Kreis immer weiter wurde. Dann, eines Tages, der nächste Hinweis. Wieder in einen Felsen eingehauen, die Abbildung eines Widderkopfes und eines Schwertes. Am Fuß dieses Felsens lag ein aus Stein gearbeitetes Schiffchen – Jasons Boot! Nun gelang Herbert Wilkins mit traumwandlerischer Sicherheit eine Peilung und Messung nach der anderen. Genau am errechneten Punkt am Fuße eines Hügels traten Knochen zutage. Freigelegt erwies es sich als das Skelett eines Pferdes, dem man die Beine gebrochen hatte. Wilkins deutete dies folgerichtig als Pegasus, das geflügelte Pferd. Unmittelbar darunter befand sich eine geheime, ausgemauerte

Kammer. Zu Wilkins Bedauern erwies sie sich jedoch als leer. Möglicherweise war sie ursprünglich von La Busé als Schatzkammer vorgesehen, wurde jedoch aus unerfindlichen Gründen niemals benutzt. Mit äußerster Akribie suchte der Engländer nun die weitere Umgebung ab, in der Hoffnung, vielleicht schon hier auf den Schatz des Piraten zu stoßen. Er fand kein Gold und Silber, dafür aber wiederum einen Felsen mit deutlichen Hinweisspuren. Zwölf V-förmige Zeichen sagten dem inzwischen in der griechischen Mythologie beschlagenen Schatzsucher, daß damit nur die kerynitische Hirschkuh gemeint sein konnte, die Herkules fangen mußte. Allmählich fing der zähe Engländer an, zu verzweifeln. Jedesmal, wenn er sich kurz vor dem Ziel glaubte, tauchte wieder irgendein weiteres Zeichen auf und wies wieder auf eine andere, entfernte Stelle. So sehr sich Herbert Wilkins auch bemühte, das System des Piraten erschien ihm immer verworrener und undurchsichtiger. Beinahe, so glaubte er, war dessen einziger Zweck, Suchende in die Irre zu führen und zu verhöhnen. La Buse mußte viel Zeit gehabt haben, denn all die Vermessungen und das Vergraben der Hinweiszeichen sowie das Einmeißeln in die Felsen war

Unter diesen Felsen vermutete Wilkins den Schatz des »Bussard«.

sicher eine langwierige Angelegenheit. Die Suche und die bisherigen Arbeiten hatten viel Zeit und Geld in Anspruch genommen. Wilkins Mittel – ohnehin knapp – gingen langsam aber sicher dem Ende zu, und noch war er im Grunde keinen Schritt weiter. Eines Abends saß er nach langer Zeit wieder einmal mit Madame Savy zusammen und berichtete dieser niedergeschlagen von seinen bisherigen Arbeiten. In diesem Gespräch bemerkte sie beiläufig, man müßte einen Mann wie Herkules zur Seite haben, um die schwierige Aufgaben lösen zu können. Wilkins sprang wie elektrisiert aus seinem Stuhl hoch und umarmte die alte Dame, die ihn entgeistert ansah. Ohne es zu wissen, hatte sie ihm die Lösung des ganzen Rätsels geliefert. »Herkules« hieß das Zauberwort! Der verdammte Seeräuber hatte den Weg zu seiner Beute in die klassischen zwölf Aufgaben des Herkules verpackt und genau wie jener in der griechischen Mythologie, mußten die zwölf Aufgaben erfüllt werden. Das fatale dabei war nur, daß sich die nächste Aufgabe nicht ohne die vorhergehende lösen ließ. Wilkins konnte sich keinen Fehler leisten und durfte nichts überspringen. Aber das Ziel war nun völlig klar. Mit Feuereifer stürzte sich der sechzigjährige Schatzsucher wieder in die Arbeit. Insgesamt über eine Fläche von 24 Hektar verstreut waren die verschiedenen Örtlichkeiten, an denen der »Bussard« überall seine Spuren hinterlassen hatte. Kreuz und quer zogen sich die Peilungen durch das Gelände; bergauf und bergab – mal kreuzten sie wieder die Felsengruppe am Strand – dann tangierten sie wieder eine frühere Stelle. Eines aber hatten alle Örtlichkeiten gemein: Alle standen in Verbindung mit den Sternbildern und gaben diese symbolisiert wieder. Wie schon zu Beginn der Suche, führte die Spur Wilkins wieder in die Nähe seines Hauses. Nicht weit davon entfernt machte er sich daran, die sechste Aufgabe zu lösen. Diese sechste Aufgabe war nach der griechischen Geschichte die Suche nach dem Zaubergürtel der Amazonenkönigin Hippolyte. Dieses Mal stieß Herbert Wilkins auf eine ganze Fülle von Relikten. Ein Ölkrug mit der eingravierten Zahl 39, eine Widderfigur, die auch Andromeda zeigt, ein Hirtenmädchen ohne Kopf und nicht weit davon entfernt eine uralte Steinschloßpistole und acht steinerne Kugeln. Nun waren dies zwar alles hervorragende und prägnante Hinweise, sah man einmal von der Pistole ab, die mit der Mythologie nichts zu tun hatte, aber außer Souvenirwert war damit nichts anzufangen. Was Herbert Wilkins aber gerade in dieser Situation dringend benötigte, war entweder ein lukrativer Fund, oder zumindest etwas, das man mühelos zu Geld machen konnte. Seine Barmittel waren nämlich völlig erschöpft. Madame Savy, der er bei einem Besuch von dieser Situation erzählte, riet ihm, sich an ihren Anwalt in Nairobi zu wenden.

Herbert Wilkins reist nach Nairobi und trug Madame Savys Anwalt seine Geschichte vor. Zusammen mit dem Wirtschaftsexperten Samuel Probish wurde ein Konsortium gegründet zur endgültigen Auffindung des La Busé-Schatzes. Vierunddreißigtausend Pfund Sterling schaffte diese Finanzierungsgruppe innerhalb kürzester Zeit heran, und Herbert Wilkins konnte endlich die schon längst dringend benötigten Werkzeuge und Pumpen kaufen. Zurück auf Mahê, machte er sich wieder mit Feuereifer auf die Suche nach den letzten Hinweispunkten. Einen nach dem anderen fand er – mittlerweile war er bereits bei der zehnten Aufgabe angelangt, und es lag nur noch eine einzige vor dem Ziel. Die drei Äpfel der Hesperiden – auch diese fand er in Form von behauenen Steinen. Die letzte und vielleicht auch schwerste Aufgabe lag vor ihm. In dieser mußte Herkules der griechischen Sage nach, Zerberus, den Höllenhund, aus der Unterwelt herausholen. Als Herbert Wilkins dann vor dem Felsen stand, der einen grimmig dreinblickenden Hund darstellte, konnte er seine Wut auf La Busé, dieses Piratenaas, kaum verbergen. Nur ein paar Meter von der ersten Grabungsstelle überhaupt – dem Fundort Andromedas – stieß er auf Unterwasserhöhlen, die Zeichen von Metall aufwiesen. Madame Savy, die die zunehmende Besessenheit Wilkins mit Besorgnis beobachtete, lud ihn wieder einmal in ihr Haus ein. Sehr vorsichtig begann sie, Wilkins auf eine Geschichte einzustimmen, die vor ein paar Wochen bekannt geworden war. Eines Morgens, als sie einen Spaziergang über den Strand machte, beobachtete sie in einiger Entfernung drei Männer, die sich hinter einem großen Baum zu schaffen machten. Als sie am nächsten Tag nochmal zu der Stelle ging, fand sie einige Meter hinter dem Baum ein Loch und drei zerschlagene große Tonkrüge. Es sah so aus, als waren außer Wilkins auch noch andere hinter dem Schatz des »Bussards« her. Wilkins besah sich die Stelle selbst und war sichtlich erleichtert, als er erkannt, daß das, was hier vergraben war, niemals die Beute des Piraten gewesen sein konnte. Er kehrte wieder zu seinen Höhlen zurück. Da an dieser Stelle der Einsatz von Werkzeugen so gut wie aussichtslos war, setzte Wilkins Dynamit ein. Aber die Sprengungen förderten nichts wesentliches zutage. Ihm war klar, daß er nach einem anderen Weg suchen mußte, an die unterirdischen Gewölbe heranzukommen. Wilkins blieb nur noch ein Weg. Mittlerweile – 1970 – sollte auf Mahê ein neuer Flugplatz entstehen. Die dabei eingesetzten Baumaschinen waren seine letzte Hoffnung. Eine Vorsprache beim Direktor des Projekts gaben ihm neue Hoffnung. Der Direktor sagte ihm Hilfe zu, sobald die Erdarbeiten am Flughafenprojekt abgeschlossen sein sollten.

Einsame Strände wie dieser auf Mahê verlockten schon immer Piraten zum Vergraben ihrer Beute.

In der Zwischenzeit grub der zähe Schatzsucher mit Schaufel und Hacke um die vermeintliche Schatzhöhle. Einige Wochen später rückten die zugesagten Baumaschinen an. Die Höhlen, in der Wilkins den Schatz vermutete, reagierten auf die Messungen mit einem Protonenmagnetometer höchst empfindlich; demnach mußte sich eine große Menge Eisen darin befinden. Andere Metalle zu orten, ist mit solchen Geräten nicht möglich. Ein kleiner Junge, den man durch einen Spalt hinunterließ, kam über und über mit Rost bedeckt wieder herauf. Nun war Wilkins absolut sicher: Dort unten befand sich der Schatz des »Bussards«. Zwei Tage arbeiteten die schweren Baumaschinen. Vorsichtig schoben Bulldozer Schaufel um Schaufel weg, gruben Bagger langsam Stichgräben um die Felsenhöhle. Wilkins Wunsch war erfüllt: modernstes Gerät, um den Schätzen beizukommen. Der Flughafen auf Mahê ist längst fertig. Tausende von Touristen betreten jede Woche diese Seychelleninsel, um hier Erholung zu finden. Niemand von ihnen denkt daran, daß nur wenige Kilometer von hier einer der größten Piratenschätze verborgen liegt und daß dort ein Mann in seinem Haus sitzt und sicher ist, daß er dem Geheimnis so nah wie nie zuvor ist. Denn: natürlich hatte ihn der Pirat mit der letzten Aufgabe wieder nur genarrt. Die Schätze im Wert von rund fünfhundert Millionen Mark warten immer noch auf denjenigen, der schlauer ist als Olivier le Vasseur.

»Finde meinen Schatz, wer kann...«

DER CODE, DER NICHT ZU KNACKEN IST

Es gibt Geschichten über verschollene Schätze, die so unglaublich klingen, daß sie entweder wahr – oder zumindest erstklassig erfunden sind. Im Fall der Geschichte des nachfolgenden Schatzes trifft beides zusammen: Wahrheit und Qualität. Die Geschichte ist ein Beweis, daß Cleverneß und Raffinesse zeitlos sind, und das menschliche Gehirn seit jeher jedem noch so »intelligenten« Computer haushoch überlegen ist. Dies gilt selbst für unser hochtechnisiertes Zeitalter. Aber um die Hintergründe der Geschichte verstehen zu können, drehen wir erst einmal das Rad der Zeit um 166 Jahre zurück ins Jahr 1820 und begeben uns nach Lynchburg im US-Bundesstaat Virginia, wo diese unglaubliche Geschichte ihren Ursprung hat.

Ein großer, hagerer Mann betritt das Washington Hotel in Lynchburg und verlangt nach einem Zimmer. Schweigend mustert Robert Morriss, der Inhaber des gastlichen Hauses, die hochgewachsene Gestalt. Trotz der verstaubten Kleidung, der man einen weiten Ritt ansehen kann, erscheint der Fremde nicht unsympathisch. Braungebrannt, schmal in den Hüften und mit breiten Schultern ist dies genau der Typ Mann, auf den die Frauen fliegen und nach dem sich die Mädchen umdrehen. Die braunen Augen haben einen warmen Glanz, und doch strahlt diese Gestalt eine gewisse Unnahbarkeit und Unduldsamkeit aus. Morriss stellt keine Fragen. Zu gut kennt er jenen Typus, den der fremde Gast verkörpert. Jener zählt zu den ewig Rast- und Ruhelosen. Getrieben von einem Feuer, das Abenteuer, Glück, Geld und Gold heißt. Nachdem er mit seiner Tasche über die Treppe im ersten Flur verschwunden ist, betrachtet der Hotelier die Eintragung im Gästebuch. Thomas Jefferson Beale aus Virginia, steht dort in ungelenker Schrift zu lesen. In den nächsten Tagen und Wochen ist dieser Beale ein angenehmer Gast – meist geht er seinen Geschäften nach, wie er Morriss sagt – doch diesem bleibt verborgen, um welche Art Geschäfte es sich handelt. Gelegentlich kommt es allerdings zu Zwischenfällen, deren Ursache jedesmal das gute Aussehen Thomas J. Beales ist. Alle diese Auseinandersetzungen aber werden stets zu seinen Gunsten entschieden. Darüber hinaus gibt es nichts, was Morriss auffallen könnte. Zwei Monate sind vergangen, und der Hotelbesitzer hat sich bereits an seinen angenehmen Gast gewöhnt, als dieser plötzlich abreist.

Längst hat ihn Robert Morriss vergessen – viele Gäste kamen und gingen in der Zwischenzeit –, da tritt Thomas Beale eines Tages wieder durch die Tür und verlangt ein Zimmer. Morriss begrüßt ihn wie einen alten Freund. Auch diesmal bleibt Beale wieder einige Wochen in Lynchburg, bis er eines Abends den Hotelier um ein Gespräch bittet. »Ich reise morgen ab und weiß nicht, wann ich wieder zurückkommen werde«, beginnt er das Gespräch. »Da meine Reise diesmal nicht ungefährlich sein wird, möchte ich Sie, Morriss, um einen Gefallen bitten.« Mit diesen Worten greift Beale in seine Reisetasche und holt eine eiserne Kassette hervor, die er vor dem Hotelier auf den Tisch legt. »Ich möchte Sie bitten, diese Kassette für mich eine Weile aufzubewahren – sie enthält für mich wichtige Papiere.« »Wenn ich Ihnen damit einen Gefallen tun kann, hebe ich sie gerne für Sie auf. Ich verspreche Ihnen, daß sie bei mir absolut sicher ist.« Er greift nach der Kassette und trägt sie zu dem schweren Ferguson-Geldschrank, der neben der Tür steht. »Ich danke Ihnen« – Beale streckt ihm die Hand entgegen, und Morriss ergreift sie. Früh am nächsten Morgen sattelt Beale sein Pferd und verläßt Lynchburg. »Ein seltsamer Mann«, denkt Morriss, der ihm durch das Fenster seines Büros nachblickt, bei sich. In diesem Augenblick hat der Hotelbesitzer keine Ahnung, daß er diesen stillen, freundlichen Mann niemals wiedersehen sollte. Vier Monate nach Beals Abreise erhält Robert Morriss einen Brief von seinem geheimnisvollen Gast, in dem dieser ihm noch einige Informationen und Anweisungen in Bezug auf die verwahrte Kassette gibt. Beale schreibt in diesem Brief, der in St. Louis, Missouri, aufgegeben worden ist, daß die Papiere in der Kassette für das Vermögen seiner Geschäftsfreunde und sein eigenes von großer Bedeutung seien. Insbesondere im Fall seines Todes, so schreibt Beale, seien die Papiere geradezu unersetzlich. Den nächsten Satz versteht Morriss nicht: Die Papiere seien ohne die Hilfe eines Schlüssels unleserlich und wertlos. Er, Beale, habe aber ein Schlüsseldokument bei einem Freund hinterlegt, adressiert an Mr. Robert Morriss, mit der Order, es nicht vor Juni 1832 an ihn zu übersenden. Der gute Mr. Morriss kann sich auf das alles keinen Reim machen, und so legt er diesen Brief ebenfalls zu der Kassette in seinem Tresor.

Die Jahre vergehen, aber Beale taucht nicht mehr auf. Niemand kommt, um die Kassette abzuholen, und auch das Jahr 1832 vergeht, ohne daß irgend jemand Interesse für den seltsamen Mann und seine Box zeigt. Es scheint, als hätte Robert Morriss die Geschehnisse längst aus seinem Gedächtnis gestrichen, bis zu jenem Tag im Jahre 1845, als er zufällig wieder auf das eiserne Kistchen in seinem Safe gestoßen sein muß. Was den

Hotelier Morriss an diesem Tag dazu bewogen hat, das Kästchen zu öffnen, wissen wir nicht. Daß er es aber getan hat und daß nun die Angelegenheit beinahe noch undurchschaubarer wird, zeigt die weitere Entwicklung in dieser Geschichte.

Robert Morriss ist enttäuscht. Hatte er in der Kassette irgendwelche Wertgegenstände vermutet, sah er sich nun gründlichst im Irrtum. Nichts als Papiere, Blätter mit endlosen Zahlenkolonnen liegen darin, mit denen er nicht das geringste anfangen kann. Dazwischen aber liegt ein Brief, aus dessen Inhalt sich der neugierige Morriss Aufschluß erhofft, und tatsächlich bringt dieses Schreiben wenigstens etwas Licht ins Dunkel der ominösen Geschichte, die vor nunmehr 23 Jahren ihren Anfang genommen hatte.

Beale schreibt:

In Big Lick, dem heutigen Roanoke in Virginia fanden sich im April 1817 dreißig abenteuerlustige Männer zusammen, um gemeinsam weit in die noch zum Teil unerforschte Wildnis des Westens zu ziehen und zu jagen. Als ihren Anführer wählten sie Thomas Jefferson Beale. Im Mai desselben Jahres erreichten sie St. Louis, von wo sie am 19. des gleichen Monats wieder aufbrachen und am 1. Dezember Santa Fé erreichten. Zu jener Zeit war Santa Fé mexikanisches Gebiet und gehörte zum spanischen Kolonialreich. Sie überwinterten dort, und erst anfangs März zog eine Vorhut weiter nach Norden. Mindestens 250 Meilen, so schätzte Beale, so daß man also bereits tief im heutigen Staat Colorado war. Dieses Gebiet war sehr reich an Wild und für ihre Jagdpläne wie geschaffen. Auf dem Rückweg, um die anderen zu holen, stießen sie auf riesige Büffelherden. Nun eilte es nicht mehr so sehr, die Gefährten zu benachrichtigen, und sie begannen die Jagd auf die Bisons. Eines Abends, sie campierten gerade inmitten eines felsigen Canons, entdeckte einer der Jäger dicht neben dem Lager eine Goldader in der Felswand. Sie beschlossen, den Rest der Gruppe in Santa Fé zu holen, um die Ader gemeinsam auszubeuten. Als das Gros der Gruppe am Lagerplatz eintraf, herrschte bereits emsige Tätigkeit. Die großen Büffelherden interessierte sie nun nicht mehr. Lediglich das goldführende Erz hatte sie in ihren Bann geschlagen. Von Tag zu Tag wuchs die goldene Halde, und eines Tages wurde beschlossen, die gewonnene Menge des Edelmetalls erst einmal in Sicherheit zu bringen. Dies war angeraten, da dieses Gebiet immer noch von Indianerhorden verunsichert war. Im Sommer 1819 wurde eine Transportkolonne zusammengestellt, deren Führung Thomas Beale übernahm. Bereits auf dem Weg nach Virginia wurde das vorübergehende Versteck bestimmt. Als sie jedoch am

Bestimmungsort angelangt waren, mußten sie zu ihrer Enttäuschung feststellen, daß die vorgesehene Höhle nicht benutzbar war, da diese von Farmern mittlerweile als Lagerplatz für Kartoffeln benutzt wurde. Zwangsläufig mußten sie auf ein anderes Versteck ausweichen, das sie irgendwo in den Blue-Ridge-Mountains wählten. Hier gruben sie nun eine neue Höhle, worin sie das goldhaltige Gestein vorerst deponierten. Für diese Arbeit ging ein großer Teil des Novembers und der ganze Dezember drauf. Im darauffolgenden Januar tauchte Beale dann im nahegelegenen Lynchburg auf, wo er im Washington Hotel bei Morriss Quartier bezog, bis er am 28. Februar wieder abreiste zu seinen Männern. Diese hatten in der Zwischenzeit neben Gold auch noch eine reiche Silberader entdeckt, so daß wieder große Mengen Edelmetall auf den Abtransport warteten. Im Dezember 1821 brach bereits wieder ein Treck auf, um die Ladung wegzuschaffen. Wieder nahm Beale bei Morriss Quartier, diesmal sogar für mehr als drei Monate. Dies war der Zeitraum, in dem Thomas Beale die Texte in Zahlen umwandelte und auch die Briefe schrieb. An dieser Stelle des Briefes wird Morriss auch klar, was die Zahlenkolonnen zu bedeuten haben. Je einer der Text, so schreibt Beale, enthält eine genaue Aufstellung, was sich in der Schatzhöhle befindet, die Namen und Anschriften der Berechtigten, sowie die genaue Beschreibung, wie das Versteck zu finden sei. Falls er, Beale, innerhalb von zehn Jahren nicht zurückgekommen sei, sei er mit Sicherheit nicht mehr am Leben. Die Schlüsseldokumente, die man Morriss zuschicken würde, würden es diesem gestatten das Versteck mit dem Gold und Silber zu finden. In diesem Fall, so schreibt Beale weiter, solle Morriss den gesamten Schatz in 31 Teile teilen, einen davon für sich behalten und den Rest den in der Liste genannten Berechtigten oder deren Familien zukommen zu lassen.

Nachdem Morriss dies alles gelesen hatte, ergriff den Hotelier Ratlosigkeit. Nun saß er hier mit der Beschreibung zum Versteck eines riesigen Vermögens und konnte nichts damit anfangen, da ihm der notwendige Schlüssel zu dem Code fehlte. Die Schlüsselunterlagen waren niemals angekommen, was nur darauf schließen ließ, daß Beales Freund in St. Louis etwas zugestoßen war. Morriss beschließt, das schier Unmögliche zu versuchen und den Code ohne Schlüssel zu knacken. Von nun an sitzt und brütet er über den geheimnisvollen Zahlenreihen und zerbricht sich den Kopf über deren Bedeutung, ohne jedoch der Lösung näherzukommen.

No. 1.

71. 194. 38. 1701. 89. 76. 11. 83. 1629. 48. 94.
63. 132. 16. 111. 95. 84./341. 975. 14. 40. 64. 27.
81. 139. 213. 63. 90. 1120. 8. 15. 3. 126. 2018. 40.
74. 758. 485. 604. 230. 436. 664. 582. 150. 251. 284.
308. 231. 124. 211. 486. 225. 401. 370. 11. 101. 305.
139. 189. 17. 33. 88. 208. 193. 145. 1. 94. 73. 416.
918. 263. 28. 500. 538. 356. 117. 136. 219. 27. 176.
130. 10. 460. 25. 485. 18. 436. 65. 84. 200. 283.
118. 320. 138. 36. 416. 280 15. 71. 224. 961. 44. 16.
401. 39. 88. 61. 304. 12. 21. 24. 283. 134. 92. 63.
246. 486. 682. 7. 219. 184. 360. 780. 18. 64. 463.
474. 131. 160. 79. 73. 440. 95. 18. 64. 581. 34. 69.
128. 367. 460. 17. 81. 12. 103. 820. 62. 116. 97. 103.
862. 70. 60. 1317. 471. 540. 208. 121. 890. 346. 36.
150. 59. 568. 614. 13. 120. 63. 219. 812. 2160. 1780.
99. 35. 18. 21. 136. 872. 15. 28. 170. 88. 4. 30. 44.
112. 18. 147. 436. 195. 320. 37. 122. 113. 6. 140.
8. 120. 305. 42. 58. 461. 44. 106. 301. 13. 408. 680.
93. 86. 116. 530. 82. 568. 9. 102. 38. 416. 89. 71.
216. 728. 965. 818. 2. 38. 121. 195. 14. 326. 148.
234. 18. 55. 131. 234. 361. 824. 5. 81. 623. 48. 961.
19. 26. 33. 10. 1101. 365. 92. 88. 181. 275. 346. 201.
206. 86. 36. 219. 320. 829. 840. 68. 326. 19. 48. 122.
85. 216. 284. 919. 861 326. 985. 233. 64. 68. 232.
431. 960. 50. 29. 81. 216. 321. 603. 14. 612. 81. 360.
36. 51. 62. 194. 78. 60. 200. 314. 676. 112. 4. 28.
18. 61. 136. 247. 819. 921. 1060. 464. 895. 10. 6.

66. 119. 38. 41. 49./602. 423. 962. 302. 294. 875.
78. 14. 23. 111. 109. 62. 31. 501. 823. 216. 280. 34.
24. 150. 1000. 162. 286. 19. 21. 17. 340. 19. 242.
31. 86. 234. 140. 607. 115. 33. 191. 67. 104. 86. 52.
88. 16. 80. 121. 67. 95. 122. 216. 548. 96. 11. 201.
77. 364. 218. 65. 667. 890. 236. 154. 211. 10. 98.
34. 119. 56. 216. 119. 71. 218. 1164. 1496. 1817. 51.
39. 210. 36. 3. 19. 540. 232. 22. 11. 617. 84. 290.
80. 46. 207. 411. 150. 29. 38. 46. 172. 85. 194. 36.
261. 543. 897. 624. 18. 212. 416. 127. 931. 19. 4. 63.
96. 12. 101. 418. 16. 140. 230. 460. 538. 19. 27.
88. 612. 1431. 90. 716. 275. 74. 83. 11. 426. 89.
72. 84. 1300. 1706. 814. 221. 132. 40. 102. 34. 858.
975. 1101. 84. 16. 79. 23. 16. 81. 122. 324. 403. 912.
227. 936. 447. 55. 86. 34. 43. 212. 107. 96. 314. 264.
1065. 323. 428. 601. 203. 124. 95. 216. 814. 2906.
654. 820. 2. 301. 112. 176. 213. 71. 87. 96. 202. 35.
10. 2. 41. 17. 84. 221. 736. 820. 214. 11. 60. 760.

----oOo----

▲

Der verschlüsselte Text Nr. 1: Darin beschreibt Beale die genaue Lage des Verstecks. (Noch nicht entschlüsselt.)

No. 2.

115. 73. 24. 818. 37. 52. 49. 17. 31. 62. 657.
22. 7. 15. 140. 47. 29. 107. 79. 84. 56. 238. 10. 26.
822. 5. 195. 308. 85. 52. 159. 136. 59. 210. 36. 9.
46. 316. 543. 122. 106. 95. 53. 58. 2. 42. 7. 35. 122.
53. 31. 82. 77. 250. 195. 56. 96. 118. 71. 140. 287.
28. 353. 37. 994. 65. 147. 818. 24. 3. 8. 12. 47. 43.
59. 818. 45. 316. 101. 41. 78. 154. 994. 122. 138. 190.
16. 77. 49. 102. 57. 72. 34. 73. 85. 35. 371. 59. 195.
81. 92. 190. 106. 273. 60. 394. 629. 270. 219. 106.
388. 287. 63. 3. 6. 190. 122. 43. 233. 400. 106. 290.
314. 47. 48. 81. 96. 26. 115. 92. 157. 190. 110. 77.
85. 196. 46. 10. 113. 140. 353. 48. 120. 106. 2. 616.
61. 420. 822. 29. 125. 14. 20. 37. 105. 28. 248. 16.
158. 7. 35. 19. 301. 125. 110. 496. 287. 98. 117. 520.
62. 51. 219. 37. 113. 140. 818. 138. 549. 8. 44. 287.
388. 117. 18. 79. 344. 34. 20. 59. 520. 557. 107. 612.
219. 37. 66. 154. 41. 20. 50. 6. 584. 122. 154. 248.
110. 61. 52. 33. 30. 5. 38. 8. 14. 84. 57. 549. 216.
115. 71. 29. 85. 63. 43. 131. 29. 138. 47. 73. 238.
549. 52. 53. 79. 118. 51. 44. 63. 195. 12. 238. 112.
3. 49. 79. 353. 105. 56. 371. 566. 210. 515. 125. 360.
133. 143. 101. 15. 284. 549. 252. 14. 204. 140. 344.
26. 822. 138. 115. 48. 73. 34. 204. 316. 616. 63. 219.
7. 52. 150. 44. 52. 16. 40. 37. 157. 818. 37. 121. 12.
95. 10. 15. 35. 12. 131. 62. 115. 102. 818. 49. 53.
135. 138. 30. 31. 62. 67. 41. 85. 63. 10. 106. 818.
138. 8. 113. 20. 32. 33. 37. 353. 287. 140. 47. 85.
50. 37. 49. 47. 64. 6. 7. 71. 33. 4. 43. 47. 63. 1.
27. 609. 207. 229. 15. 190. 246. 85. 94. 520. 2. 270.
20. 39. 7. 33. 44. 22. 40. 7. 10. 3. 822. 106. 44.
496. 229. 353. 210. 199. 31. 10. 38. 140. 297. 61.
612. 320. 302. 676. 287. 2. 44. 33. 32. 520. 557.
10. 6. 250. 566. 246. 53. 37. 52. 83. 47. 320. 38.
33. 818. 7. 44. 30. 31. 250. 10. 15. 35. 106. 159.
113. 31. 102. 406. 229. 549. 320. 29. 66. 33. 101.
818. 138. 301. 316. 353. 320. 219. 37. 52. 28. 549.
320. 33. 8. 48. 107. 50. 822. 7. 2. 113. 73. 16. 125.
11. 110. 67. 102. 818. 33. 59. 81. 157. 38. 43. 590.
138. 19. 85. 400. 38. 43. 77. 14. 27. 8. 47. 138. 63.
140. 44. 35. 22. 176. 106. 250. 314. 216. 2. 10. 7.
994. 4. 20. 25. 44. 48. 7. 26. 46. 110. 229. 818. 190.
34. 112. 147. 44. 110. 121. 125. 96. 41. 51. 50. 140.
56. 47. 152. 549. 63. 818. 28. 42. 250. 138. 591. 98.
653. 32. 107. 140. 112. 26. 85. 138. 549. 50. 20. 125.
371. 38. 36. 10. 52. 118. 136. 102. 420. 150. 112.
71. 14. 20. 7. 24. 18. 12. 818. 37. 67. 110. 62. 33.
21. 95. 219. 520. 102. 822. 30. 83. 84. 305. 629. 15.
2. 10. 8. 219. 106. 353. 105. 106. 60. 242. 72. 8. 50.
204. 184. 112. 125. 549. 65. 106. 818. 190. 96. 110.
16. 73. 33. 818. 150. 409. 400. 50. 154. 285. 96. 106.
316. 270. 204. 101. 822. 400. 8. 44. 37. 52. 40. 240.
34. 204. 38. 16. 46. 47. 85. 24. 44. 15. 64. 73. 138.
818. 85. 78. 110. 33. 420. 515. 53. 37. 38. 22. 31.
10. 110. 106. 101. 140. 15. 38. 3. 5. 44. 7. 98. 287.
135. 150. 96. 33. 84. 125. 818. 190. 96. 520. 118.
459. 370. 653. 466. 106. 41. 107. 612. 219. 275. 30.
150. 105. 49. 53. 287. 250. 207. 134. 7. 53. 12. 47.
85. 63. 138. 110. 21. 112. 140. 495. 496. 515. 14.
73. 85. 584. 994. 150. 199. 16. 42. 5. 4. 25. 42. 8.
16. 822. 125. 159. 32. 204. 612. 818. 81. 95. 405.
41. 609. 136. 14. 20. 28. 26. 353. 302. 246. 8. 131.
159. 140. 84. 440. 42. 16. 822. 40. 67. 101. 102. 193.
138. 204. 51. 63. 240. 549. 122. 8. 10. 63. 140. 47.
48. 140. 288.

------oOo-----

Text Nr. 2 in Verschlüsselung (Inhaltsbeschreibung des Versteckes). ▶

No. 3.

317. 8. 92. 73. 112. 89. 67. 318. 28. 96. 107.
41. 631. 78. 146. 397. 118. 98. 114. 246. 348. 116.
74. 88. 12. 65. 32. 14. 81. 19. 76. 121. 216. 85. 33.
66. 15. 108. 68. 77. 43. 24. 122. 96. 117. 36. 211.
301. 15. 44. 11. 46. 89. 18. 136. 68. 317. 28. 90. 82.
304. 71. 43. 221. 198. 176. 310. 319. 81. 99. 264. 380.
56. 37. 319. 2. 44. 53. 28. 44. 75. 98. 102. 37. 85.
107. 117. 64. 88. 136. 48. 151. 99. 175. 89. 315. 326.
78. 96. 214. 218. 311. 43. 89. 51. 90. 75. 128. 96. 33.
28. 103. 84. 65. 26. 41. 246. 84. 270. 98. 116. 32.
59. 74. 66. 69. 240. 15. 8. 121. 20. 77. 89. 31. 11.
106. 81. 191. 224. 328. 18. 75. 52. 82. 117. 201. 39.
23. 217. 27. 21. 84. 35. 54. 109. 128. 49. 77. 88. 1.
81. 217. 64. 55. 83. 116. 251. 269. 311. 96. 54. 32.
120. 18. 132. 102. 219. 211. 84. 150. 219. 275. 312.
64. 10. 106. 87. 75. 47. 21. 29. 37. 81. 44. 18. 126.
115. 132. 160. 181. 203. 76. 81. 299. 314. 337. 351.
96. 11. 28. 97. 318. 238. 106. 24. 93. 3. 19. 17. 26.
60. 73. 88. 14. 126. 138. 234. 286. 297. 321. 365.
264. 19. 22. 84. 56. 107. 98. 123. 111. 214. 136. 7.
33. 45. 40. 13. 28. 46. 42. 107. 196. 227. 344. 198.
203. 247. 116. 19. 8. 212. 230. 31. 6. 328. 65. 48.
52. 59. 41. 122. 33. 117. 11. 18. 25. 71. 36. 45. 83.
76. 89. 92. 31. 65. 70. 83. 96. 27. 33. 44. 50. 61.
24. 112. 136. 149. 176. 180. 194. 143. 171. 205. 296.
87. 12. 44. 51. 89. 98. 34. 41. 208. 173. 66. 9. 35.
16. 95. 8. 113. 175. 90. 56. 203. 19. 177. 183. 206.
157. 200. 218. 260. 291. 305. 618. 951. 320. 18. 124.
78. 65. 19. 32. 124. 48. 53. 57. 84. 96. 207. 244. 66.
82. 119. 71. 11. 86. 77. 213. 54. 82. 316. 245. 303.
86. 97. 106. 212. 18. 37. 15. 81. 89. 16. 7. 81. 39.
96. 14. 43. 216. 118. 29. 55. 109. 136. 172. 213. 64.
8. 227. 304. 611. 221. 364. 819. 375. 128. 296. 11. 18.
53. 76. 10. 15. 23. 19. 71. 84. 120. 134. 66. 73. 89.
96. 230. 48. 77. 26. 101. 127. 936. 218. 439. 178. 171.
61. 226. 313. 215. 102. 18. 167. 262. 114. 218. 66.
59. 48. 27. 19. 13. 82. 48. 162. 119. 34. 127. 139.
34. 128. 129. 74. 63. 120. 11. 54. 61. 73. 92. 180.
66. 75. 101. 124. 265. 89. 96. 126. 274. 896. 917.
434. 461. 235. 890. 312. 413. 328. 381. 96. 105. 217.
66. 118. 22. 77. 64. 42. 12. 7. 55. 24. 83. 67. 97.
109. 121. 135. 181. 203. 219. 228. 256. 21. 34. 77.
319. 374. 382. 675. 684. 717. 864. 203. 4. 18. 92. 16.
63. 82. 22. 46. 55. 69. 74. 112. 135. 186. 175. 119.
213. 416. 312. 343. 264. 119. 186. 218. 343. 417. 845.
951. 124. 209. 49. 617. 856. 924. 936. 72. 19. 29.
11. 35. 42. 40. 66. 85. 94. 112. 65. 82. 115. 119.
236. 244. 186. 172. 112. 85. 6. 56. 38. 44. 85. 72.
32. 47. 73. 96. 124. 217. 314. 319. 221. 644. 817.
821. 934. 922. 416. 975. 10. 22. 18. 46. 137. 181.
101. 39. 86. 103. 116. 138. 164. 212. 218. 296. 815.
300. 412. 460. 495. 675. 820. 952.

·····oOo····

Der verschlüsselte Text Nr. 3, in dem Beale die Namen der Teilhaber benennt.

Siebzehn lange Jahre versucht der Hotelbesitzer Tag für Tag sein Glück. Inmitten der Wirren des Sezessionskrieges beschließt er, sein wohlgehütetes Geheimnis mit einem anderen zu teilen. Dies ist James B. Ward, ein junger Mann, der Morriss' Vertrauen besitzt. Die Vereinbarung, die beide treffen, lautet, daß bei einem Erfolg Ward die Hälfte des Vermögens erhalten solle. Falls nach zwanzig Jahren keiner der Berechtigten erschienen sei, solle alles Ward allein gehören. Der Junge stürzt sich mit inbrünstiger Leidenschaft in die Arbeit. Alle möglichen Varianten versucht er, alle möglichen Schriften und Texte legt er zugrunde, aber es gelingt ihm nicht den entscheidenden Schlüssel zu finden. Inzwischen vernachlässigt er Beruf und Familie, hat für nichts anderes mehr Zeit und wird allmählich zum Gefangenen der Zahlen. Zwanzig Jahre hält James B. Ward dies durch, dann gibt er endgültig auf. Vor dem finanziellen Ruin stehend, versucht Ward noch, wenigstens aus der Geschichte Kapital zu schlagen. Er schreibt ein Buch, in dem er alle seine Versuche und Bemühungen zusammenfaßt unter dem Titel : »DIE BEALE-PAPIERE«. Das Buch sollte wenigstens einen Bruchteil der finanziellen Verluste abdecken. Doch der arme Ward entpuppt sich auch hier als Pechvogel: Die frischgedruckte Auflage verbrennt in der Druckerei in Lynchburg. Lediglich 22 Exemplare bleiben vom Feuer verschont. Durch dieses Pech wird die Öffentlichkeit auf Ward und sein Problem aufmerksam, und siehe da, es stellt sich heraus, daß Ward ein erstaunlich gescheiter Mann war. Ihm war es nämlich tatsächlich gelungen, den als Nummer zwei bezifferten Text zu entschlüsseln. Dazu schreibt er in seinem Buch: »Mein Eindruck war, daß jede Zahl einen Buchstaben darstellte. Aber die verschiedenen benutzten Zahlen überstiegen die Zahl der Buchstaben des Alphabets. Ich fragte mich daher, ob irgendein Dokument benutzt worden war, wobei man jedem Wort eine Zahl zugeordnet hatte. Mit dieser Idee versuchte ich es und benutzte jedes Buch, dessen ich habhaft werden konnte. Indem ich die Anfangsbuchstaben der Worte numerierte und diese im Manuskript einsetzte, hoffte ich, die Lösung zu finden. Doch erst als ich die Unabhängigkeitserklärung benutzte, begann der Code zu bröckeln.« Diese Entwicklung ist eigentlich der entscheidende Schritt, der notwendig war, um – falls überhaupt möglich – den Code jemals ganz zu entschlüsseln. Bisher allerdings hat dies auch nicht viel mehr gebracht, als daß man nun die Menge Goldes und Silbers in dem Versteck kennt.

Die Übersetzung des entschlüsselten Textes Nr. 2 lautet:

»Ich habe im Bezirk Bedford ungefähr vier Meilen von Bufords in einer Höhle oder Grotte sechs Fuß unter der Erdoberfläche die folgenden Güter hinterlegt. Sie gehören gemeinsam den Partnern, deren Namen in der beigefügten Liste Nummer 3 genannt sind. Die erste Einlage bestand aus 1014 Pfund Gold und 3812 Pfund Silber, die im November 1819 hinterlegt wurden. Die zweite im Dezember 1821 getätigte bestand aus 1907 Pfund Gold und 1288 Pfund Silber, außerdem aus Juwelen, die in St. Louis erworben wurden, um Transportgewicht zu sparen und deren Wert 13 000 Dollar beträgt. Das oben Erwähnte ist sicher in Eisentöpfen mit Eisendek-

keln gepackt. Die Höhle ist roh mit Steinen eingefaßt. Die Behälter stehen auf solidem Gestein und sind mit anderen Steinen bedeckt. Papier Nummer 1 beschreibt den genauen Ort der Höhle, so daß man keine Schwierigkeiten haben wird, sie zu finden.«

1 2 3 4 5 6 7 8 9
When, in the Course of human events, it becomes
10 11 12 13 14 15 16 17 18
necessary for one people to dissolve the political bands
19 20 21 22 23 24 25 26
which have connected them with another, and to
27 28 29 30 31 32 33 34 35
assume among the Powers of the earth the separate
36 37 38 39 40 41 42 43 44 45
and equal station to which the Laws of Nature and
46 47 48 49 50 51 52 53 54 55
of Nature's God entitle them, a decent respect to the
56 57 58 59 60 61 62 63
opinions of mankind requires that they should declare
64 65 66 67 68 69 70 71
the causes which impel them to the separation.
72 73 74 75 76 77 78 79 80 81
We hold these truths to be self-evident: That all
82 83 84 85 86 87 88 89 90 91
men are created equal, that they are endowed by their
92 93 94 95 96 97 98
Creator with certain unalienable rights: that among
99 100 101 102 103 104 105 106 107
these are Life, Liberty, and the pursuit of Happiness.
108 109 110 111 112 113 114 115
That to secure these rights Governments are instituted
116 117 118 119 120 121 122 123
among Men, deriving their just powers from the
124 125 126 127 128 129 130 131 132
consent of the governed. That whenever any Form of
133 134 135 136 137 138 139
Government becomes destructive of these ends, it

So ist der Schlüssel für Text Nr. 2 anzuwenden: Auszug aus der Unabhängigkeitserklärung.

James B. Ward starb, ohne das Rätsel vollständig gelöst zu haben. Sein Buch aber entfachte einen regelrechten Run auf Beales Schatz, wobei bisher über den Eifer wohl niemand hinausgekommen ist.

Sicher ist der Grund dafür auch darin zu sehen, daß der clevere Thomas Beale zum einen drei verschiedene Texte verwandt hat, und zum anderen auch noch den Code in sich verschlüsselt hat. Kaum ein Buch oder Text von Bedeutung, der nicht schon als möglicher Schlüssel zugrunde gelegt worden wäre. Natürlich ist der Schlüssel für Dokument Nr. 2, die Unabhängigkeitserklärung, in allen Variationen durchleuchtet worden. Welche Besessenheit allein die Existenz solch rätselhafter Zahlen hervorzurufen vermag, verdeutlichen folgende Tatsachen.

I h a v e D e p o s
115 73 24 818 37 52 49 17 31 62

i t e d i n t h e C o
657 22 7 15 140 47 29 107 79 84 56

u n t y o f B e d f o
238 10 26 822 5 195 308 85 52 159 136

r d a b o u t f o u r
49 210 36 0 46 316 543 122 106 95 53

m i l e s f r o m B u f
58 2 42 7 35 122 53 31 82 77 250 195

o r d s i n a n e x
56 96 118 71 140 287 28 353 37 994

c a v a t i o n o r v a
65 147 818 24 3 8 12 47 43 59 818 45

u l t s i x f e e t
316 101 41 78 154 994 122 138 190 16

b e l o w t h e s u r
77 49 102 57 72 34 73 85 35 371 59

f a c e o f t h e g
195 81 92 190 106 273 60 394 629 270

r o u n d t h e f o l
219 106 388 287 63 3 6 190 122 43 233

l o w i n g a r t i c
400 106 290 314 47 48 81 96 26 115 92

l e s b e l o n g i n
157 190 110 77 85 196 46 10 113 140 353

g j o i n t l y t o
48 120 106 2 616 61 420 822 29 125

t h e p a r t i e s w
14 26 37 105 28 248 16 158 7 35 19

h o s e n a m e s a
301 125 110 496 287 98 117 520 62 51

r e g i v e n i n n
219 37 113 140 818 138 549 8 44 287

u m b e r t h r e e h
388 117 18 79 344 34 20 59 520 557 107

e r e w i t h.
612 219 37 66 154 41 20

T h e f i r s t d e
50 6 584 122 154 248 110 61 52 33

p o s i t c o n s i s t
30 5 38 8 14 84 57 549 216 115 71 29

e d o f t e n h u n d
85 63 43 131 29 138 47 73 238 549 52

r e d a n d f o u r t
53 79 118 51 44 63 195 12 238 112 3

e e n p o u n d s o
49 79 353 105 56 371 566 210 515 125

f g o l d a n d t h
360 133 143 101 15 284 549 252 14 204

i r t y e i g h t h
140 344 26 822 138 115 48 73 34 204

u n d r e d a n d t w
316 616 63 219 7 52 150 44 52 16 40

e l v e p o u n d s o
37 157 818 37 121 12 95 10 15 35 12

f s i l v e r d e p
131 62 115 102 818 49 53 135 138 30

o s i t e d N o v e i
31 62 67 41 85 63 10 106 818 138 8

g h t e e n n i n e t
113 20 32 33 37 353 287 140 47 85 50

e e n.
37 49 47

T h e s e c o n d w a s
64 6 7 71 33 4 43 47 63 1 27 609

m a d e D e c e i g h
207 229 15 190 246 85 94 520 2 270 20

t e e n t w e n t y o n
39 7 33 44 22 40 7 10 3 822 106 44

e a n d c o n s i s
496 229 353 210 199 31 10 38 140 297

t e d o f n i n e t e
61 612 320 302 676 287 2 44 33 32 520

e n h u n d r e d a n
557 10 6 250 566 246 53 37 52 83 47

d s e v e n p o u n d s
320 38 33 818 7 44 30 31 250 10 15 35

o f g o l d a n d t
106 159 113 31 102 406 229 549 320 29

w e l v e h u n d r e
66 33 101 818 138 301 316 353 320 219 37

d a n d e i g h t y e
52 28 549 320 33 8 49 107 50 822 7

i g h t o f s i l v e
2 113 73 16 125 11 110 67 102 818 33

r; a l s o j e w e l s
59 81 157 38 43 590 138 19 85 400 38

o b t a i n e d i n St.
43 77 14 27 8 47 138 63 140 44 33 22

L o u i s i n e x c h
176 106 250 314 216 2 10 7 994 4 20

a n g e t o s a v e t
25 44 48 7 26 46 110 229 818 190 34

r a n s p o r t a t i o
112 147 44 110 121 125 96 41 51 50 140 56

n a n d v a l u e d
47 152 549 63 818 28 42 250 138 591

a t t h i r t e e n t
98 653 32 107 140 112 26 85 138 549 50

h o u s a n d d o l l
20 125 371 38 36 10 52 118 136 102 420

a r s.
150 112 71

T h e a b o v e i s
14 20 7 24 18 13 818 37 67 110

s e c u r e l y p a c
62 33 21 95 219 520 102 822 30 83 84

k e d i n i r o n p
305 620 15 2 10 8 219 106 353 105

o t s w i t h i r o n
106 60 242 72 8 50 204 184 112 125 549

c o v e r s. T h e v a
65 106 818 190 96 110 16 73 53 818 150

u l t i s r o u g h
409 400 50 154 285 96 106 316 270 204

l y l i n e d w i t h
101 822 400 8 44 37 52 40 240 34 204

s t o n e a n d t h e v
38 16 46 47 85 24 44 15 64 73 138 818

e s s e l s r e s t o
85 78 110 33 420 515 55 37 38 22 31

n s o l i d s t o n e
10 110 106 101 140 15 38 3 5 44 7

a n d a r e c o v e
98 287 135 150 96 33 84 125 818 190

r e d w i t h o t h
96 520 118 459 370 653 466 106 41 107

e r s.
612 219 275

P a p e r n u m b e
30 150 105 49 53 287 250 207 134 7

r, o n e d e s c r i b
53 12 47 85 63 138 110 21 112 140 495

e s t h e e x a c t
496 515 14 73 85 584 994 150 199 16

l o c a l i t y o f t h
42 5 4 25 42 8 16 822 125 159 32 204

e v a u l t s o t h
612 818 81 95 405 41 609 136 14 20

a t n o d i f f i c u
28 26 353 302 246 8 131 159 140 84 440

l t y w i l l b e h
42 16 822 40 67 101 102 193 138 204

a d i n f i n d i n g
51 63 240 549 122 8 10 63 140 47 48

i t.
140 288

◀ **Der komplette, entschlüsselte Text Nr. 2 mit angewandtem Schlüssel.**

Hatten sich bisher alle möglichen Schatzsucher, Wünschelrutengänger und sogar Hellseher mit den Zahlen Beales beschäftigt, versucht man dem Phänomen nun auf wissenschaftlicher Basis Herr zu werden. In den frühen siebziger Jahren wird die »Beale Cypher Association« – kurz und bündig BCA genannt – gegründet. Ihr gehören Wissenschaftler und Computerexperten an, so beispielsweise Dr. Carl Hammer, Direktor von Sperry Univac, und Jim Selario, Dechiffrierfachmann im Computerzentrum des CIA in Washington. Mit Hilfe von Großrechnern und modernsten Computern will man den Code des Thomas Beale knacken. Treibende Kräfte der BCA sind Walter Innis und seine Frau P. B. – eine Schriftstellerin. Beide sehen in der Dechiffrierung des Codes mehr oder weniger ihre Lebensaufgabe, aber dies war es für Morris und Ward ja im Grunde auch. Immerhin gelingt es den Innis, eine ganze Reihe hochdekorierter Militärs und honoriger Persönlichkeiten für die Erforschung des »Beale-Codes« zu gewinnen. Kein geringerer als Richard Helms, CIA-Direktor der frühen siebziger Jahre, setzt seine besten Leute darauf an. Der Kryptoanalytiker Carl Nelson gilt in jenen Fachkreisen als absolute Kapazität. Vielleicht ist dies auch der Grund, daß die Geheimdienstleute mit der ihnen eigenen Großmäuligkeit vorschnell tönen, »es gäbe keinen Code, der nicht vom CIA geknackt werden könnte«. Angesichts der Erfolge Carls Nelsons, der dreißig Jahre lang im Auftrag des CIA nahezu jeden Sowjet-Code zerbrach, ist dies halbwegs entschuldbar. Nelson allerdings hilft dies nicht viel.

Mittlerweile muß der Code-Knacker mit der Erkenntnis leben, daß er in Thomas Beale seinen Meister gefunden hat. Die Großmacht USA mit all ihren selbstherrlichen Diensten und Organen wäre nicht sie selbst, wenn die gespuckten Töne kleiner und bescheidener geworden wären. Jim Selario macht sich ans Werk, dem Code mit Hilfe seines Rechners den Todesstoß zu versetzen. Tausende klassische Texte wurden in sämtliche Bestandteile zerlegt, versetzt und wieder zusammengebaut. Sogar die Bibel diente als Schlüsseltext. Über fünf Jahre raufte sich Sellario die spärlichen Haare, dann gab er auf – »total entnervt und frustriert«, wie er selbst eingesteht. »Wer diesen Code erfunden hat, war ein Genie.« Betrachtet man die verschiedenen Feinheiten, die der bereits entschlüsselte Text aufweist, trifft die Bezeichnung ohne weiteres zu. Dokument Nummer 1, das den Ort des Versteckes etwa vier Meilen von Bufords entfernt beschreibt, beginnt mit der Zahl 71 und endet mit der Zahl 760. Insgesamt umfaßt dieser Text 520 Zahlen, von denen die niedrigste Zahl die Nummer eins und die höchste 2906 ist. Dies bedeutet, daß der verwendete Text also mindestens auch 520 Worte haben müßte. Geht man wie bei Text Nummer 2 davon aus, daß Beale von jedem Wort lediglich einen Buchstaben verwendete, darf unterstellt werden, daß der gesamte Text der zum Versteck führt, aus nicht mehr als eben 520 Buchstaben besteht. Sich nun aber darauf zu versteifen, daß jeweils der erste Buchstabe verwendet wurde, könnte trügerisch sein. Zwar hat Beale in Text Nummer 2 fast ausschließlich den jeweils ersten Buchstaben benutzt, aber immerhin wich er dabei dreimal von seiner Regel ab. So nahm er bei Wort Nummer 822, »fundamentally«, den Endbuchstaben »y«, bei Wort Nummer 994, »sexes«, den mittleren und schließlich bei Wort Nummer 95, »inalienable«, setzte er als ersten Buchstaben ein »u« ein, da dies ein sogenanntes »Wandelwort« ist, das auch »unalienable« geschrieben werden kann. Zwar sieht es aus, als hätte er notgedrungenermaßen von seinem Schema abweichen müssen, aber damit tauchen auch für eine mögliche Entschlüsselung der anderen Texte einige unbekannte Faktoren auf. Nun läge zwar nahe, die Texte, bzw. die Zahlen auf eine gewisse Gesetzmäßigkeit zu analysieren, aber auch dem hat der schlaue Mr. Beale vorgebeugt. Demnach muß Beale auch die Regel der häufigsten Buchstaben gekannt haben, der die englische Sprache ebenso wie die deutsche unterliegt. Ganz gleich, ob man als Text ein Buch mit Tausenden Wörtern nimmt oder ob man einen Werbeprospekt verwendet, der Buchstabe »e« ist immer der häufigste. Der zweithäufigste Buchstabe ist das »t« und so geht dies Buchstabe für Buchstabe weiter. Würde man nun für einen bestimmten Buchstaben, beispielsweise das »e«, jeweils eine bestimmte Zahl verwenden, wäre eine Entschlüsselung relativ einfach. Deshalb hat der Verschlüssler verschiedene Zahlenelemente für ein und denselben Buchstaben verwendet. So setzte er beispielsweise im entschlüsselten Dokument Nr. 2 unter anderem »7«, »49«, »37« und »79« für das »e«, um so ein Erkennen dieses häufigsten Buchstaben zu verhindern. Auch durch die unsortierte Aneinanderreihung der einzelnen Zahlen verhinderte er, daß eine zufällige Entschlüsselung der häufigsten Wortanfangsbuchstaben oder Worte mit drei Buchstaben stattfand. Diese Methode, die bei Geheimdiensten gefürchtet ist, wird »mehrfache-Ersatz-Chiffre« genannt. Um Chiffrierungen leichter knacken zu können, erfand kein Geringerer als Thomas Jefferson, dritter Präsident der USA, ein Dechiffriergerät, die »Radchiffre«, die besonders während des Zweiten Weltkrieges größte Triumphe feierte. Bisher versagte aber auch dieses Wundergerät, wenn es um Beales Code ging.

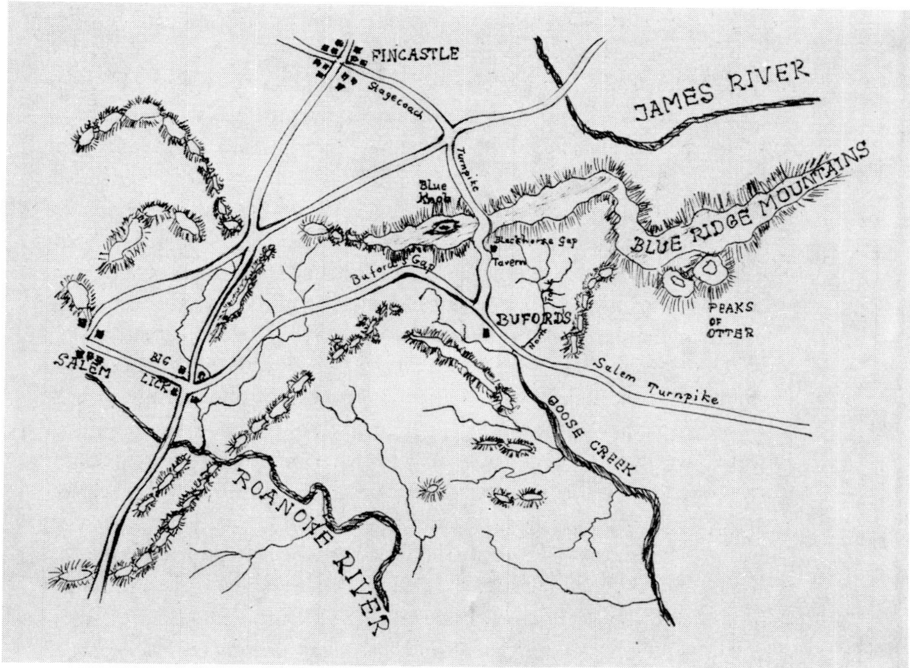

Karte der Umgebung von Montvale-Virginia zu Beales Zeit. In der Umgebung der »Peaks of Otter« werden die Millionen vermutet.

Viele Schatzsucher halten von all diesen wissenschaftlichen Methoden überhaupt nichts. Die einzige Chance, Beales Versteck ausfindig zu machen, ist, allein logische Gedankenzüge aufzubauen und zu versuchen, sich in Beale hineinzudenken. Dies dürfte allerdings schwierig sein, da man über diesen seltsamen Mann nicht sehr viel weiß. Der einzige mögliche Ansatzpunkt scheint überhaupt in der Tatsache zu liegen, daß Beale eben längere Zeit im Washington Hotel logierte und dort wahrscheinlich den Code entwickelte. Anzunehmen ist, daß er sich dabei Schriftwerke bedient hat, die zu jener Zeit wohl überall erhältlich waren und vielleicht sogar herumlagen. Nicht unwahrscheinlich, daß zum Beispiel die Verfassung sogar in jedem Hotel oder Hotelzimmer auslag. So könnte für die anderen beiden Texte vielleicht eine Tageszeitung gedient haben. Die Methode, die zwischenzeitlich viele Schatzsucher angewandt haben, einfach in der Landschaft herumzuwühlen, dürfte wenig sinnvoll sein. In der Nähe des Goose Creek Valley – in dessen Umgebung das Versteck vermutet wird –

befindet sich die Farm von Jim Luck. Der alte Mann sah unzählige Schatzsucher kommen und gehen. »Das schlimme daran«, sagte Jim einmal, »ist nicht die Tatsache, daß die Kerle das Zeug suchen. Schlimm ist nur, daß ich jeden Morgen von neuem aufpassen muß, daß ich nicht in eine der tiefen Gruben falle, die die Burschen auf meinem Grund nachts immer graben.« Hiram Herbert, ein junger Journalist aus Roanoke, gehört zu denen, die seit Jahren dem Versteck auf der Spur zu sein glauben. In seinem Auftrag analysierte der Kryptoanalytiker Gordon McDavitt die Texte eins und drei. Dabei, so glaubte er, habe er zumindest das Wort »goat« (Ziege) entschlüsseln können. In den nächsten Tagen schon versuchte Herbert im Gebiet des Goose Creek damit sein Glück. Was er fand, war seiner Meinung nach ein Felsen mit dem Profil einer Ziege. Ermutigt durch solche »Erfolge« analysierte McDavitt weiter. Als nächstes glaubte er mit Sicherheit das Wort »Quetzal« – ein Vogel aus der aztekischen Mythologie – entziffert zu haben. Bei den nächsten Lokalterminen fand Herbert dann einen weißen Felsen, der seiner Meinung nach die Form eines langen Vogelschnabels hatte. Damit aber war der Weisheit letzter Schluß erreicht. Unnötig zu sagen, daß Herbert das Versteck nicht gefunden hat, und daß auch die Entschlüsselungskünste McDavitts damit zu Ende waren. So werden sie wohl weiterrätseln, immer in der Hoffnung, vielleicht morgen den Schlüssel zu finden, oder übermorgen oder vielleicht nie. Jim Selario, der CIA-Mann, bringt die Sache mit einem Satz auf den einzig richtigen Nenner: Er ist zu dem Schluß gekommen, daß jemand, der sich 20 Minuten mit den Zahlen befaßt, dieselben Chancen hat wie der, der 20 Jahre darüber brütet. Womit bewiesen wäre, daß das menschliche Gehirn jedem noch so intelligenten Computer überlegen ist und es wahrscheinlich auch bleibt.

DER WEGWEISER ZUM INKAGOLD

Seit Menschengedenken werden aus vielfältigen Gründen Schätze verborgen. Mindestens genauso lange gibt es auch Menschen, die unermüdlich die Suche nach diesen Schätzen betreiben. Oftmals mit nicht mehr ausgestattet als ein paar dürftigen, vagen Hinweisen und Informationen, die selten genug einer genaueren Überprüfung standhalten würden. Einige wenige Schätze sind es nur, zu deren Versteckplätzen detaillierte und genaue Beschreibungen vorhanden sind. Für einen der Größten davon existiert sogar eine Art Wegweiser, der Suchende bis in das Versteck führen soll. Dieser Beschreibung, die in die Annalen der verlorenen Schätze einging als »Derrotero de Juan Valverde« – »Wegweiser des Juan Valverde« – folgen seit rund dreihundertfünfzig Jahren Hunderte von Expeditionen. Sie alle haben nur ein Ziel: Die sagenhafte Grotte zu finden, in der sich unermeßliche Schätze der Inkas befinden sollen. Die Geschichte dieses Schatzes steht sozusagen stellvertretend für alle die Schätze und Wegbeschreibungen, bei denen mehrere verwechselbare Örtlichkeiten bisher fast alle Versuche, an die Reichtümer zu gelangen, scheitern ließen.

Der Beginn gleicht eher einer Liebesgeschichte, als der eines verlorenen Schatzes. Und doch kann das eine ja durchaus mit dem anderen zu tun haben, oder etwa nicht? Schauplatz ist das heutige Ecuador, zur Zeit der spanischen Eroberung allerdings noch »Presidencia Quito« mit Namen und eingebunden in das riesig große Reich der herrschenden Inkas. Seit des unglaublich unverschämten Erobererglücks Francisco Pizarros, dem es tatsächlich gelungen war, mit nur einer Handvoll Männer das Kaiserreich in die Knie zu zwingen, unterliegt das Reich der Verwaltung des spanischen Vizekönigs. Unter dieser Herrschaft wird jede einzelne Provinz ausgequetscht bis auf den letzten Blutstropfen, und das einzige, das die beutegierigen Spanier letztendlich interessiert, sind nur die Edelmetalle, die dieses Reich im Überfluß zu besitzen scheint. Die Herrscher hat man ermordet, um jeglichen Widerstand in der Bevölkerung zu brechen, was schließlich auch gelang. Die scheinbar unerschöpflichen Schätze des Inkavolkes wurden von den Eroberern kurzerhand eingeschmolzen, zu Barren gegossen und per Schiff nach Spanien geschafft. Trotz der scheinbar nicht enden wollenden Gold- und Silberkarawanen aber fiel den Besatzern nur ein geringer Bruchteil dessen in die Hände, was dieses Herrschervolk tatsächlich an Edelmetall und Juwelen sein eigen nannte.

Zur Sicherung des besetzten Reiches schafft die Krone in Spanien Schiff um Schiff mit Soldaten in die neue Welt, aber auch um möglichst viel der kostbaren Metalle in die Hände zu bekommen. In fast allen Provinzen werden Soldaten stationiert – so auch in der kleinen Ortschaft Ambato am Fuße der Andenkordilleren. Zu den vielen Soldaten, die der Dienst hier anödet, gehört auch der junge Juan de Valverde aus Salamanca. Wie so mancher andere auch, knüpft er zarte Bande zu einem der hübschen Indiomädchen aus dem Dörfchen Pillaro, das nicht weit von Ambato entfernt ist. Die Zuneigung zu Eatla ist bald so groß, daß die beiden beschließen zu heiraten. Nach anfänglichem Zögern stimmt Eatlas Vater, der Stammesfürst der Lasasaca, der Heirat zu. Drei Tage dauert das Fest, das die Lasasaca dem jungen Paar zu Ehren feiern. Dabei verspricht Eatlas Vater Valverde, ihn in naher Zeit zu einem reichen Mann zu machen. Bereits einige Tage später schon ist es soweit. Zusammen mit seinem Schwiegervater zieht der achtzehnjährige Juan in die Llanganatiberge, deren Gipfel weithin sichtbar sind. Mehrere Tage dauert der beschwerliche Marsch, durch unwegsames Gelände, dichten Dschungel und über reißende Flüsse führt sie der Weg, bis sie endlich das Ziel erreicht haben. Inmitten steiler Berge liegt ein kleiner smaragdgrüner See, an dessen Ufer zahlreiche Höhlen und Grotten gähnen. In eine dieser Grotten führt der Fürst seinen Schwiegersohn, und dieser ist geradezu geblendet vom Glanz des vielen Goldes und der Juwelen, die gehäuft darin liegen. Sorgfältig wählen sie nur die besten Stücke aus und packen zusammen, was sie zu tragen vermögen. Zwei Wochen nach ihrem Aufbruch kehren sie nach Pillaro zurück. Diese Reise wiederholen die beiden noch einige Male und jedesmal werden die Lasten schwerer. Nach sieben Jahren beschließt Valverde, zusammen mit seiner Frau nach Spanien zurückzukehren. Das Gold, das er zusammen mit seinem Schwiegervater aus der Grotte geholt hat, wird geschmolzen und zu Barren gegossen. Insgesamt 14 Barren mit einem Gewicht von je 60 Kilo bilden den wertvollsten Teil des Reisegepäcks. Da Valverde die verschlungenen Wege der spanischen Bürokratie bestens kennt, vertraut er sein Geheimnis Padre Olmedo Varado an, der verspricht, für einen sicheren Transport zu sorgen.

Die Barren werden verpackt und als Kirchengut deklariert, so daß sie vor jedem Zugriff sicher sind. Zusätzlich versieht der Padre Valverde noch mit einem Kurierbrief an den Bischof von Madrid, so daß auch in Spanien keine Gefahr für das Gold besteht. Alles ist vorbereitet für den Tag der Abreise, da ereilt Valverde ein schwerer Schicksalsschlag; seine Frau Etala, die er über alles liebt, wird plötzlich krank und stirbt. Juan de Valverde reist allein mit seinem Kummer und seinem Gold nach Spanien zurück. Mit dieser Menge Gold ist er ein reicher Mann und kauft in Kastilien Ländereien, wo er sich niederläßt. Das Verhalten bleibt nicht unbeobachtet, und es fällt natürlich auf, daß ein zurückkehrender Soldat plötzlich zu solchem Reichtum gekommen ist. Dies ist keinesfalls verwunderlich, da die königlichen Beamten angewiesen waren, grundsätzlich ein Auge auf Schiffsbesatzungen und die Soldaten zu haben. Allein das Wissen, daß regelmäßig 30 Prozent Mehrladungen auf jedem Schiff der Krone in Form von Gold, Silber und ähnlichen Gütern Schmuggelware waren, veranlaßte die unersättlichen spanischen Behörden zu aufmerksamer Beobachtung. Valverde wird unter Druck gesetzt, und nach anfänglicher Weigerung erklärt er sich bereit, sein Geheimnis den höfischen Beamten mitzuteilen. Ein königlicher Beamter nimmt die Aussagen des ehemaligen Soldaten zu Protokoll, und es entsteht auf diese Weise ein exakter Führer zu dem kleinen See. Valverde darf als Zeichen der Anerkennung seinen Reichtum behalten, aber allein das Wissen um diesen unermeßlichen Schatz läßt König Philip II. nicht mehr ruhen. Sofort nach der Niederschrift wird der »Derrotero« nach Quito gebracht, wo auf Verlangen des Königs unverzüglich eine Expedition ins Llanganati-Gebirge aufbricht. Diese erste Expedition leitet der Vogt von Tacumba persönlich. Der Berichterstatter der Expedition ist Padre Longo, ein Jesuitenpater, der die Landessprache und die verschiedenen Dialekte bestens beherrscht. Sie haben beinahe ihr Ziel erreicht, als der Pater eines abends spurlos verschwindet und nicht mehr auftaucht. Nachdem man tagelang ohne Erfolg nach Padre Longo gesucht hat, bricht der Vogt die Expedition ab, und sie kehren unverrichteter Dinge zurück nach Pillaro. Dies war der erste und letzte Versuch von Seiten der Krone, den Schatz der Inkas aufzuspüren. Erst viele Jahre später, 1790, nimmt der spanische Botaniker Atanasio Guzman die Suche nach dem Schatz wieder auf. Seine Suche aber scheint eher ziel- und planlos gewesen zu sein, da man sich mehr für die indianischen Minen interessierte als für die Grotte am Fuß des kleinen grünen Sees. Deshalb ist es kein Wunder, daß die Nachforschungen bald wieder aufgegeben werden. Eines jedoch muß Guzman zugute gehalten werden: Er war der Erste, der dieses unzugängliche und unwegsame Gebiet genauer kartografierte. Er schuf damit die erste annähernd topografische Karte der Llanganatis. Sämtliche wichtige Geländemerkmale und Hinweiszeichen bildeten das Rückgrat dieses Kartenwerkes, das heute noch die Grundlage für Expeditionen ist. Guzman selbst stirbt 1807 in der Nähe von Ambato, als er eines nachts eine

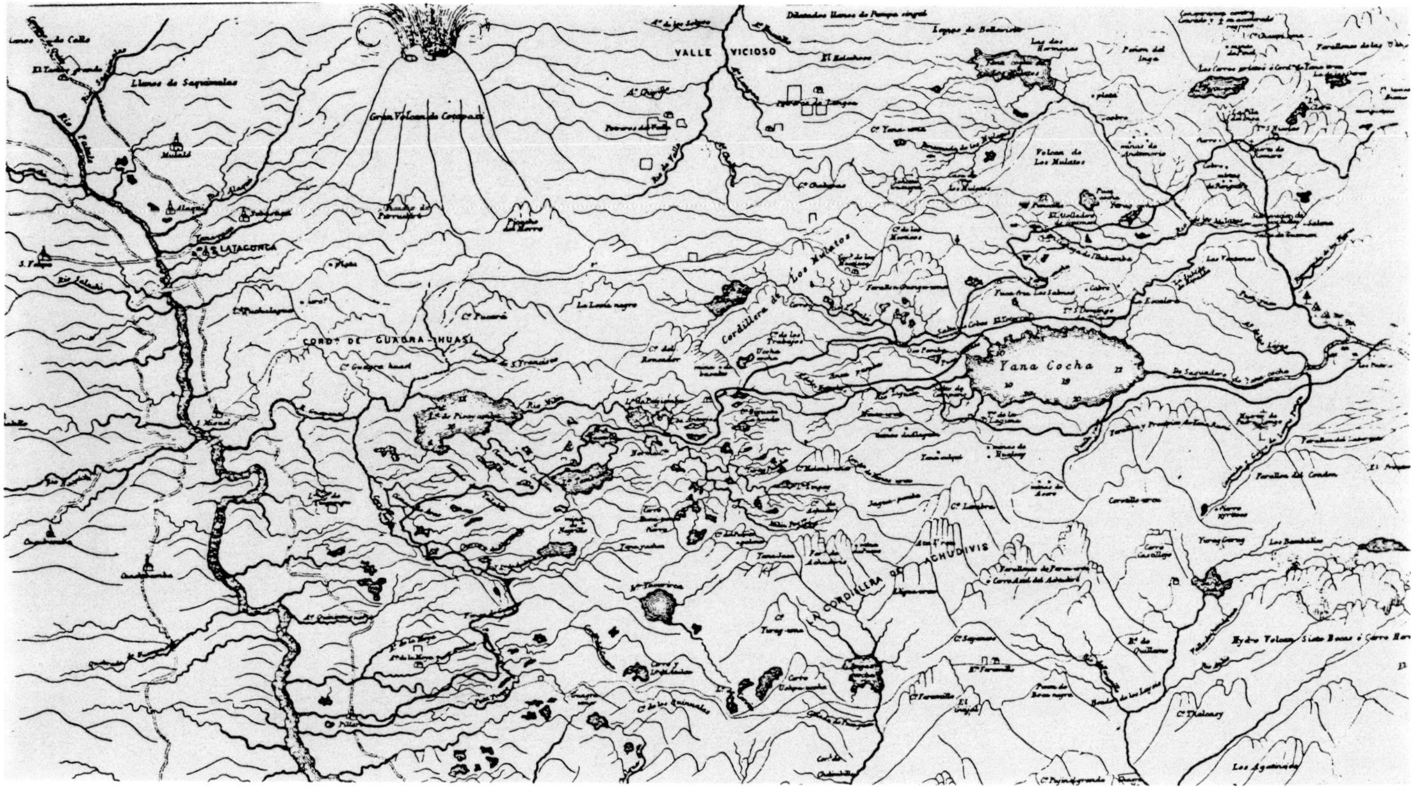

Ausschnitt der Karte von Guzman.

Felswand hinabstürzt. Die gesamte Region scheint für botanische Forschungen interessant zu sein, denn 1857 taucht hier der britische Botaniker Richard Spruce auf. Allerdings ist Spruce ein echter Wissenschaftler, der sich nicht viel aus den sagenhaften Schätzen zu machen scheint, sondern seine Forschungen wirklich auf die Flora konzentrierte. Dabei aber stößt er auf die Aufzeichnungen Atanasio Guzmans, unter denen sich neben einer Pflanzensammlung auch Hinweise auf das Kartenwerk des Spaniers befinden. Neugierig geworden forscht Spruce weiter und gelangt tatsächlich in den Besitz der Karten sowie an eine Abschrift des »Derrotero«. Aus einem Begleitschreiben geht der Auftrag des Königs von Spanien an den Vogt von Tacumba hervor, nach den Schätzen zu suchen. Das Original des »Derroteros« ist leider unauffindbar verschollen, lediglich mehrere Abschriften sind noch vorhanden, die in den verschiedenen Archiven und Bibliotheken aufbewahrt werden. Der Inhalt jedoch ist bei allen gleich; jede enthält die genaue Beschreibung, deren Einhaltung zum See und damit zu den Schätzen führen soll.

WORTLAUT DES WEGWEISERS JUAN DE VALVERDES

»Frage in Pillaro nach der Hacienda la Moya. Schlage in guter Entfernung davon dein Lager auf und erkundige dich nach dem Berg Guapa, von dessen Gipfel du an einem schönen Tag nach Osten schauen mußt, indem du dem Ort Ambato den Rücken zukehrst. Du erkennst die drei Berge des Llanganati-Gebirges, an dessen Abhang sich ein See befindet, der geschaffen wurde als Versteck, in den die Alten ihr Gold warfen, das das Lösegeld für den Inka war. Von dem Berg Guapa aus erkennst du einen Wald, aus dem eine Gruppe Sangurimas ragt und eine Gruppe, die sich Flechas (Pfeile) nennt. Diese beiden Gruppen läßt du links liegen und folgst einem Pfad, den auch die Indios benutzten, als sie das Gold zu dem Versteck brachten. Wenn du in dieser Richtung weitergehst, kommst du bald an zwei kleine Seen. Gehe vom Guapa auf die genannten Zeichen zu, und nach einem guten Stück triffst du auf einen breiten Sumpf, den du überquerst. Wenn du an der anderen Seite herauskommst, siehst du zur linken Seite nicht weit einen Wald von Juco an einem Abhang. Durch diesen Wald mußt du hindurch. Danach wirst du zwei kleine Seen erkennen, die »Brille« genannt werden, weil der Hügel zwischen ihnen wie eine Nase aussieht. Von dieser Stelle aus siehst du erneut den Llanganati, den du vom Gipfel des Guapa aus bereits

gesehen hast. Ich ermahne dich jedoch, die Seen links liegen zu lassen. Direkt vor der Nase zwischen den Seen liegt ein Tal, das du als Lagerplatz benutzen kannst. An dieser Stelle mußt du deine Pferde zurücklassen, da es von hier aus für sie keinen Weg mehr gibt. Gehst du nun weiter in der gleichen Richtung, so triffst du einen großen düsteren See, den die Indios »Yana Cocha« nennen. Den Yana Cocha läßt du links liegen. Am Ende des Sees bemühe dich, den Abhang so hinunterzusteigen, daß du die Schlucht erreichst, durch die ein Wasserfall herabstürzt. Hier findest du eine Brücke aus Baumstämmen. Sollte sie nicht mehr vorhanden sein, mußt du eine neue bauen. Nach dem Überqueren der Schlucht folgst du dem Pfad weiter, bis du an eine tiefe trockene Schlucht kommst. Auch hier mußt du eine Brücke schlagen, die du sehr vorsichtig überqueren mußt, da die Schlucht sehr tief ist. Gehe dann weiter vorwärts und halte Ausschau nach einem Nachtlager. Dies kannst du nicht verfehlen, da an der Stelle Scherben und andere Reste liegen von Indios, die hier ebenfalls oft ihr Lager aufschlagen. Folge deinem Weg weiter in gleicher Richtung, dann erkennst du einen Berg, der ganz mit Pyrit bedeckt ist. Auf der linken Seite dieses Berges liegt ein kleines Tal, in dem eine Art Stroh wächst, aus dem die Indios ihre Schuhe flechten. Diesen Berg mußt du links liegen lassen, und ich ermahne dich, wirklich nur in dieser Weise darum herumzugehen. Auf dieser Seite findest du eine kleine Alm, die in einer Ebene liegt. Nachdem du diese überquert hast, stößt du auf einen Canon zwischen zwei Hügeln. Dies ist der Weg der Inkas. Von dort aus erkennst du den Eingang eines Stollens, der in etwa aussieht wie ein Kirchensöller. Ein gutes Stück Weges jenseits des Canons siehst du einen Wasserfall, der über eine Klippe des Llanganatigipfels herabstürzt und rechterhand in einen brodelnden Sumpf mündet. Ohne daß du den Fluß überqueren mußt, gibt es bereits in diesem Sumpf soviel Gold, daß alles, was du von seinem Grund aufhebst, von edelster Reinheit ist. Verlasse den Sumpf und besteige den Berg. der direkt dahinter liegt. Dabei mußt du den Wasserfall oben passieren. Sollte der Eingang zum Stollen zufällig von Pflanzen bedeckt sein, so entferne dieselben. An der linken Seite des Berges kannst du einen alten Schmelzofen sehen, in dem die alten Indios ihre Metalle schmolzen. Nun liegt die dritte Bergkette, zu der du gelangen mußt, vor dir. Hier am Hügel am Fuß der Berge liegt der See, der das Geheimnis der Indios birgt. Um zum dritten Berg zu gelangen, kannst du auch dahinter herumgehen, falls du an dem Stollen nicht vorbeikommst. Wenn du dich verirrst, suche immer wieder den Fluß und folge seinem rechten Ufer. Ein Stück weiter findest du eine Schlucht, die du entweder durchqueren mußt oder weiter am Flußufer entlang die Möglichkeit findest,

Eine Expedition in den unzugänglichen Llanganati-Bergen.

die Berge an der rechten Seite hochzuklettern. Danach stößt du auf den kleinen grünen See in einem kleinen schönen Tal, und in dem Wasser findest du den goldenen Schatz, den ich dir beschrieben habe.«

Dieser Wegweiser, den Valverde in Kastilien dem Beamten des Königs vor beinahe vierhundert Jahren diktierte, hat bis heute nichts von seiner Genauigkeit und Gültigkeit verloren. Die beschriebenen Gipfel der Llanganatis sind noch genauso sichtbar, wie der Guapa und der Berg aus Pyrit, der Margasitas. Die Brillenseen, der Yana Cocha und selbst die Hacienda de Moya dienen immer noch als Anhaltspunkte für alle diejenigen, die sich jedes Jahr aufmachen, den Schatz der Inkas zu suchen. Daß es kein leichter Weg ist, mußten schon viele erfahren; messerscharfe Gräser und Schilfarten, reißende Flüsse, tropischer Dschungel und blutgierige Insekten machen das Leben zur Qual. Diese Tatsachen jedoch hinderten bisher noch keinen entschlossenen Schatzsucher. Wie es scheint, begann sich der

Botaniker Spruce allmählich für Valverdes Schatz zu interessieren. Immerhin leitete er die Aufzeichnungen an die beiden Marineoffiziere Adam Blake und George Chapman weiter, die in seinem Auftrag dem Derrotero folgen und die Grotte finden sollten. Bei ihrer Expedition stellen die beiden fest, daß das Papier tatsächlich eine erstklassige Wegbeschreibung darstellt, die lediglich zwei nicht hundertprozentig sichere Anweisungen enthält. Durch diese beiden Offiziere wird auch ein weiteres markantes Merkmal bekannt, das sich in unmittelbarer Nähe der Grotte befindet. »Wenn man den Margasitas der Beschreibung nach richtig umgeht«, berichteten Blake und Chapman, »dann stößt man auf einen Berg, dessen Gipfel das Profil einer ruhenden Frau hat.« In ihrem Bericht erwähnen die beiden, daß dort ein kleiner See mit einer Grotte ist, in der »soviel Gold und Edelsteine liegen, daß nicht einmal hundert Mann ausreichen, um alles wegzutragen.« »Wenn du die ruhende Frau findest, haben alle deine Sorgen ein Ende«, berichtet Blake in einem Brief an Richard Spruce. Daß sie die Wahrheit sagen, beweisen Gegenstände, die sie aus der Grotte mitgenommen haben. Mittlerweile bemühen sich Schatzsucher aller Herren Länder um die unermeßlichen Reichtümer, die in der Grotte liegen. Ab Beginn des zwanzigsten Jahrhunderts vergeht kaum ein Monat, in dem sich nicht mindestens eine Expeditionsgruppe durch das unwegsame Gelände kämpft. Mitunter müssen Expeditionen im Ausgangsort Pillaro regelrecht in Wartestellung gehen, da nicht genug Tragtiere oder Führer verfügbar sind. Die meisten von ihnen kehren erfolglos wieder zurück; entweder weil sie nicht gründlich genug recherchiert haben, weil sie den Derrotero falsch interpretieren oder ganz einfach weil ihnen Geld und Proviant ausgegangen sind. Einer, der sich ebenfalls intensiv mit Valverdes Geschichte beschäftigt, ist Thour de Koos, ein junger Holländer. Im Frühjahr 1918 liest er in einer Zeitung von dem sagenhaften Schatz im Llanganati-Massiv. Die Geschichte fasziniert ihn, und er beginnt Nachforschungen anzustellen. De Koos beginnt die Forschung an der Basis. Er sucht nach der ältesten möglichen Abschrift des Wegweisers. Diese findet er schließlich in der Nationalbibliothek in Madrid. De Koos weiß, daß die persönlichen Kenntnisse der Örtlichkeit von großer Bedeutung sind. Deshalb unternimmt er kurz aufeinander zwei Expeditionen, die weniger den Zweck haben, den Schatz zu finden, als die Merkmale des Derrotero zu überprüfen. Erst 1910 startet Thour de Koos die eigentliche Schatzexpedition. Nun zeigt sich, daß das geplante und überlegte Vorgehen Sinn gehabt hat und Früchte trägt. Er stößt bis an die Ufer des stillen Bergsees vor und genau wie Juan de Valverde in seinem Wegweiser beschreibt, findet der Holländer

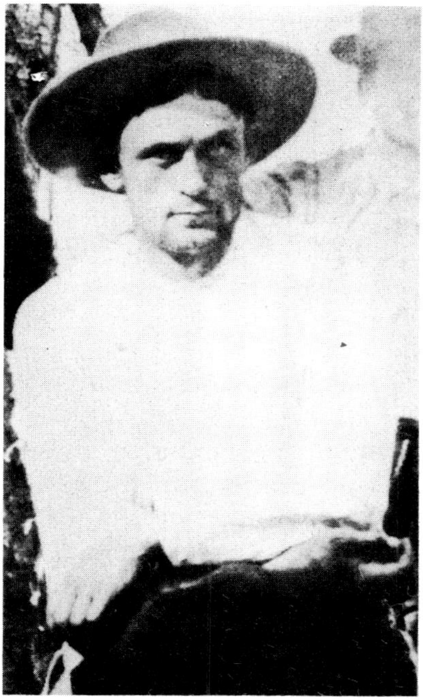

Der Österreicher Thour de Koos 1908.

in dem Sumpf in der Nähe große Mengen Artefakten und Gegenstände aus purem Gold und Silber. Er nimmt eine repräsentative Kollektion davon mit und reist vorerst nach Europa zurück, um nun mit diesen Beweisstücken eine entsprechend große und aufwendige Expedition zu planen. De Koos' Funde erregen wie erwartet das entsprechende Aufsehen, und ohne große Schwierigkeiten bekommt er die erforderliche finanzielle Unterstützung. Wie es den Anschein hat, ist es nur noch eine Frage der Zeit, bis das Geheimnis um den grünen See gelüftet ist. Zwei Tage vor dem Auslaufen des Schiffes erkrankt Thour de Koos an einer Lungenentzündung und stirbt.

Die unermüdlichen Schatzsucher jedoch schrecken solche Schicksale nicht ab, ihren – vielleicht letzten Weg – zu gehen. Wer nun denkt, im Zeitalter der modernen Technologie sei es eine Leichtigkeit, das Geheimnis zu lüften, der irrt. Klimatische Verhältnisse lassen kaum eine Lufterkundung zu, und vor den Naturgewalten dieser unwirtlichen Region kapituliert selbst robustestes Gerät. Hinzu kommt, daß das Überspringen oder gänzliche Auslassen von Etappen zu Fehlschlüssen führen kann, die ein Auffinden von Anfang an unmöglich machen. Auch die exakte Einhaltung des beschriebenen Weges ist ein wichtiger Faktor. Jedes noch so minimale

Abweichen vom Derrotero bedeutet, in die Irre zu gehen. Dies dürfte mithin auch ein Grund sein, daß fast alle Expeditionen ohne Erfolg blieben. Die Gefahr, eigenen Intuitionen zu folgen, ist auf manchen Abschnitten sehr verlockend, und der Versuch, bestimmte Wegabschnitte auf eigene Weise interpretieren zu wollen, führt unweigerlich zum Mißerfolg. Ein Mann, der weniger dem Derrotero glaubte als eigenen Theorien, war der Deutsche Eugen Brunner, der bis 1982 in Quito lebte und viele Wochen im Llanganati verbrachte. Brunner vermutete den See in der Nähe des Cerro Hermoso, einem Berg, der 1939 von dem amerikanischen Schatzsucher Richard d'Orsay entdeckt wurde. Der Cerro Hermoso, der zusammen mit zwei benachbarten Bergen einen Triangel bildet, ist bei schönem Wetter von Pillaro aus zu sehen. Das Problem der Bestimmung der richtigen Örtlichkeit liegt darin, daß es insgesamt drei dieser Triangelformationen in dem Gebiet gibt, von denen jede für sich in Frage kommt, den See einzuschließen. Brunner war der Meinung, daß ein kleiner Wasserfall, der in einen dieser zahlreichen Seen stürzte, der im Derrotero beschriebene sein müßte. Eugen Brunner sah viele Expeditionen kommen und auch wieder gehen, so auch die des Ecuadorianers Carlo de Zalade. Dieser Mann hatte den Wegweiser sehr eingehend studiert und dabei festgestellt, daß dem klassischen Derrotero – also der ursprünglichen Wegbeschreibung, die Valverde angegeben hatte –bis auf die von König Philip entsandte Expedition niemand konsequent und ernsthaft gefolgt war. Zalade trifft im Oktober 1969 in Pillaro ein, von wo aus er mit Pedro, einem einheimischen Führer, und einigen Indianern als Träger ins Llanganati aufbricht. Es herrscht herrliches Wetter, und die Berggipfel sind klar in der Ferne sichtbar. Sich genau an die Anweisung haltend, folgen sie dem Weg und gelangen an die Brillenseen, wo die Maultiere von den Lasten befreit werden müssen und von nun ab auf dem menschlichen Rücken weiterbefördert werden. Jeder Träger schleppt nun eine Last von annähernd fünfzig Kilo, und das für einen Tageslohn von etwa fünf Mark. Je weiter sie kommen, desto erstaunter stellt Zalade fest, daß der Derrotero nichts von seiner Gültigkeit, das Gelände betreffend, eingebüßt hat. Die Landschaft wechselt von steilen Schluchten zu dampfendem Urwald, und im Nu sind sie bis auf die Knochen naßgeschwitzt. Nach tagelangem mühsamem Marsch erreichen sie dann ein Plateau inmitten dreier hochaufragender Berge, in deren Tal der langersehnte grüne See schimmert. Da es schon zu dunkeln beginnt, schlagen sie ihr Lager hier auf. Gleich am nächsten Morgen will Zalade die Grotte suchen. In dieser Nacht wird er plötzlich von Pedro geweckt. Es regnet in Strömen, und im Zelt steigt das Wasser bedrohlich. Nachdem sie sich auf einen rettenden Bergrücken zurückgezogen haben, ist ihnen klar, daß so schnell keine Chance besteht, zum See zurückzukehren. Enttäuscht bricht Zalade die Expedition ab, und sie kehren zurück nach Pillaro.

QUITO 1981

Eine deutsche Expedition ist eingetroffen, die in den nächsten Tagen ins Llanganati-Gebirge aufbrechen will. Ohne groß auf den Derrotero zu vertrauen, will man versuchen, direkt zum Cerro Hermoso zu gelangen und in dessen Umgebung nach dem Bergsee zu suchen. Diese Gruppe vermutet die Schätze in einem der zahlreichen Schächte, die wie Gletscherspalten oft mehrere hundert Meter senkrecht in die Erde führen. Sie seilen sich in viele dieser Spalten ab und müssen erkennen, daß es so gut wie unmöglich ist, auf den Grund zu gelangen. Mehrere Wochen campieren sie in der Nähe des Cerro Hermoso, bis auch sie entnervt aufgeben.

Je intensiver man die Versuche der zahlreichen Expeditionen betrachtet und analysiert, desto eher gelangt man zu dem Schluß, daß die meisten

Messerscharfe Gräser machen den Expeditionen zu schaffen.

Opfer der Örtlichkeitsverwechslung wurden. Mangelhafte Detailkenntnisse und Falschinterpretation des Derrotero tragen ebenfalls eine große Schuld. Juan de Valverdes Aussagen und Beschreibungen sind so klar und eindeutig, daß am gesamten Weg kaum ein Zweifel aufkommen kann. Ein Faktor allerdings ist der große Unbekannte: In dieser Region ist die Erde ständig in Bewegung; welche ungeheuren Vernichtungskräfte darin stekken, zeigen die immerwiederkehrenden Erdbeben mit grauenhaften Auswirkungen. So wurde Pillaro im Herbst 1949 bei einem dieser Erdstöße beinahe dem Erdboden gleichgemacht. Sicher ist auch das eine oder andere Geländemerkmal von diesen Naturkatastrophen nicht unverschont geblieben. Geht man davon aus, daß zur Zeit Valverdes das Hinkommen aber auch jederzeit möglich gewesen sein muß, gibt es heutzutage keinen Grund, weshalb dies plötzlich anders sein sollte. Immerhin unternahmen Valverde und sein Schwiegervater mehrere Reisen zum kleinen See. Es ist kaum anzunehmen, daß der Spanier bei der Niederschrift des Protokolls wesentliche und wichtige Informationen ausgelassen haben, oder gar die Unwahrheit gesagt haben könnte. Gegen eine solche Annahme sprechen das Auffinden des Sees durch Blake und Chapman sowie de Koos. Der Weg von Pillaro zum See kann außerdem keine überdurchschnittlichen Strapazen bedeutet haben, denn der Derrotero verzeichnet genau die Anzahl der Lagerplätze und Übernachtungen. Geht man davon aus, daß ein mit Gepäck beladener Mensch in diesem Gelände nicht sehr schnell vorwärtskommt, dann könnte man für die Distanz insgesamt ca. 25 bis 30 Kilometer veranschlagen. Die insgesamt vier Nachtlager bedeuten auch, daß der Weg in fünf Tagen zu bewältigen ist, was ebenfalls für eine solche ungefähre Distanz spricht. Da aber der Weg nicht schnurgeradeaus führt, sondern sich durch unwegsames Gelände ständig auf und ab windet, dürfte die Wegstrecke eher weniger sein. Sich auf einen See zu versteifen, auf den die Beschreibung zutrifft, wäre allerdings gefährlich. Diese Region ist übersät mit unzähligen kleinen Seen, die alle dem betreffenden See stark ähneln; allein die Verfolgung des Weges nach den Angaben des Derrotero kann deshalb zum Ziel führen.

Unbestritten ist, daß sich der unermeßliche Schatz noch irgendwo in einer Grotte am Fuß des Sees befinden muß. Hätte ihn jemand entdeckt – wäre es mit Sicherheit bekannt geworden. Eines Tages werden wieder Menschen vor den gehäuften Reichtümern stehen und ihre Chance zu nutzen wissen.

Wer weiß, vielleicht sogar Leser dieses Buches.

DAS GOLDENE RIFF

Gold! Ein Wort, das auf fast alle Menschen die gleiche Magie und Faszination ausübt. Das glänzende Metall, das seit Jahrtausenden bei Königen ebenso beliebt ist wie bei Bettlern. Das edelste aller Mineralien, das Freunde zu erbitterten Feinden werden ließ und sogar Kriege heraufbeschwor. Allein das Gerücht, in irgendeiner Region gäbe es Gold, konnte ausreichen, Hunderttausende in Marsch zu setzen und alles liegen und stehen zu lassen, was ihnen bis dahin gut und teuer war. Viele verbrachten ihr gesamtes Leben damit, nachdem so oft verfluchten Metall zu suchen, und was sie fanden, war nicht selten der Tod. Andere wiederum, denen der Sinn überhaupt nicht nach Gold und Reichtum stand, stießen durch Zufall von ganz allein auf reiche Vorkommen. Glück und Pech lagen immer schon dicht nebeneinander, und bis heute wird sich daran kaum etwas geändert haben. Dies ist die Geschichte des reichsten Goldfundes, der je gemacht wurde. Aber es ist zugleich auch die Geschichte eines der größten Glückspilze und zugleich größten Pechvogels. Sein Name: Lewis Harold Lasseter.

AUSTRALIEN, 1897

Im Hafen von Sidney geht der Matrose Lewis Harold Lasseter von Bord des Schiffes, auf dem er vier Monate gearbeitet hat. Lasseter hat für die nächste Zeit die Nase von der Seefahrt voll und will sein Glück nun in den sagenhaften Opal- und Rubinfeldern bei Alice Springs suchen. Mehr als die Hälfte seiner Heuer investiert der Seemann in die Anschaffung von Pferden und einer Prospektorenausrüstung. Als er mit seiner kleinen Karawane aufbricht, um sich auf den langen und beschwerlichen Weg zu machen, ist Lasseter zuversichtlich, mit vollen Taschen zurückzukehren. In Alice Springs angekommen muß er zu seiner Enttäuschung feststellen, daß alle guten Claims schon vergeben sind. Trotzdem versucht er sein Glück an einem Platz, an dem – wie er glaubt – vielleicht noch etwas zu holen sei. Mehrere Wochen schuftet er von früh bis spät und wühlt sich in den harten Boden. Während er zusehen muß,wie in den Claims um ihn die schönsten Opale und Rubine ans Licht der australischen Sonne geholt werden,

Lewis Harold Lasseter während seiner Militärzeit.

beschränkt sich seine Ausbeute auf minderwertige Granate. Lasseter beschließt, dieses Geschäft den Glücklicheren zu überlassen und wieder auf einem Schiff in Fremantle anzuheuern. Mit dem Rest seines Proviantes und drei Pferden bricht er auf, um an den Hängen der Macdonnell Ranges entlang zur Küste zu gelangen. Es wird ein langer und lebensgefährlicher Trail. Es hat den Anschein, als nähmen die Berge kein Ende, und jedesmal wenn Lasseter glaubt, ein Gebirge hinter sich zu haben, taucht in der Ferne schon wieder ein neues auf. Allmählich dämmert ihm, daß er sich schwer geirrt zu haben scheint. Der Proviant wird immer weniger, und auch sein Wasservorrat geht allmählich zur Neige. Plötzlich sind die Berge zu Ende, und die Landschaft wechselt über in eine Sandwüste, bei deren Anblick ihm seine Lage noch schlimmer bewußt wird. Dann aber hat er Glück: Innerhalb einer Felsengruppe findet er ein Wasserloch, das ihn und seine Pferde vor dem Verdursten rettet. Nachdem er sich wieder einigermaßen erholt hat, füllt er sämtliche verfügbaren Behälter mit dem kostbaren Naß und macht sich wieder auf den Weg – immer in der Hoffnung, die

Strapazen bald hinter sich zu haben. Zwei Tage nach seinem Aufbruch von der Wasserstelle fallen ihm Gesteinsformationen auf, die sich schnurgerade wie aufgereiht durch die Öde ziehen. Tagelang wandert Lasseter an diesen Steinen entlang, die zwischendurch im Boden verschwinden, um nach einigen Metern wieder an die Oberfläche zu treten. Teilweise bildet die Formation eine regelrechte Mauer, die bis zu zwei Meter aus dem Boden ragt. Die seltsame grünliche Färbung des Gesteins veranlaßt ihn schließlich, sich einen der Steine genauer zu betrachten. Lasseter schlägt ihn an einem Felsen auf und plötzlich kommt er sich wie ausgetrocknet vor; bleistiftdicke Goldadern ziehen sich durch den Stein!

Hastig greift er wahllos nach anderen Steinen der Mauer und zerschlägt sie. Das Resultat ist bei allen das selbe. Ein gigantisches Riff aus Gold zieht sich durch die Wüste. Einen leeren Mehlsack füllt Lasseter voll mit diesen Proben, um sie später untersuchen zu lassen, falls er diesen höllischen Marsch jemals überstehen sollte. Tagelang folgt er dem Riff, und es sieht beinahe so aus, als nähme es überhaupt kein Ende. Seit zwei Tagen ist das Wasser zu Ende, und die Pferde sind zusammengebrochen. Mit Halluzinationen torkelt Lasseter durch das glühend heiße Land, gebeugt von der schweren Last des Sackes voller Steine. Das letzte, was er wahrnimmt, sind feuerige Kreise vor seinen Augen – dann stürzt er in ein Meer von Dunkelheit und Stille.

Als er die Augen wieder öffnet, blickt er in ein zerfurchtes, schnauzbärtiges Gesicht. Das Antlitz gehört John Harding, einem Geometer, in dessen Lager sich Lasseter befindet. Einer von Hardings Kameltreibern hatte den bewußtlosen Mann nicht weit vom Lager gefunden und auf seinem Kamel hierhergebracht. Nachdem sich der völlig erschöpfte Mann wieder einigermaßen erholt hatte, wollte Harding von ihm wissen, woher die bei ihm gefundenen Gesteinsproben stammten. So ohne weiteres aber will Lasseter sein Geheimnis nicht preisgeben, und er erklärt sich lediglich einverstanden, daß Harding die Proben untersuchen läßt. Dann, so deutet er an, wäre eine gemeinsame Expedition eventuell denkbar. Harding akzeptiert die Bedingungen, und gemeinsam treten sie den Weg nach Coolgardie an. Da Lasseter vorerst die Nase von der Wüste voll hat, heuert er wieder für einige Monate auf einem Schiff an.

Bei einem kurzen Landurlaub erreicht ihn ein Brief Hardings, in dem ihm dieser das Ergebnis der Goldproben mitteilt. Demnach verspricht das Vorkommen einen Goldgehalt von 120 Gramm pro Tonne!

Dies bedeutet eine so ungeheure Konzentration an Gold, daß dagegen die Goldvorkommen des zur Zeit herrschenden Goldrausches am Klondyke geradezu ärmlich wirken. Überhaupt ist Australien im Vergleich zu den Vereinigten Staaten auffallend reich an großen und konzentrierten Vorkommen. Nirgendwo wurden jemals größere Goldklumpen und Nuggets gefunden wie auf dem fünften Kontinent. Das größte Nugget überhaupt, fanden australische Goldgräber am Schwarzen Riff bei Moliagul, nahe der Stadt Dunolly. Nicht weniger als 2520 Unzen – also knapp 80 Kilo – wog der Goldklumpen, der als »Welcome Stranger« (Willkommen Fremder) in die Geschichte einging. Dagegen nimmt sich das jemals größte in USA gefundene Nugget äußerst bescheiden aus. Auf magere 35 Unzen (rund 1,1 Kilo) brachte es das von Geo W. Carmack 1898 im Eldorado Creek am Yukon geschürfte Goldstück.

Gegen Lasseters Riff aus Gold aber verblassen alle diese Funde. Angesichts des zu erwartenden Gewinns gibt es für den Seemann kein Zögern mehr; unverzüglich macht er sich mit Harding auf den Weg zu seinem Riff. Bestens ausgerüstet brechen die beiden ungleichen Männer im Frühjahr 1900 in Carnarvon in Westaustralien mit einer ansehnlichen Kamelkarawane auf in Richtung der Petermann-Ranges, in deren Umgebung sich das Riff befindet. Daß die Wahl auf Kamele fiel, hat seinen guten Grund; die Erfahrungen mit Pferden in diesem Wüstenklima sind Harold Lasseter nur zu gut noch im Gedächtnis.

Harding hat ihn überzeugt, daß es gerade für eine solche, Wochen oder gar Monate dauernde, Expedition ins Outback keine geeigneteren Tiere gibt.

Wochenlang ziehen sie durch unerforschtes Gebiet – Zentralaustralien ist nichts anderes als ein großer weißer Fleck auf der Landkarte. Die einzigen Bewohner sind die Aborigines – jene Ureinwohner mit der berühmten Knollennase –, die so hervorragend mit dem Bummerang umzugehen wissen – Känguruhs und Dingos, die wilden Hunde. Nachdem sie Hardings alten Lagerplatz als Ausgangsbasis genommen haben, findet sich Lasseter immer besser zurecht. Berggipfel und bestimmte Felsformationen dienen ihm als Orientierungspunkte, und als sie endlich den Mount Olga in den Petermann-Ranges erreicht haben, schlagen sie hier ihr Lager auf. Von dieser Stelle aus sind es nur noch einige Kilometer bis zum Beginn des Goldriffs. Ohne Schwierigkeiten findet Harold Lasseter in den nächsten Tagen die erzhaltige Mauer wieder, und die beiden beginnen unverzüglich, dem Prospektorgesetz entsprechend, ihren Claim abzustecken. Harding als Geometer nimmt noch genaue Vermessungen vor, um die gesamte Ausdehnung des Riffs festzustellen. Sie sind beide mehr als überrascht, als sich herausstellt, daß es sich über eine Länge von 15

Kilometern erstreckt und dabei eine Breite bis zu vier Metern erreicht! Nachdem sie noch eine Anzahl von Proben mitgenommen haben, brechen sie die Zelte ab, um ihren gemeinsamen Claim ordnungsgemäß beim Mining Department registrieren zu lassen. Wochenlang dauert auch der Rückweg in dieser unendlichen Weite dieses Kontinents.

In Pipalyatjara – der ersten zivilisierten Siedlung auf ihrem Rückweg – machen sie eine schreckliche Feststellung: Hardings Uhr geht mehr als eine Stunde nach! Diese Feststellung ist deshalb so niederschmetternd, weil sie sämtliche Peilungen am Riff mit der Uhr vorgenommen haben und nun die exakte Position wieder nicht bekannt ist. Da eine Umkehr aus verschiedenen Gründen auf keinen Fall in Frage kommt, kehren sie zurück nach Perth. Lasseter ist sicher, anhand der Proben kapitalkräftige Anleger zur Finanzierung einer weiteren Expedition zu finden. Allerdings irrte er sich in diesem Punkt. Trotz der hervorragenden Proben interessiert sich kein Mensch für Lasseters Riff. Sein Pech ist, daß gerade zur Zeit ein wahrer Rush auf die Goldfelder in Westaustralien einsetzt. Angefacht durch den sensationellen Fund des Farmers Patrick »Poullie« Hannan, der auf ein Goldriff von einer Meile Länge gestoßen war, befand sich Jung und Alt unterwegs zu den »Frotting Grounds«, um an der »Goldenen Meile« das Glück zu machen. Aber Lasseter ist noch jung. Instinktiv ahnt er, daß seine Chance noch kommen würde. Für die nächste Zeit heuert der gerade Zwanzigjährige wieder auf einem Schiff an und läßt sich die Seeluft um die Nase wehen. Harding trifft der gemeinsame Schicksalsschlag wesentlich härter; zwar läßt er sich noch seinen Claim auf das nicht genau lokalisierte Vorkommen eintragen und versucht dann sein Glück nochmals auf den Goldfeldern bei Kalgoorlie, aber das Feuer ist dahin. Vier Jahre nach der Misere stirbt Harding in dem kleinen Nest.

Anders jedoch Lasseter. Das Mißgeschick mit Hardings Uhr nagt und bohrt in ihm, und immer stärker wird der Drang, wieder aufzubrechen und abermals zum Riff zurückzukehren. Diesmal jedoch will er auf nichts und niemanden angewiesen sein und jegliche Unwägbarkeiten von vorne herein ausschließen. Mit einer gehörigen Portion Selbstdisziplin und Lerneifer absolviert Harold Lasseter einen Surveying-Kurs per Fernlehre, in dem er sich zum Landvermesser bildet. Am 13. Mai 1909 hält er sein Diplom für die erfolgreich abgelegte Prüfung in Händen. Mittlerweile aber eilt die Suche nach dem Riff nicht so sehr, da Lasseter inzwischen verheiratet und Vater eines Sohnes ist. Erst 1930 reift in ihm der Plan, sich wieder auf die Suche zu begeben. Für diese geplante Suche aber benötigt er die richtigen Partner mit dem entsprechenden Kapital. Denn, dies ist Lasseters Hauptgedanke – am Geld soll diese Expedition nicht wieder scheitern. Am 12. März 1930 erscheint der inzwischen fünfzigjährige Harold Lasseter im Verwaltungsgebäude der Australian Workers Union (AWU) – einer Art Großgewerkschaft – und verlangt nach John Bailey, dem Präsidenten. Lasseter hat sich eine schlechte Zeit für seine Akquisition ausgesucht: Australien befindet sich inmitten einer großen Depression, und Geldmittel sind knapp. John Bailey sagt dies dem Besucher auch auf den Kopf zu und ist entsetzt von den Plänen des Mannes, die große Summen verschlingen würden. Aber es zeigt sich, daß Harold Lasseter auch zu argumentieren versteht. Australien – so hält er dem Präsidenten der AWU entgegen – hätte mit einem Schlag seine wirtschaftlichen Probleme gelöst, und zudem böte sich für die AWU die Gelegenheit, zur finanziell stärksten Vereinigung zu werden. Da Bailey ein vernünftiger Mann ist, gibt er Lasseter Gelegenheit, seinen Vorschlag zu detaillieren. Bailey läßt alle Angaben von Fachleuten überprüfen, und nachdem man Lasseter selbst einer eingehenden Befragung unterzogen hat, fällt der allmächtige Boß der AWU die Entscheidung, daß die Suche nach dem Silberriff in Angriff genommen würde. Ausschlaggebend dafür ist ein Gutachten, in dem Australiens führende Geologen zu dem Schluß kommen, daß in dem in Frage kommenden Gebiet tatsächlich ein großes Golderzvorkommen zu erwarten sei, aber auch die Tatsache, daß bereits 1893 die Entdeckung der Goldfelder bei Kalgoorlie Australien aus einer Wirtschaftskrise gerettet haben. In der Folgezeit interessiert Bailey eine ganze Reihe privater Geldgeber, die bereit sind, in das Unternehmen zu investieren. Innerhalb kürzester Zeit wird eine Aktiengesellschaft aus dem Boden gestampft – die »Central Australian Gold Exploration Company« – die trotz der vorherrschenden Wirtschaftskrise innerhalb einer Woche Anteilsscheine im Wert von 5000 Pfund absetzen kann. Das Volk, so scheint es, spielt Vabanque – alles oder nichts.

Die geplante Expedition – von den Zeitungen hochgejubelt – erregt allgemein Aufsehen und Interesse gleichermaßen. Kaum eine öffentliche Stelle, die nicht irgendwie zum Gelingen beitragen will. Die Regierung sagt kostenlose Transporte zu, Versorgung mit Treibstoffen und Proviant und sogar aus Großbritannien wird als Geste der Solidarisierung ein Lastwagen auf die Reise geschickt. Ganz Australien befindet sich im Rauschzustand. Der Mann, der den Stein ins Rollen gebracht hat, Harold Lasseter, wird dagegen wie der letzte Help-Hand behandelt. Für den lächerlichen Wochenlohn von fünf Pfund hilft er mit, die Expedition vorzubereiten. Hoffnungsträger der Expedition aber ist Errol Coote, ein junger Journalist, der als Pilot die von Konstrukteur und Flugzeugbauer de Havilland zur Verfügung gestellte Maschine vom Typ »Gipsy Moth« fliegen soll. Nachdem Lasseter sicher ist, bestimmte Geländemerkmale wiederzufinden, setzt John Bailey auf die Lufterkundung. Diese Maschine mit dem symbolischen Namen »Golden Quest« soll dem Expeditionstroß vorausfliegen und die Richtung bestimmen. Im Juni 1930 bricht dann die bunt zusammengewürfelte Gruppe auf. Bis auf Lasseter und Fred Blakeley, dem Bruder des Ministers für Südaustralien, hat keiner der Teilnehmer Erfahrung im Busch von Australien. George Sutherland ist Goldsucher, Philip Taylor Ingenieur, Blakiston-Houston ist das, was man landläufig Abenteurer nennt und Erroll Coote ist Journalist. Das erste Etappenziel der Gruppe ist Alice Springs, die Opalschürfer-Siedlung. Von hier aus zieht die Expedition am 21. Juli 1930 weiter nach Ilbilla, das als Ausgangsbasis für eine systematische Suche dienen soll. Einzig Erroll Coote bleibt noch einige Tage in Alice Springs, damit die Fahrzeuge ausreichend Vorsprung bekommen und die Mannschaft für das Flugzeug am Yai Yai Creek eine Landepiste schaffen können. Beim Anflug auf die provisorische Landebahn streift Coote mit einer Tragfläche einen Baum und stürzt beinahe ab. Die »Gipsy Moth« wird dabei erheblich beschädigt, aber Coote nimmt das Risiko auf sich, auch die geplanten Flüge damit durchzuführen. Vom Yai Yai aus zieht die Karawane nach Westen und hat erstmals ernsthafte Schwierigkeiten; jeder Meter Boden muß dem Busch abgerungen werden und die Vegetation ist teilweise so dicht, daß sie nur einen Kilometer pro Tag vorwärtskommen. Pestfliegen machen ihnen das Leben zur Hölle, und dann wieder versinken die Lastwagen bis zu den Achsen in feinem Sand, so daß sie mühsam freigeschaufelt werden müssen. Für die Strecke nach Ilbilla benötigen sie schließlich mehr als 14 Tage. Hier zeigen sich auch die Folgen des Flugzeugschadens, als eine der Verspannungsstreben beim Landen bricht und das Flugzeug bei der Bruchlandung zerstört wird. Coote hat Glück im Unglück; ihm ist nichts weiter passiert als ein verstauchter Arm. Von Alice Springs aus wird Bailey von dem Desaster informiert, der sofort ein neues Flugzeug auf den Weg schickt, die »Golden Quest II«. Am 27. August können schließlich die Aufklärungsflüge gestartet werden. In südwestlicher Richtung vermutet Lasseter sein Riff. Die Landmarken, an die er sich erinnert, sind prägnant und deutlich; eigentlich gibt es keinen Grund, weshalb das Riff nicht gefunden werden sollte. Die Angaben, die Harold Lasseter gegenüber Coote macht, stimmen diesen ebenfalls zuversichtlich. Als zentraler Anhaltspunkt, erzählt Lasseter, diene der Lake Christopher, das Riff liege genau östlich davon. Wenn man am Riff entlang nach Nordwesten blicke, dann sehe man drei auffallende Gipfel, deren

Berge direkt am Riff zu enden scheinen. Nach diesen Anhaltspunkten orientiert sich Coote, jedoch keiner der Flüge bringt sie auch nur in die Nähe der goldenen Mauer.

Als sie wieder einmal nach einigen vergeblichen Flügen im Lager die Situation beraten, stellt Blakeley fest, daß eine weitere Suche so gut wie aussichtslos sei. Im Umkreis von hunderten Kilometern wurde das Terrain bereits abgesucht und nichts gefunden. Dies ließe den Schluß zu, daß das Riff entweder noch weiter südöstlich zu suchen sei, oder unter dem dichten Bewuchs der Mulga-Büsche aus der Luft nicht auszumachen sei. Die allgemeine Begeisterung an Lasseters Riff ist mittlerweile auch einer enttäuschenden Leere gewichen. Hatte man anfangs geglaubt, die Mauer innerhalb ein paar Tagen finden zu können, sah man sich nun bitter enttäuscht und wollte nur noch zurück. Ein weiteres Problem war die Versorgungsfrage. Alles ging zur Neige – der Treibstoff war bereits äußerst knapp, und auch die Lebensmittelvorräte reichten nur noch kurze Zeit. Lasseter ist der einzige, der sich gegen die Rückkehr sträubt. Ihm schwebt etwas anderes vor. Vor zwei Tagen waren sie zufällig auf einen Dingojäger gestoßen, der mit seinen Kamelen auf der Suche nach Rudeln dieser schafereißenden Wildhunde ist. Paul Johns, der vor drei Jahren seine Heimat Deutschland verlassen hatte und sich nun bereits seit vier Monaten im Outback befindet, kennt die Gegend sehr gut, und Lasseter glaubt, daß dies die große Chance sei, das Riff wiederzufinden. Schließlich einigen sich Blakeley und Johns dahingehend, daß Lasseter mit dem Jäger zu den Petermann Ranges ziehen sollte, um das Riff zu suchen, während die Gruppe bis auf weiteres nach Alice Springs zurückkehren würde. Johns Kosten würde das Syndikat übernehmen.

Lasseter und Johns beladen die Kamele mit Wasser und Lebensmittel, ehe sie nach Süden losziehen. Am 14. September brechen sie in Ilbilla auf und durchqueren im Zickzack die vor ihnen liegende Wüste, um ja keines der Wasserlöcher zu verfehlen, die Paul Johns in dieser verlassenen Gegend kennt. Es ist eine unwirkliche, schöne Landschaft von erschreckender Wildheit, und kein menschliches Wesen sonst käme auf den Gedanken, aus welchen Gründen auch immer, hier herumzustreifen. Stoisch trotten die fünf Kamele mit dem ihnen eigenen schaukelnden Paßgang durch die glühende Hitze, die aber auch einen Vorteil hat: Ohne große Umwege erlaubt es ihnen die große Dürre, die zerfurchten ausgetrockneten Seen zu durchqueren. Vier Tage später erreichen sie die schattenspendenden Berge des Mount Olga, wo sie auch wieder auf frisches Wasser stoßen. Johns weiß, daß dies die letzte bekannte Wasserstelle weit und breit ist – wenn sie

Die Teilnehmer der großen Suchexpedition. Vorne sitzend mit Hut: Harold Lasseter.

nun weiterziehen, dann bleibt ihnen nur noch die Hoffnung auf die geheimen Wasserlöcher der Eingeborenen, die sich Fremden gegenüber nicht immer gerade freundlich und friedlich verhalten. Trotzdem riskieren sie den Weitermarsch, zumal Paul Johns mittlerweile schon ungewöhnlich gierig nach dem Riff ist. Sie stoßen ungewöhnlich weit vor ins Herz von Zentralaustralien; rund zweihundert Kilometer südlich von Kintore befinden sie sich bereits. Lasseter glaubt, daß dies die Gegend sein muß, in der sich das Riff befindet. Die Landschaftsmerkmale kommen ihm bekannt vor. Johns gegenüber wird der kleine Mann immer mißtrauischer und zurückhaltender. Mehrere Male kommt es zum Streit zwischen den beiden, und eines Tages machen sie kehrt und gehen auf dem kürzesten Weg nach Ilbilla zurück. Was zwischen ihnen vorgefallen war, erfährt niemand; als sie in Ilbilla eintreffen fehlen aber zwei Kamele, die unterwegs eingegangen sind.

Während Johns nach Alice Springs weiterzieht, bleibt Lasseter in Ilbilla, um dort auf ihn zu warten. Johns will frische Kamele besorgen und auch eine größere Menge Lebensmittel mitbringen. In Briefen, die Lasseter Johns mitgegeben hat, teilt er der Gesellschaft mit, daß er das Riff tatsächlich gefunden habe. In einem beiliegenden Schreiben macht er zudem Angaben, wie das Syndikat notfalls auch ohne ihn zu dem Riff finden würde, falls ihm etwas zustoßen sollte. Mit seinen Briefen weckt er bei den wartenden Expeditionsteilnehmern wieder neue Hoffnungen, und umgehendst machen sie sich daran, Ausrüstung und Proviant zum angegebenen Treffpunkt Lake Christopher zu schaffen, während die »Golden Quest II« in der Nähe des berühmten Monolithen Ayers Rock landet. Als Johns nach Ilbilla zurückkommt, ist Lasseter mit den beiden Kamelen, die ihm der Dingojäger zurückgelassen hatte, verschwunden. Am vereinbarten Treffpunkt, dem Lake Christopher, wartet man vergeblich auf ihn. Tagelang wird mit dem Flugzeug nach ihm gesucht, doch nirgendwo in den Weiten des Outback gibt es auch nur die geringste Spur von ihm. Mehr als vier Wochen versuchen die Männer der Gesellschaft Lasseter zu finden, dann geben sie auf. John Bailey engagiert einen erfahrenen Buschläufer aus Alice Springs, Bob Buck, ein Stationshalter, dem nachgesagt wird, jedes Känguruh mit Vornamen zu kennen. Ende Januar macht sich Buck auf den Weg. Ihm bleibt nichts anderes übrig, als dort anzusetzen, wo die Spur noch warm ist: in Ilbilla. Das schier Unmögliche gelingt dem Trapper – er findet Lasseter. Leider aber kommt er zu spät: Lewis Harold Lasseter ist tot! In einem Gebüsch liegt die halbverweste Leiche, daneben das Gebiß und ein leergeschossener Revolver. Die Eingeborenen, die nicht weit von hier lagern, haben ihn zu der Stelle geführt. Buck ist fast hundertprozentig sicher, daß sie auch für den Tod Lasseters verantwortlich sind. Er begräbt Lasseters Leiche und ritzt in einen Gummibaum den Namen und das Todesdatum ein.

Als Bob Buck John Bailey Bericht erstattet, zeigt sich, daß der Buschläufer Lasseters Spur ziemlich genau verfolgen konnte und auch den zurückgelegten Weg rekonstruiert hat. Demnach wandte sich Lasseter nach seinem Aufbruch aus Ilbilla tatsächlich dem Lake Christopher zu, den er Anfang Dezember erreichte. Anstatt aber wie vereinbart dort auf die Expeditionsgruppe zu warten, zog er weiter in Richtung der verbotenen Gibson-Wüste.

Stellenweise lassen sich Lasseters Spuren sehr gut verfolgen, da immer wieder Kamelmist sein Vorbeikommen beweist. Diese Spur zieht sich weitere fünf Tagesmärsche nach Westen, wo sie am Docker River endet, der hier direkt die westaustralische Grenze kreuzt. Dies ist das Gebiet der westlichen Petermann Ranges und der östlichen Rawlinsons.

▲
Der australische Trapper Bob Buck, der eine Suchexpedition nach Lasseter durchführte.

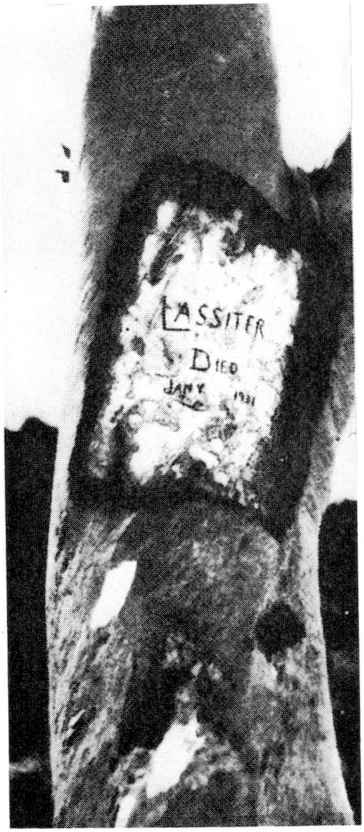

Der Baum, unter dem Lasseter begraben wurde. ▶

Dies ist das Gebiet, in dem sich irgendwo das Riff befinden muß. Von hier aus muß Lasseter wieder den Weg zurück genommen haben. Als Buck und seine Leute das Terrain durchkämmen, stoßen sie auf eine Höhle, die Spuren eines Lagers aufweist. Unter der Asche eines Lagerfeuers vergraben finden sie schließlich eine Blechbüchse, in der sich zu Bucks Überraschung der Taschenkalender Lasseters befindet. Auf der ersten Seite befindet sich ein Eintrag vom 2. Dezember 1930, in dem Lasseter notiert hat:

»Ich war hier am Lake Christopher, hundert Meilen von der Grenze Westaustraliens entfernt, und von hier aus habe ich das Riff wiedergefunden. Diesmal habe ich gepflockt (Claim abgesteckt) und in einen Pfosten das Datum eingeritzt und diesen fotografiert. Der Pfosten steckt in einem Wasserloch, und das Foto zeigt in Richtung Norden. Fünf Tage habe ich bis hierher gebraucht, und nun stelle ich fest, daß das Gebiet anscheinend eine

Kultstätte der Eingeborenen ist. Ich kann nur hoffen, daß sie die Pflöcke stehenlassen.«

In krakeliger Schrift folgen dann verschiedene Einträge, aus denen das Schicksal des unglücklichen Mannes hervorgeht. Das Unglück nahm seinen Lauf, als ihm die Kamele durchgegangen waren. Tagelang irrte er umher, ohne Wasser und halbblind von Sand und Sonne, bis er dann auf die Höhle stieß. Lasseter hoffte, daß das Suchflugzeug bis hierher kommen und ihn finden würde. Seine Ledertasche mit seinem Notizbuch hatte er an seiner letzten Lagerstätte vergraben.

Die letzte Eintragung in seinem Kalender lautet:

»Mein Gott, warum kommt mir niemand zu Hilfe? Jetzt im Angesicht des nahen Todes weiß ich, daß es ein großer Fehler war, Paul zu überreden, mich allein gehen zu lassen. Ich fürchte mich vor diesem einsamen Tod.«

Nach Bob Bucks Rückkehr schließt John Bailey die Akte, und die Gesellschaft löst sich auf. Die Suche nach dem sagenhaften Goldriff jedoch hält unverändert an, und jährlich begeben sich Dutzende von Expeditionen in den Busch Zentralaustraliens. Das sagenhafte goldene Riff zu finden ist bisher keiner gelungen, jedoch ein sensationeller Fund wurde gemacht. Der Abenteurer Michael Terry stieß 1932 im Gebiet der Petermann Ranges auf einen verwitterten Baum, in dessen Stamm eingeschnitten war: »Lasseter 2. 12. 30.« In der Umgebung befanden sich Reste von Lagerfeuern, und wie bereits Bob Buck wurde auch Terry unter der Asche fündig. Zutage kommt Lasseters Ledertasche mit seinem Notizbuch, in dem mehrere Seiten mit Skizzen und Kartenfragmenten gezeichnet sind. Aber auch diese Skizzen und Aufzeichnungen scheinen nicht viel geholfen zu haben, denn bis auf den heutigen Tag ist das goldene Riff nicht wieder gefunden worden.

Daß es existiert, ist absolut unumstritten; als Beweis dafür gelten die Proben, die Harding im Mining Office abgeliefert hat. Aber auch die Existenz ähnlicher Riffe, wenn auch nicht von solchem Ausmaß, dienen als Beweis. Earls Riff, Wyckham's Riff, Dead Mans's Riff oder Hillier's Riff weisen absolut Parallelen zu dem Riff des Lewis Harold Lasseter auf. Die goldene Mauer zu finden ist sicher schwer, aber genauso sicher möglich. Vorausgesetzt jedoch, das Problem wird mehr analytisch als goldgierig angegangen. Zu viele Anhaltspunkte und Fakten sind vorhanden, als daß nicht eines Tages wieder einmal die Zeitungen in Australien vermelden könnten: Fünfzehn Kilometer langes Goldriff in den Petermann Ranges entdeckt!

DAS SKELETT AUF DER SCHATZTRUHE

Schatz und Insel sind zwei Begriffe, die spätestens seit Robert Louis Stevensons Weltbestseller »Die Schatzinsel« zusammengehören. Inzwischen gibt es kaum ein Gewässer der sieben Weltmeere, in dem nicht von der Existenz mindestens einer Schatzinsel berichtet ist. Selbst Stevensons Insel wurde schon in alle möglichen Gewässer und Regionen verlegt. So soll es sich einmal um die Insel La Trinidad im Atlantik handeln, ein andermal um eine Insel der Virgin Islands, und ein Tauchreise-Unternehmen versteigt sich gar zu der Behauptung, es käme nur eine kleine Insel bei Kuba in Frage. Natürlich deshalb, weil das Unternehmen möglichst viele Touristen dorthin karren möchte. Unwillkürlich taucht die Frage auf, gibt es denn wirklich eine Schatzinsel? Die Antwort lautet: Es gibt unzählige viele Inseln, in deren Sand und Boden Schätze vergraben wurden, aber *DIE* Schatzinsel gibt es weltweit nur einmal. Trotzdem ist es natürlich auch nicht falsch, all diese verschwiegenen Versteckplätze als Schatzinseln zu bezeichnen. Allerdings gibt es Grenzen. Wer Großbritannien eine »Schatzinsel« nennt, hat zwar grundsätzlich recht, da es im Sinn des Wortes eine Insel ist, jedoch als wirkliche Schatzinseln gelten nur solche Eilande, die eine bestimmte Größe nicht überschreiten und auch sonst noch verschiedene Spezifikationen aufweisen. So waren diese beliebten Rast- und Ruheplätze der Freibeuter und Piraten meist unbewohnt und lagen in der Regel abseits stark frequentierter Schiffahrtsrouten. Solche Schatzinseln sind beispielsweise Reunion, St. Marie, Suwarrov, Tortuga, Oak Island oder Malpelo Island. Eine aus zwei Inselchen bestehende Gruppe vor der nordwestafrikanischen Küste wird seit dem Jahre 1813 ebenfalls als Schatzinsel bezeichnet und dies, wie die nachfolgende Geschichte zeigt, durchaus zu Recht.

Den berühmten Stein ins Rollen brachte, wie in manch anderer Geschichte, ein Seemann, der sich als Führer anbot und angab, bestimmte Informationen über das Versteck zu haben.

Zu Beginn des Jahres 1813 erhielt der Marinebefehlshaber in Portsmouth, Sir Richard Bickerton, ein Schreiben des damaligen Staatssekretärs der Admiralität. In diesem Schreiben wurde Sir Richard angewiesen, einen Seemann, der Informationen über einen verborgenen Schatz haben sollte, auf dem nächsten Schiff der Krone, das Madeira anlaufen würde, mitzunehmen. Damit, so der Staatssekretär, sollte die Geschichte auf ihren Wahrheitsgehalt geprüft werden.

Zufälligerweise lag zu jenem Zeitpunkt tatsächlich ein Schiff im Hafen von Portsmouth, die »Prometheus« unter dem Kommando von Kapitän Hercules Robinson, dem nun dieser Befehl der Admiralität übermittelt wurde. Nachdem Robinson den Befehl kopfschüttelnd zur Kenntnis genommen hatte, öffnete er das Kuvert, das das Siegel der Krone und einen Geheimvermerk trug. In der akkuraten Schrift des Staatssekretärs, die einen pedantischen Charakter verriet, war auf engbeschriebenen Bögen die Geschichte des Seemannes Christian Cruise protokolliert.

Vor einigen Jahren wurde der Seemann Christian Cruise mit Gelbfieber ins Hospital von Santa Cruz eingeliefert, zusammen mit einem spanischen Seemann, der drei oder vier Reisen auf dem selben Handelsschiff gemacht hatte, auf dem auch Cruise Dienst tat. Obwohl das Gelbfieber Cruise schwer erwischt hatte, erholte er sich doch sehr schnell wieder, während der Spanier, der anfangs weniger stark erkrankt war, zusehends dem Siechtum verfiel. Einige Tage vor seinem Tod rief er Cruise zu sich und sagte, daß er ihm etwas berichten müsse, was ihn belaste und erstattete den folgenden Bericht:

Im Jahre 1804 heuerte er in Südamerika auf einem spanischen Schiff an, dessen Zielhafen Cadiz war. Das Schiff war bis unter die Speigatts vollgeladen mit Naturprodukten. In der Kajüte des Kapitäns aber war die weitaus wertvollere Fracht; einige Kisten und Truhen mit zwei Millionen Dollar in Gold. Die Überfahrt verlief ohne besondere Zwischenfälle, und sie befanden sich nur noch einige Tage von der spanischen Küste entfernt, als sie einem neutralen Schiff begegneten. Vom Kapitän dieses Schiffes erfuhren sie, daß ein Verband von vier Galeonen von einer Flotte englischer Fregatten genommen worden war. England hatte Spanien den Krieg erklärt, und eine Kreuzerblockade von Trafalgar bis Cap Finisterre würde es jedem Schiff unmöglich machen, Cadiz oder irgendeinen anderen Hafen Spaniens zu erreichen. In Anbetracht dieser beinahe aussichtslosen Situation beriet sich der Kapitän mit der Mannschaft, um einen Ausweg zu finden. Umzukehren und wieder nach Südamerika zurückzusegeln kam nicht in Frage, und der Kapitän entschloß sich, in die nördliche Karibik zu segeln mit Kurs auf die Westindischen Inseln. Dort hoffte er, wenigstens das Gold in Sicherheit bringen zu können. Diese Entscheidung stieß bei der Mannschaft aber auf wenig Gegenliebe – sie hätte lieber versucht Cadiz zu erreichen, und darüber kam es beinahe zur offenen Meuterei. Letztendlich nahmen sie den Entschluß des Kapitäns aber doch hin. Hakenschlagend, um dem wahrscheinlichen Kurs der Kreuzer auszuweichen, erreichten sie das Seegebiet einige Grade südlich von Madeira, wo der Kapitän hoffte, wieder günstigen Wind zu finden. Die allgemeinen Zustände an Bord hatten sich zusehends verschlechtert; die Verpflegung bestand überwiegend aus Notrationen, und das Wasser war nur noch eine brackige, faulige Brühe. Die Stimmung der Mannschaft war gereizt und glich einem Pulverfaß, dem nur noch die Lunte fehlte. Immer mehr freundeten sich mit dem Gedanken an Auflehnung und Gewalt an, aber bisher waren noch Hemmungen vorhanden, dies offen zu zeigen. Eines Morgens befand sich das Schiff nahe einer Gruppe kleiner unbewohnter Inseln, etwa 50 Meilen (240 km) südlich von Madeira und fast auf dem selben Längengrad gelegen. Den Namen der Inselgruppe wußte der Erzähler nicht, aber immerhin konnte er sie vortrefflich beschreiben. Die mittlere Insel maß etwa drei Seemeilen im Umfang (ca. 5 km) und ragte hoch und flach aus dem Wasser. Der Bewuchs war durchaus grün, und allem Anschein nach war sie unbewohnt. Ein verlockender Ort – zumindest für das Vorhaben, das jedem Seemann den Strick eingebracht hätte: Meuterei! Die Versuchung war unwiderstehlich: Dies war der Ort, wo alles versteckt werden konnte. Weshalb Risiken eingehen, um den Engländern auszuweichen, nur um dem Eigner und dem Kapitän zunutzen zu sein? Warum nicht sich selbst etwas vermeintlich Gutes tun? Die böse Saat ging auf. Man lauerte dem Kapitän auf, und als dieser aus seiner Kajüte trat wurde er niedergestochen. Die Meuterer brachten das Schiff in eine Bucht im Süden der nahegelegenen Insel und schafften dann die Leiche des Kapitäns und die Kisten mit dem Schatz an Land. In einer gemütlichen kleinen Bucht hoben sie einen Graben im Sand oberhalb der Hochwassermarke und versenkten die Kisten mit den Dollars darin. Nachdem eine Schicht Sand darübergeschaufelt war, legten sie auch die Leiche des Kapitäns hinein, so daß jeder, der zufällig auf den Leichnam stoßen sollte, zu graben aufhören würde. Nachdem sie die Spuren des schändlichen Tuns sorgfältig verwischt hatten, lichteten sie die Anker und nahmen südlichen Kurs mit Ziel Karibik. Der Plan sah vor, eine neutrale Insel zu erreichen, um dort das Schiff auf Grund laufen zu lassen oder in Brand zu setzen. Mit dem Teil des zurückbehaltenen Geldes wollte man dann ein kleines Schiff kaufen, um unter der englischen oder einer anderen Flagge das Versteck wieder aufzusuchen und den Schatz unbemerkt zu holen. All ihre schönen Pläne schlugen jedoch fehl: Aufgrund ihrer mangelhaften Navigation fuhren sie an Tobago vorbei und liefen im Sturm auf ein Riff. Diesen fürchterlichen Schiffbruch überlebten nur zwei

Mann der Besatzung, die nach St. Thomas gebracht wurden, wo einer von ihnen starb. Der einzige Überlebende war der spanische Seemann, der Christian Cruise den Hergang der Geschichte schilderte. Angaben zum Eigner, dem Ausgangshafen, dem genauen Datum oder zu anderen Einzelheiten konnte der Mann nicht mehr machen.

Nachdem Kapitän Robinson das Protokoll aufmerksam gelesen hatte, rief er Christian Cruise zu sich und erteilte ihm genaue Verhaltensregeln der übrigen Mannschaft gegenüber. Insbesondere schärfte er Cruise ein, niemandem etwas von dem zu sagen, was er wisse oder was er beruflich mache. Um ihn von der übrigen Mannschaft zu trennen, wies ihn Robinson an, die Mahlzeiten mit dem Steuermann einzunehmen und auch keine Arbeiten an Bord auszuführen. Cruise erklärte sich damit einverstanden und entgegnete dem Kapitän, er würde alles tun, was man von ihm verlange. Ein paar Tage später legte die »Prometheus« ab und erreichte nach einer Woche Überfahrt den Hafen von Funchal auf Madeira.

Während der Reise nahm Kapitän Robinson die Gelegenheit wahr, den Schweden auf sein Wissen zu prüfen und die mündlichen Angaben mit dem Protokoll zu vergleichen. Schlußendlich kam der Kapitän zu der Überzeugung, daß die Glaubwürdigkeit seines Passagiers nicht in Frage zu stellen sei. In seinen Berichten und Niederschriften beschäftigte sich Robinson beinahe analytisch mit den einzelnen Ausführungen des Protokolls und Cruises Aussagen.

So vermerkte er: »Hatte er vielleicht nicht ein Interesse daran, diese Geschichte zu erfinden? Warum erzählte er sie nicht schon früher? Ist nicht der kaltblütige Mord am Kapitän des spanischen Schiffes unfaßbar barbarisch und die Art der Beerdigung des Körpers über dem Schatz gar zu dramatisch? Oder hat vielleicht der Spanier aus Lust an der Lüge die Unwahrheit gesagt und seinem Decksgenossen nur Seemannsgarn vorgesponnen?« Genauso analytisch, wie er die Fragen formulierte, beantwortete er sie gleich darauf im Gegenzug.

»Was das erste Problem angeht, so bin ich völlig von der Ehrlichkeit Christian Cruises überzeugt und glaube, daß ich mich in seinem Charakter wohl kaum täusche. Daß er nur bei erfolgreicher Suche einen Anteil will, bestätigt mich in dem Glauben, daß er es ehrlich meint. Und dann, was die Tatsache betrifft, daß er sein Wissen vier oder fünf Jahre lang zurückhielt, muß man ihm zugutehalten, daß der Krieg mit Dänemark ihn wirklich von jedem Verkehr mit England abgeschnitten haben konnte. Was den grausamen Mord angeht, befürchte ich, daß das nicht allzu unwahrscheinlich ist.

Wenn Eigennutz in die Waagschale geworfen wird, dann wiegt ein Menschenleben weniger als eine Feder. Ich selbst habe in unserem Dienst oft genug die völlige Mißachtung des menschlichen Lebens erlebt, besonders wenn es um Karrieren ging, waren selbst Männer von hohem Stand und Adel nicht davor gefeit. All das macht das Verhalten der Spanier in Anbetracht der großen Versuchung ausreichend verständlich. Was blieb, ist die Frage nach dem Bestattungsritual, dem etwas ganz besonders Theatralisches anhaftet. Doch auch das konnte Cruise mit der Erklärung der Abschreckung glaubhaft machen. Was die Annahme der Lüge betrifft, so wäre ein solches Verhalten bei einem schlichten ungebildeten Seemann ungewöhnlich und wider jeglicher Erfahrung. Auch war er, wie Cruise sagt, geistig völlig in Ordnung, so daß ich auch ausschließen möchte, er hätte phantasiert. Das Ergebnis meiner Erkundigungen und Überlegungen über dieses Thema läßt nur den einen Schluß zu, daß diese seltsame Abenteuergeschichte aus dem wirklichen Leben stammt und auf Wahrheit beruht. Und die Wahrscheinlichkeit für diese Wahrheit würde noch zunehmen, wenn die in Frage kommende Örtlichkeit – die Salvage-Inseln – denn auf sie weisen Breiten- und Längengrade hin, mit der Beschreibung des Dollargrabes übereinstimmen würden.«

Die »Prometheus« näherte sich der »Great Salvage«-Insel. Langsam umrundeten sie die Insel, die etwa fünf Kilometer Umfang hatte. Steil stiegen die Klippen an den Ufern zwanzig bis dreißig Meter hoch auf. Die Insel selbst war flach und mit Grünzeug bewachsen. Im Osten der Insel öffnete sich eine Bucht mit einem breiten Sandstrand und einer kleinen Fläche oberhalb der Hochwassermarke. Alles in allem glich die Örtlichkeit der, die Christian Cruise beschrieben hatte. Kapitän Robinson fragte den Schweden, ob dies die Stelle sei, und der Seemann antwortete: »Kein Zweifel, das muß der Platz sein.« Hercules Robinson verpflichtete nun die Offiziere zur Geheimhaltung und erzählte ihnen dann die Geschichte. Die übrige Mannschaft sollte nur die halbe Wahrheit erfahren, nämlich daß auf der Insel nach einem Ermordeten gesucht würde, der irgendwo oberhalb der Hochwassermarke begraben sei. Sechzig Mann der Besatzung wurden an Land gesetzt, ausgestattet mit Grabungswerkzeugen und dem Versprechen, daß der Finder der Leiche eine Belohnung von einhundert Pfund bekommen würde. Die Begeisterung der Suchmannschaft hielt sich jedoch in Grenzen – angesichts der Aufgabe, die sie erwartete. Der feine weiße Sand erstreckte sich nämlich rund um die gesamte Bucht, und zwischen der Hochwassermarke und dem Fuß der Felsen dehnte sich eine weite Fläche

Die Bucht der Great Salvage-Insel.

aus. Diese, das war Kapitän Robinson klar, war nicht einmal in einem Monat umzugraben. Robinson entschied sich deshalb für die Mitte der Bucht und ging von dort über die Hochwassermarke hinaus bis zu jenem Punkt, von dem er meinte, daß hier die Brecher der See zum Stillstand kommen würden. Hier an dieser Stelle, so nahm er an, würde ein Mann wahrscheinlich eine schwere Last abwerfen. Sie gruben ein tiefes Loch, in dem sie aber außer Muschelschalen und Steinen nichts fanden. Eher halbherzig stocherten die Männer der »Prometheus« mit Bootshaken im Sand, und nach einigen weiteren erfolglosen Grabungen brach der Kapitän die Suche ab und befahl die Mannschaft wieder an Bord zurück. Nach der Rückkehr in Madeira erreichten den Kapitän andere Befehle der Admiralität, die die Rückkehr nach England vorsahen; außerdem hielt das Flottenkommando nach dem Bericht Robinsons nichts mehr von der Geschichte und betrachtete die Angelegenheit als erledigt.

Hercules Robinson dagegen hatte die Geschichte noch nicht zu den Akten gelegt. In seinem Tagebuch notierte er:

»Wenn man mich nach meiner Meinung fragt, dann würde ich sagen, daß es mir durchaus wahrscheinlich erscheint, daß solche Ereignisse stattgefunden haben. Ich glaube daran so fest, daß es meiner Ansicht nach die Zeit jedes Seefahrers wert wäre, die Suche fortzusetzen.«

In nächster Zeit jedoch gab es für Kapitän Hercules Robinson keine weitere Möglichkeit, den Salvage-Inseln einen Besuch abzustatten. Seine Verpflichtungen im Dienste seiner Majestät nahmen ihn vollends in Beschlag. Erst dreiundvierzig Jahre später, inzwischen im Rang eines Vize-Admirals der Krone, schien sich der bereits siebenundsechzigjährige Robinson wieder an den Schatz der Salvage-Inseln zu entsinnen. Mit der Yacht »Seadrift« unternahm er 1856 noch einmal eine Expedition dorthin. Robinson war felsenfest davon überzeugt, daß sich das Gold noch immer unberührt dort befinden würde.

Diese Überzeugung stützte sich auf ein Schreiben, das der britische bevollmächtigte Generalkonsul Henry Veitch in Madeira am 16. März 1813 an die Admiralität schickte. In diesem Schreiben hieß es:

Die zerklüftete Küste der kleinen Salvage-Insel.

»... Ich halte es für sehr wahrscheinlich, daß sie (die Schätze) immer noch dort sein könnten, da nach meinem Wissen diese Inseln in den letzten sieben bis acht Jahren nicht besucht wurden. Es sind zwei an der Zahl, die durch ein höchst gefährliches Felsenriff miteinander verbunden sind. Sie gehören einem Einwohner Madeiras, der früher alljährlich ein Schiff hinsendete, um Barvilla-Kraut zu laden und um junge Seemöwen zu fangen, die gesalzen und auf Madeira verkauft wurden und aus denen manchmal Öl extrahiert wurde, aber nachdem die letzte Expedition dieser Art sehr unglücklich ausging – das Schiff verloren – der Eigner dadurch fast ruiniert und die Mannschaft letztlich von dort gerettet durch ein Schiff, das zu diesem Zweck auf Kosten der hiesigen Regierung entsendet wurde – wurden solche Expeditionen seither nicht wieder aufgenommen, und ich glaube, daß die Insel seither nie wieder von irgendwelchen Personen besucht wurde.«

Diese Ausführung scheint durchaus glaubhaft, besonders auch, was die erwähnten Gefahren durch Riffe und Klippen betrifft. Die Gewässer um die Salvage-Inseln wurden von fast allen Schiffen gemieden – wer nicht unbedingt dorthin mußte, machte einen großen Bogen darum. Bereits das »Atlantik Handbuch« beschrieb die Gegend um die Insel sehr eindrücklich:

»Die Salvages bestehen aus einer Insel namens Ilha Grande oder Great Salvage, einer größeren namens Great Piton und einer kleineren namens Little Piton, zu der verschiedene Klippen gehören. ... sie ist von unregelmäßiger Gestalt und hat eine Anzahl Riffe, die innerhalb einer Seemeile um sie herum liegen. Sie ist überall mit Gefahren umgeben, von denen die meisten sichtbar sind, aber viele höchste Vorsicht bei der Annäherung erfordern. Die ganze östliche Seite ist felsig und gefährlich.«

Die Expedition landete diesmal auf Great Piton, da Robinson vermutete, die Angaben bezögen sich auf diese Insel. Tagelang wühlten die Männer Loch um Loch und Graben um Graben – aber alles, was sie fanden, waren nichts als morsche Walfischknochen. Entnervt gaben sie auf und segelten weiter zur Insel La Trinidad, vor Brasilien, um dort nach dem Kirchenschatz von Lima zu suchen!

Einige Jahre später folgte noch einmal eine kleine Expedition, die aber ebenfalls erfolglos verlief. Nun wäre es ein Leichtes, diese Geschichte einfach ins Reich der Fabeln und des Seemannsgarnes zu verweisen, gäbe es da nicht noch eine andere, die einige Taucher vor etwa dreißig Jahren berichtet haben.

In solchen Schatzkisten aus schwerem Eisen wurde das Gold transportiert.

Im Sommer 1958 traf sich im Hafen von Puerto de la Cruz auf Teneriffa eine Gruppe spanischer und holländischer Taucher, um mit einer Yacht einen Tauchtörn zu machen. Bei der Diskussion um ein geeignetes Tauchrevier schlug einer der Spanier vor, zu den Salvage-Inseln zu fahren, um dort Fische zu harpunieren. Die Gewässer um die Salvages gelten auch heute noch als fischreiche Gründe, in denen nicht nur spanische, sondern auch zahlreiche portugiesische Fischer ihre Fischgründe haben. Die Überfahrt zu den Salvage-Inseln ist weder von Madeira noch von den Kanaren aus eine besonders weite Strecke. Die Inselgruppe liegt beinahe in der Mitte zwischen beiden. Für die Strecke von 85 Seemeilen benötigte die Yacht etwa 14 Stunden. In der Bucht von Great Salvage wurde Anker geworfen.

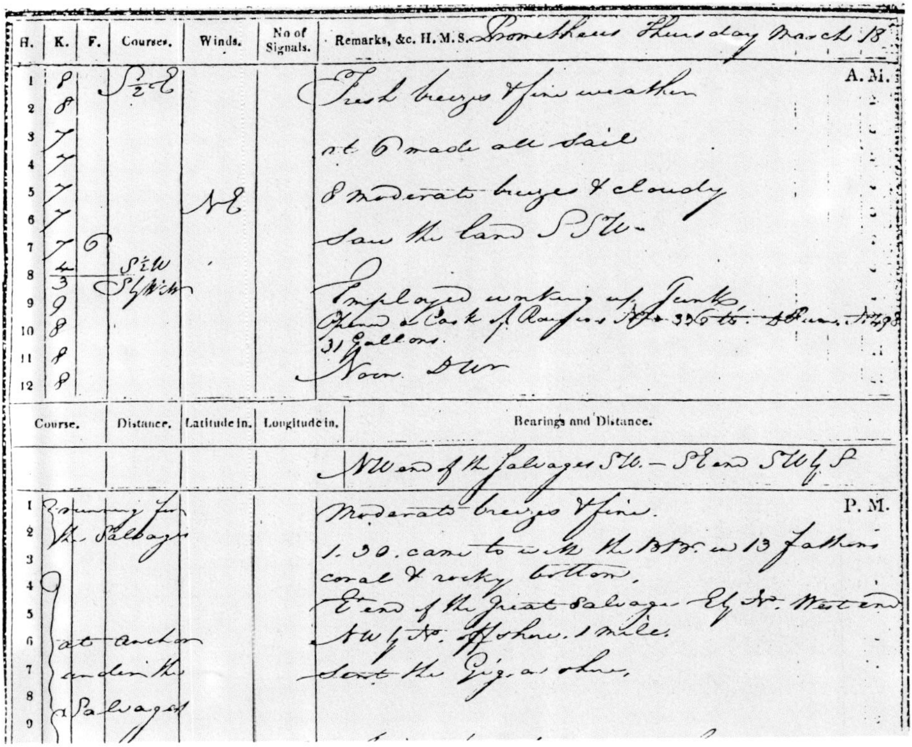

Auszug aus dem Logbuch der »HMS Prometheus« von Kapitän Robinson.

Es war bereits dunkel geworden, und deshalb beschlossen die Männer, früh am nächsten Morgen den Tauchgang einzulegen. Um zehn Uhr vormittags bereiteten sie sich vor, in zwei Gruppen auf Harpunenjagd zu gehen. Das Wasser war herrlich klar, und der korallenbewachsene Grund war gut zu sehen. Die Wassertiefe in dieser Bucht betrug dicht am Ufer, wo die Yacht ankerte, zwischen sechs und acht Meter. Einer der Taucher machte einen fetten Barsch aus und folgte ihm mit der Harpune. Dabei machte er eine seltsame Entdeckung. Dicht am Ufer in sechs Metern Tiefe fielen ihm geformte Korallen auf, die zu regelmäßig waren, als daß sie natürlichen Ursprungs sein konnten.

Als sie sich wieder auf der Yacht versammelt hatten, erzählte er seinen Kameraden von den Beobachtungen, und sie beschlossen, sich die Sache nachmittags genauer anzusehen.

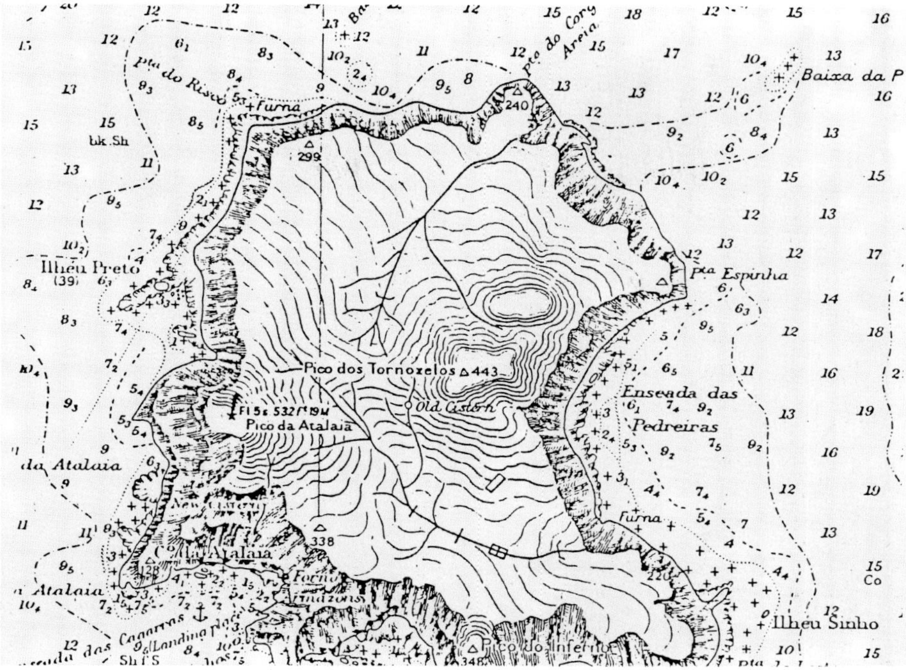

Seekartenausschnitt der Great Salvage.

Bewaffnet mit Brecheisen und Messern tauchten sie hinab, und als sie einige Zeit an einem der Blöcke herumgehackt hatten, entdeckten sie darunter eine Bronzekanone. Wie die Berserker schufteten sie, bis die Kanone frei auf dem Meeresgrund vor ihnen lag. Mit der Deckswinde hievten sie das Rohr an Bord. Die Kanone wog beinahe eine halbe Tonne und war, obwohl offenbar sehr alt, in bestem Zustand. Sie waren vor Freude außer sich und sprangen auf dem Deck herum. Bei einem erneuten Tauchgang entdeckten sie zwei weitere Bronzekanonen und eine aus Eisen. Dieser Fund bedeutete viel Geld; in Spanien wurde für die Tonne Bronze über 1000 Dollar bezahlt.

Die Gruppe war außer Rand und Band. Kein Zweifel – hier war offenbar ein Schiff gestrandet oder angetrieben worden. Die Suche dauerte den ganzen nächsten Tag, und am späten Nachmittag gegen 17.00 Uhr tauchte einer der Holländer gurgelnd und wild gestikulierend bei der Yacht auf. Er hatte einen korallenverkrusteten Eisenbehälter von etwa einem Quadratmeter Oberfläche im Meeresgrund steckend entdeckt. Keiner von ihnen konnte sich vorstellen, was das sein konnte. Eine Schatzkiste – hofften sie alle. Tag und Nacht lief nun der Benzinmotor des Kompressors, um die Tauchflaschen zu füllen, während einer nach dem anderen immer wieder hinuntertauchte, um die Korallen um die seltsame Kiste herum loszuschlagen. Nach stundenlanger Schinderei waren die Seiten endlich soweit frei, daß sich ein Stahlkabel in einer Schlinge herumlegen ließ. Sie hängten den Schäkel ein und zogen mit der Winde an. Knirschend und ächzend setzte sich die Trommel in Bewegung. Das Stahlseil war gespannt wie eine Klaviersaite, und das Deck neigte sich, bis die Bordkante untertauchte. Das Jaulen der Winsch erging sich in schrille Töne, dann war plötzlich Totenstille. Der überstrapazierte Windenmotor war durchgebrannt. Der Eisenklotz auf dem Meeresgrund hatte sich keinen Millimeter bewegt! Mit der Begeisterung der Entdecker machten sie sich wieder ans Werk und schlugen die Korallen unter der Kiste soweit sie nur reichen konnten, ab.

Kartenausschnitt der Little Salvage.

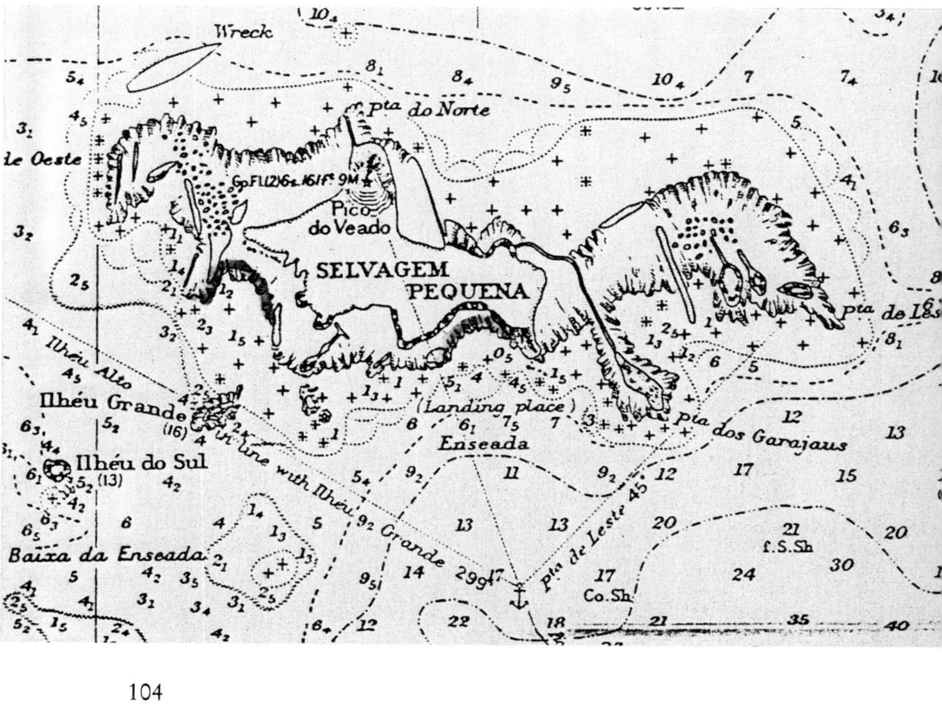

Nachdem der Windenmotor repariert war, starteten sie einen erneuten Versuch, aber die Eisenkiste weigerte sich standhaft, aufzutauchen, beziehungsweise, sich auch nur einen Zentimeter zu bewegen. Als letzter Ausweg blieb nur noch, das »Ding« direkt anzugreifen. »Wir hackten an den Seiten und versuchten verzweifelt, ein Schloß zu finden, oder etwas, wo wir mit den Brecheisen ansetzen konnten, aber überall war nur ebenes rostiges Eisen. Die Flächen waren zu dick, um sie durchschlagen zu können« – erzählte später einer der Taucher. Nachdem sie sich tagelang mit der Kiste abgemüht hatten, gaben sie schließlich auf und kehrten nach Teneriffa zurück, wo sie die Kanonen als Schrott verkauften. Unglücklicherweise wurden diese eingeschmolzen, deshalb war jede Möglichkeit einer Identifizierung vertan. Die Beschreibung, die die Taucher später abgaben, reichte nicht aus, um eventuell Typ und Herkunftsland ermitteln zu können. Vier Monate später lief aus dem Hafen von Santa Cruz eine geheime Bergungsexpedition aus, ausgerüstet mit einer großen Yacht und versehen mit einer Drei-Tonnen-Winde. Wieder war das Ziel die Salvage-Inseln. Die gleiche Gruppe von Tauchern versuchte nun, besser vorbereitet und ausgerüstet als beim ersten Mal, der Eisenkiste beizukommen. Diesmal schafften sie das Kunststück, die Korallen unter dem Klotz vollständig zu beseitigen. Nun schien dem Bergungserfolg nichts mehr im Wege zu stehen. Aber auch diesmal war jegliche Mühe vergebens. Die Kiste – oder was es auch immer war – lag wie festzementiert auf dem Grund der Bucht. Dieser Würfel von nur einem Kubikmeter war nicht zu heben. Die Schatzsucher gaben ihr Vorhaben schließlich ganz auf und kehrten zurück.

ANALYSE

Diese Geschichte der schweren eisernen Kiste einzuordnen, ist nicht leicht. Auf den ersten Blick ist kein Zusammenhang mit der Geschichte des schwedischen Seemannes Christian Cruise zu erkennen. Möglicherweise gibt es aber doch Zusammenhänge mit dem Skelett auf den Schatzkisten, die von den Meuterern auf einer der Inseln vergraben worden sein sollen.

Die Schilderung der »Cruise-Geschichte« klingt – wie Kapitän Robinson auch in seinem Bericht vermerkte – durchaus glaubwürdig. Der Grund, weshalb die »Prometheus«-Expedition beim ersten Versuch so kläglich scheiterte, liegt erstens darin, daß man ziellos, nur auf eine Vermutung hin, einfach ein paar Löcher grub, und dann nach ein paar Stunden das

Vorhaben abbrach. Wenn die Örtlichkeit in der Größenordnung so dimensioniert ist, wie Hercules Robinson anführt, indem er die Fläche als »so groß, daß man einen ganzen Monat graben könnte, ohne etwas zu finden« bezeichnet, dann dürfte die Entscheidung, einfach in der Mitte zu graben, falsch gewesen sein. Selbst die Meuterer hätten in diesem Fall wahrscheinlich das eigene Versteck nicht wiedergefunden. Also muß sich das Dollargrab ziemlich dicht unter den Klippen befunden haben, von wo aus es ein leichtes ist, nur durch Abschreiten die Stelle wiederzufinden. Jegliche Suche ohne entsprechende technischen Ortungsgeräte ist in diesem Fall absolut sinnlos. Interessanterweise ist die bezeichnete Bucht dieselbe, in der auch die Tauchgruppe den überraschenden Fund gemacht hatte. Mit Sicherheit befinden sich in der Nähe noch wesentlich mehr Kanonen, als nur die vier gefundenen. Der Meeresgrund müßte übersät sein mit den vielfältigsten Relikten, die Aufschluß über Größe, Art und Herkunft des Schiffes geben, um dessen Überreste es sich zweifellos handelt. Nachdem die Taucher erst einmal die Kiste entdeckt hatten, wurde die Suche nach weiteren Beweisstücken nicht mehr fortgesetzt, sondern alles konzentrierte sich nur noch auf die Hebung des Klotzes. Um welche Art Wrackreste es sich dabei handelt, ließe sich erst dann feststellen, wenn schlüssige Beweisgegenstände aufzufinden wären. Nicht ausgeschlossen, daß es sich um ein ehemaliges Schiff der spanischen Flotte handelte; die Salvage-Inseln liegen in etwa auf der Höhe, in der die Silberschiffe den Atlantik überquerten. Deshalb könnte es durchaus möglich gewesen sein, daß ein Schiff im Sturm oder steuerlos auf die Klippen um die Inseln aufgelaufen ist und dann von Wind und Strömung in die Bucht getrieben wurde. Die Brandung zerschlug innerhalb kürzester Zeit das Schiff, und die Kanonen sowie die eiserne Kiste blieben auf dem Grund des Meeres liegen und wurden im Laufe der Zeit von Korallen überwachsen. Die gescheiterten Bergungsversuche lassen darauf schließen, daß das Gewicht enorm sein muß. Aus der Art und Form des Quaders könnte man schließen, daß es sich um einen jener Schiffstresore handelte, für deren Fertigung neuspanische Schmiede berühmt waren. Wenn diese Kiste nur zu einem Drittel beispielsweise mit Gold gefüllt wäre, dann betrüge das Gewicht bereits mehr als 6 Tonnen!

Kein Wunder, daß in diesem Fall die Winschen versagten. Ein Zusammenhang mit der Geschichte Cruises könnte insofern bestehen, als daß die Mannschaft den Tresor über Bord gewuchtet hätte und auch sich der Karronade entledigt hätte – vielleicht, um das Schiff schneller zu machen. In diesem Fall aber bliebe die Frage offen, in welchem Zusammenhang der

Rest der Geschichte stünde. Alles in allem zwar rätselhaft, aber trotzdem plausibel genug, um zu dem Schluß zu kommen, daß es sich lohnen könnte, eine gründliche Suche auf den Salvage-Inseln durchzuführen. Denn nach allem, was über diese beiden Geschichten an Fakten existiert, ist die »Great Salvage« in die Kategorie »Schatzinseln« einzureihen.

DER GOLDSCHATZ VON HINTERSEE

Die meisten verschollenen Schätze basieren auf Ereignissen der Weltgeschichte, die von großer Tragweite waren, so daß selbst heute noch nach so langer Zeit zumindest die geschichtlichen Hintergründe und Umrisse deutlich sind. Von Nachteil für eine erfolgreiche Forschung sind dagegen große Zeitspannen. Je kürzer der Zeitabstand von der Verbringung eines Schatzes bis zur Nachforschung ist, desto größer ist die Wahrscheinlichkeit, eine erfolgversprechende Spur zu finden. Je mehr über Umstände und Hintergründe berichtet ist, desto eher lassen sich Informationen filtern. Nicht immer muß die Geschichte eines Schatzes auf Raub basieren, wie dies bei den meisten Piratenschätzen der Fall ist. Oft genug war die Ursache eine Sicherheitsverbringung und von höchster Stelle angeordnet. Versierte Schatzsucher wissen, daß eine Spur um so heißer ist, je jünger die Verbringung war. Als bestes Beispiel anzuführen ist in dieser Hinsicht Deutschlands jüngste Vergangenheit. Die Machthaber des Dritten Reichs orientierten sich außergewöhnlich stark an der Antike, und einer ihrer beinahe krankhaften Dränge war die manische Sammelwut in Bezug auf Kunstwerke und Edelmetalle. Diese Sammelwut beschränkte sich nicht auf einige Wenige; sie zog sich durch alle Schichten und Kreise des Regimes. Die bis zu Kriegsende angehäuften Kunstwerke und Werte lassen sich höchstens noch mit den Schätzen der Inkas vergleichen. Dieser krankhafte Sammelwahn trieb bei einigen Leuten aus dem Dunstkreis Hitlers dabei durchaus seltsame und beinahe kurios anmutende Blüten. Hermann Göring, größenwahnsinniger »Generalfeldmarschall« – im Volksmund »Schweinchen« genannt, verstieg sich gar soweit, seinen Luftschutzbunker auf dem Obersalzberg mit musealen Artefakten auszustatten, so daß die unterirdische Anlage einer Kunsthandlung glich. Göring war ständig bemüht, seine Sammlungen zu vergrößern, was ihn nicht selten in Interessenskonflikt mit Hitler brachte, der die Leidenschaft seines Speichelleckers teilte. Als sich dann 1944/45 das Ende der Schreckensherrschaft abzuzeichnen begann, wurde ein Großteil an Energie und Mühe darauf verwandt, Verstecke zu organisieren und die Wertsachen für die Zeit »danach« in Sicherheit zu bringen. Unsere haßgeliebten Besatzer, die Amerikaner, machten sich in der Folgezeit regelrecht einen Sport daraus, Verstecke ausfindig zu machen, um diese dann in einmütigem Eigennutz zu plündern.

Milliardenwerte sind auf diese Art und Weise spurlos im Land der unbegrenzten Möglichkeiten verschwunden. Wie solche »Rückführungen« abliefen, läßt sich am ehesten am Beispiel des Salzbergwerkes von Merkers in Thüringen verdeutlichen.

Hier begleiteten zwei amerikanische Militärpolizisten zwei Frauen, die eine Hebamme zu einer Geburt holen wollten. Als sie an diesem 5. April 1945 am Eingang eines Salzbergwerkes vorbeikamen, unterhielten sich die beiden Frauen über das Gold, das angeblich darin eingelagert sei. Unglücklicherweise verstand einer der beiden GIs soviel Deutsch, daß er der Unterhaltung folgen konnte. Sofort am nächsten Tag inspizierte eine Gruppe Offiziere das Bergwerk und stieß dabei auf acht deutsche Zivilisten, die bereitwillig Auskunft gaben. Nachdem sich eine Tür nicht öffnen ließ, sprengten Pioniere eine Mauer, und die Amerikaner standen mehr als hundert Meter unter der Erde vor einer der größten Schatzkammern der Nazis. In den darauffolgenden Tagen war das gesamte 357. US-Infanterieregiment damit beschäftigt, die eingelagerten Schätze zu bergen und nach Frankfurt zu schaffen. Dabei fielen ihnen unter anderem 1000 Kisten in die Hände, die Gemälde von Dürer, Rembrandt, Renoir und Raphael enthielten, aber auch Teppiche und Skulpturen, sowie 120 Behälter mit Originalmanuskripten von Goethe. Den Hauptteil aber bildeten die Reserven der ehemaligen Deutschen Reichsbank, beziehungsweise einem Teil davon. 200 Tonnen Gold in Barren und Münzen, 2,75 Milliarden Reichsmark in Scheinen, 2 Millionen US-Dollar, 4 Millionen norwegische Pfund, 100 Millionen französische Francs, 110000 britische Pfund, 120 Kisten mit Schmuck und Juwelen sowie 40 Koffer mit Gold und Silbergeschirr. Als der Konvoi in Frankfurt ankam, waren große Teile spurlos verschwunden, und ein weiterer Großteil wurde sofort in die USA gebracht.

Dieses Lager war nur eines von vielen, das den Besatzern in die Hände fiel, aber nicht minder viele Verstecke gab es, die nicht aufgefunden wurden. Besonders die Verstecke der SS waren besonders gut gewählt, und wenn einmal eines bekannt wurde, dann gab es in der Nähe mindestens noch eines, das dem Zugriff entzogen blieb. Daran hat sich bis heute kaum etwas geändert. Die nachfolgende Geschichte handelt von einem dieser sagenhaften Nazischätze, und die Gegend, in der sich das Versteck befand, ist heute noch Schauplatz von Schatzsuchen.

Es beginnt am 28. Mai 1945 mit einem nächtlichen Besuch. Vor dem Anwesen des Ortsbauernobmannes der Gemeinde Hintersee, Alois Ziller, fährt ein Lkw der deutschen Wehrmacht vor. Ziller fällt ein Stein vom Herzen. Mehr als vierundzwanzig Stunden warten er und seine Frau Maria

Haus des ehemaligen Ortsbauernobmannes Alois Ziller. Hier soll der Schatz versteckt gewesen sein.

bereits auf die angekündigten Männer. Vor dem Hof entsteigen dem Fahrerhaus zwei Offiziere, die an ihrer Uniformierung unschwer als Mitglieder der berüchtigten SS zu erkennen sind. Als der Zillerbauer eine Bemerkung macht, daß er schon so lange auf sie warte, entschuldigt der ranghöhere der beiden die Verspätung mit der Erklärung, sie hätten sich verfahren und unterwegs übernachten müssen. Auf die Frage, ob alles vorbereitet sei, deutet Alois Ziller stumm auf den Stadel, der sich hinter dem Bauernhaus befindet. Der Fahrer klopft einige Male an die seitliche Bordwand des Lkws. Sieben weitere Uniformierte steigen daraufhin von der Ladefläche und beginnen, schwere Säcke in den Schuppen zu schaffen. Insgesamt 41 verplombte Jutesäcke verschwinden in Zillers Scheune, der anschließend das Tor schließt und sorgfältig versperrt. Die ganze Aktion hat nicht länger als zwanzig Minuten gedauert, und als der Lkw bereits gewendet hat, ruft der Wortführer Alois Ziller nur noch zu: »Bis morgen.«

Der linientreue Obmann weiß, auf was er sich eingelassen hat. Diese ganze »geheime Reichs-Kommandosache« wird ihm allmählich zu heiß. Dabei ist ihm auch klar, daß ihm im Grunde trotzdem nichts anderes übrig bleibt, als mitzuspielen. Die Idee zu dieser Aktion stammt aus dem Kopf des deutschen Reichsaußenministers, Joachim von Ribbentrop, der sich für die Zeit des Krieges sicherheitshalber auf Schloß Fuschl in Österreich zurückgezogen hat. Ribbentrop, wie viele andere hochgestellte Persönlichkeiten des NS-Regimes auch, glaubt an die dauerhafte Sicherheit der »Alpenfestung«. Dieses Schlagwort, gegen Ende des Krieges immer mehr propagiert – war nichts anderes als die Bezeichnung für den Alpenraum mit seinen unzugänglichen Tälern. Daß diese Bergregionen mit den bevorzugten Gebieten des Salzburgerlandes nicht nur ausgezeichnete Verteidigungsmöglichkeiten boten, sondern zudem erstklassige Unterbringungsmöglichkeiten für die angesammelten Kunstschätze sowie die Edelmetallkontingente, wußte Ribbentrop wohl am besten. In einem geheimen Reichsbefehl wurde daher angeordnet, die Edelmetallreserven in diesem Gebiet unterzubringen. Daß ausgerechnet die Scheune eines Bauern für eine dieser zahlreichen Ladungen ausgewählt wurde, lag lediglich an seiner Stellung als Ortsbauernvorsitzender, sowie der Tatsache, daß die heranrückenden Amerikaner wohl am wenigsten Verdacht auf Bauern haben würden. Deshalb spielte sich in der folgenden Nacht auf dem Hof Zillers dasselbe noch einmal ab. Wieder wird eine Lkw-Ladung in die Scheune geschafft und in das von Alois Ziller vorbereitete Loch gesenkt. Einundachtzig Jutesäcke und zwei große schwere Blechkisten finden hier vorerst die letzte Bleibe.

Nachdem das Loch wieder sorgfältig zugeschaufelt ist, wird darauf ein großer Haufen Stroh aufgeschichtet, so daß im Traum niemand auf die Idee kommen könnte, in dieser Scheune seien Millionen verborgen.

Nicht lange danach ist das wohl schaurigste Kapitel deutscher Geschichte zu Ende. Amerikanische Besatzungstruppen durchkämmen auch die entlegensten Winkel auf der Suche nach Angehörigen der Wehrmacht und vor allem der SS. Zwischen Bangen und Hoffen lebt Ziller unbehelligt auf seinem etwas abgelegenen Hof und wartet, ob etwas geschehen würde. Ziller muß ziemlich lange warten. Um genau zu sein, zwölf Monate. Dann, eines Tages, alarmiert ihn seine Frau, während er gerade im Stall die Kühe melkt, daß über die Straße aus dem Tal ein Militärkonvoi sich auf den Hof zu bewegt. Als die Jeeps vor dem Anwesen Halt machen, stehen die Zillers längst zum Empfang bereit. Ein Major der US-Army in Begleitung eines Captains entsteigen dem Fahrzeug, und der

Offizier fragt sofort in dem gedehnten Slang, der an einen Mund voll Kaugummi erinnert, nach Mr. »Ciller«. Ziller weiß, daß nur noch die sofortige Flucht nach vorne hilft. Vor allem, da er bereits jenen ehemaligen SS-Mann im Jeep erkannt hat, der die Aktion vor einem Jahr geleitet hat. »Meine Herren, ich weiß, weshalb sie kommen – ich habe sie schon erwartet.« Mit diesen Worten führt sie der Bauer in die Scheune und deutet auf den Haufen Stroh, unter dem sich die Säcke befinden. Ein Teil des Trupps macht sich daran, mit mitgebrachten Spaten das Versteck aufzugraben, während der Rest der Einheit mit den Waffen im Anschlag das Anwesen umstellt hat. Einundachtzig Jutesäcke und zwei schwere Blechkisten werden verladen und abtransportiert. Alois Ziller hat Glück. Ihm geschieht nichts. Als er aber dann zwei Jahre später aus der Zeitung erfährt, was alles in den Säcken und Kisten war, entfährt ihm doch ein ellenlanger österreichischer Bergbauernfluch.

Der stellvertretende Oberbefehlshaber der amerikanischen Streitkräfte in Österreich, Generalleutnant Geoffrey Keyes, teilt mit, daß es der ruhmreichen US-Army gelungen ist, geheime Goldreserven der ehemaligen deutschen Reichsregierung sicherzustellen, die als Finanzierung des Widerstandes gedacht waren. Das aufgefundene Gold wurde der österreichischen Regierung übergeben. »... Ich übergebe hiermit der österreichischen Regierung die besagten Goldbestände von Goldbarren- und Münzen im Schätzwert von ca. 4,7 Millionen Dollar.«

Daß diese Veröffentlichung nicht gerade glücklich ist, erfährt die Regierung in Wien einige Zeit später. Die Zeitungen berichten wieder über das gefundene Gold, aber diesmal in anderer Art und Weise. »Schwere Anschuldigung gegen die österreichische Nationalbank« lauten diesmal die Schlagzeilen. Was war geschehen?

Es hat den Anschein, als hätten verschiedene Leute eine Rechnung aufgemacht, deren Ergebnis war, daß einundachtzig Säcke voller Gold nie im Leben die Summe von 4,7 Millionen Dollar ergeben könnten. Und dies scheint in der Tat so zu sein. Legt man den damaligen Goldpreis zugrunde, dürften bei der angegebenen Summe rund eintausend Kilo fehlen! Der kühle Rechner, der der österreichischen Nationalbank den Skandal einbrockte, ist mit Sicherheit unter »Ehemaligen« zu finden. Die Zeitungen spekulieren bereits, wer der Eigentümer des Goldes und damit der rechtmäßige Besitzer ist. Die Österreicher pochen darauf, daß niemand anderer als sie in Frage kommt, da ihnen das Gold schließlich von den Amerikanern übergeben wurde. Der Kontrahent des Rechtsstreites, die italienische Regierung in Vertretung der Banca d'Italia, dagegen will sein

Eigentum wiederhaben, und die Chancen stehen nicht schlecht. Immerhin befand sich das Gold in Säcken mit der Aufschrift der italienischen Staatsbank, und die Italiener können nachweisen, daß diese aus einem Transport stammen, der 1944 von Franzensfeste in Südtirol nach Berlin in Marsch gesetzt wurde. Der Umfang des Transportes betrug damals einhundertfünfunddreißig Säcke. Obwohl somit der Eigentumsnachweis eindeutig geführt und auch die Rechtslage klar ist, haben die Italiener letztendlich doch das Nachsehen. Im Jahre 1953 entscheidet die amerikanische, englische und französische Kommission als letzte Instanz, daß das Gold zwar tatsächlich ursprünglich Eigentum der italienischen Regierung war, Österreich aber infolge des Zwangsanschlusses an das Deutsche Reich eine weitaus größere Menge Verluste an Gold gehabt hätte, und somit das Hintersee-Gold als eine Art »Anzahlung«, als Rückgabe gelte.

Wie hoch die »Provision« für diesen schlauen Spruch war, ist leider nicht bekannt!

Während des jahrelangen Hin und Hers um Eigentum und Rückgabe vergaß man aber, daß ein beträchtlicher Teil des Goldes noch zu fehlen schien, oder aber es wurde absichtlich ignoriert. Die Bevölkerung des Gebietes Hintersee dagegen scherte sich wenig um den Hick-Hack, sondern wesentlich mehr um den möglichen Verbleib des Restes. Auch in diesem Fall erweist es sich, daß das Volk oft klüger ist als die Herrschaft. Die Hinterseer und die Leute aus der Nachbargemeinde Faistenau gingen auf Schatzsuche. Mit wechselndem Erfolg. Unübersehbar aber ist der plötzlich einkehrende Wohlstand, der sich bei einigen sogar zum Reichtum neigt. In beiden Gemeinden wird gebaut auf Teufel komm raus, es entstehen die prächtigsten Bauerngehöfte, und das Grundbuchamt verzeichnet Besitzerwechsel wie nie zuvor. Geschäfte werden gegründet, und der mysteriöse Reichtum gipfelt darin, daß in der ärmsten Familie der gesamten Region, mit sechzehn hungrigen Mäulern, das Geld plötzlich keine Rolle mehr spielt. All diese Aktivitäten kommen einem Mann in Faistenau spanisch vor. Und dieser Mann muß es ja schließlich wissen, denn er ist der Dorfgendarm von Faistenau. Lange Zeit hat Anton Stainer das Treiben seiner Schäfchen beobachtet und sich seinen Reim darauf gemacht. Das umtriebige Getue veranlaßt ihn, sich selbst einmal ein wenig umzusehen in der Gegend, und dabei kommt ihm ein Umstand zugute: In den letzten Kriegstagen beobachtete er bei der alten Bosch-Mühle im Lämmerbachtal einen Wehrmachts-Lkw, der mehrere Stunden dort geparkt war. Was ihm aber noch mehr auffiel als der Wagen selbst, waren zwei Männer dieser Einheit, die ständig in den Überresten der Mühle aus und ein gingen. Stainer ist ein Glückskind: Unter einem Mühlstein findet er eine Munitionskiste, die so schwer ist, daß ihm nichts anderes übrig bleibt, als sich ebenfalls in die Reihe der nächtlichen Wanderer einzufügen. Als er dann mit seiner letzten Tour fertig ist, hat er sechshundert Kilo Goldmünzen in seiner bescheidenen Wachstube liegen. Zwei Nächte lang wohnen zwei Herzen in Stainers Brust: das pflichtbewußte und das gierige. Dann hat das Gierige verloren. Stainer bekommt eine Einladung der Landesgendarmeriekommandantur in Salzburg, wo ihm höchster Dank und zugleich die unglaublich großzügige Belohnung von tausend Schilling (einhundertfünfzig Mark) zuteil wird. Mit Dankurkunde und Geldgeschenk teilt man ihm aber auch mit, künftig die Polizistennase nicht mehr in solche Angelegenheiten zu stecken. Nun aber zeigt sich, daß Stainer entweder unbelehrbar oder aber ein ganz Gerissener war. Er wird nämlich wieder fündig. Seltsamerweise wieder in der alten Mühle, so daß der Schluß nicht ganz von der Hand zu weisen ist, daß Stainer schon von vorneherein dem vorgesetzten Braten nicht ganz getraut hat. Bei dem diesmal sicher recht kurzen Kampf um die neuerdings gefundenen drei Kilo Goldmünzen geht die Runde eindeutig an die Gier. Anders läßt sich die Tatsache nicht erklären, daß der Gendarm erwischt wird, als er auf dem schwarzen Markt versucht, die Münzen abzusetzen. Das Gericht gibt ihm sechzehn Monate Gelegenheit, über die Ungerechtigkeit in dieser Welt nachzudenken.

Dieses Schicksal war jedoch eines der seltensten. Die Hinterseer und Faistenauer waren alle schlauer als ihr Ordnungshüter. Keinem sonst wäre es in den Sinn gekommen, mit einem solchen Schatzfund zu den Behörden zu laufen.

Zumal ja nicht immer alles wertvoll war, was nächtens aus der Erde kam. Der Sägewerksbesitzer Peter Putz und sein Freund Willi Schörghofer stießen bei einer ihrer Suchen auf eine Eisenkassette. Statt jedoch des erhofften Goldes enthielt diese nur kroatisches Papiergeld im Wert einer halben Million, eine Briefmarkensammlung und einen halben Reichsapfel. Zweifellos stammte dieser Fund aus dem Kroatenschatz des Diktators Pavelic'. Solches Zeug interessierte die Hinterseer wenig; ihr Augenmerk galt mehr den verschwundenen Goldbarren, die ebenfalls in diesem Gebiet verborgen wurden. Diese, so ging in Gerüchten um, sollen mit Lastwagen an die Westseite des Sees gekarrt worden sein, wo es dann versenkt wurde. Der Vater von Rupert Moser aus Vordersee war sogar Zeuge dieser Versenkung. Seinen Angaben zufolge wurden die Kisten mit der Aufschrift »Explosiv« und »Munition« beim Pumpenwerk im See versenkt. Ähnliche

Von diesem Pumpwerk aus soll der Pumpenwärter beobachtet haben, wie der Schatz versenkt wurde.

Aussagen existieren auch vom alten Pumpenwärter, der Ende des Krieges solche Vorgänge bemerkt haben will. Ebenfalls Aufschluß könnte das jüdische Dokumentationszentrum in Wien geben, wo Tausende von geheimen Reichsakten eingelagert wurden, die der Leiter des Zentrums, der Nazijäger Simon Wiesenthal an sich gebracht hat. Wiesenthal selbst wäre die Schlüsselfigur für viele ähnliche Schätze, denn bei seiner Jagd nach Kriegsverbrechern galt die Jagd zur Hälfte auch deren Gold. Wiesenthal bestätigte gegenüber einer Illustrierten sogar, daß ein großer Teil des deutschen Reichsvermögens in der Alpenfestung verschwunden ist und daß es wahrscheinlich auch im Hintersee Gold gibt.

All das war bislang aber nichts als Spekulation. Bis zum 28. Juli 1986. An diesem Tag sollte eines der großen Hintersee-Rätsel gelöst werden.

An dieser Stelle wurde der Schatz im Hintersee versenkt.

Es ist einer jener typischen Montage, als der Journalist Rupert Lenzenweger in der Redaktion der Flachgauer Nachrichten erscheint und an seinem Schreibtisch Platz nimmt, auf dem sich die aktuellen Nachrichten stapeln. Lenzenweger ist hin- und hergerissen zwischen so weltbewegenden Nachrichten, daß im benachbarten Obertrum sich die Gemüter über einen Surfplatz erregen und der letzten Boshaftigkeit des bayerischen Ministerpräsidenten Strauß, der wieder einmal kräftig über das Ziel hinausgeschossen ist. Das Läuten des Telefons reißt den Redakteur aus seinen Gedanken. Die Worte des unbekannten Anrufers am anderen Ende der Leitung lassen Lenzenweger in seinem Stuhl regelrecht erstarren. »Mein Name tut nichts zur Sache. Wenn Sie die wahre Geschichte des Hintersee-Schatzes hören wollen, dann sollten wir uns treffen.« Der Redakteur ist wie vor den Kopf geschlagen. »Warum wollen Sie ausgerechnet mir diese Geschichte erzählen?« »Ich habe meine Gründe dafür«, tönt es aus dem Hörer. »Wann kann ich Sie treffen?«, will der Redakteur wissen. »Heute nachmittag um 14 Uhr am Pumpenwerk.« Das Klicken bedeutet dem Journalisten, daß das Gespräch beendet ist. Als er drei Stunden später am vereinbarten Treffpunkt eintrifft, sieht er schon von weitem die grauhaarige, hagere Gestalt am Geländer lehnen. Der Unbekannte nennt nochmals seine Bedingungen. Absolute Anonymität und keine persönlichen Einzelheiten. Dann kommt er zur Sache.

»Die alte Geschichte, die hier überall erzählt wird, können sie vergessen. Was ich Ihnen jetzt erzähle, ist die wahre Geschichte, die außer mir niemand wissen kann, weil ich der einzige bin, der noch lebt. Bei Kriegsende war ich 29 Jahre alt und damals Mitglied der Waffen-SS. Unsere Einheit war in Ebensee stationiert und bei Kriegsende ständig mit irgendwelchen geheimen Transporten betraut. An einem regnerischen Apriltag 1945 bekamen wir den Befehl, wichtige Güter nach Hallein oder Salzburg zu transportieren. Achtzig Blechkisten, jede fünfzig Kilo schwer, verluden wir auf Lastwagen. Wir kamen aber nicht sehr weit, weil amerikanische Truppen bereits kurz hinter Hof die Straße gesperrt hatten. Nach kurzer Beratung wurde beschlossen, die Ladung statt nach Salzburg oder Hallein zum Hintersee zu schaffen und dort im See zu versenken. Dort angekommen begannen wir unverzüglich mit dieser Arbeit, die insgesamt drei Stunden dauerte. Wir waren mitten drin, als unser Sicherungstrupp einen Radfahrer gefangennahm, der uns vom Ufer aus zusah. Die Überprüfung seiner Personalien ergab, daß es der Ortsbauernobmann Alois Ziller war. Sein Parteibuch wies ihn als linientreues Mitglied aus. Wir machten ihm den Vorschlag, mit einigen Kisten Gold eine Widerstandsgruppe auf die Beine zu stellen und zu finanzieren, und der Bauer stimmte begeistert zu. Zusammen mit dem Gold fuhren wir ihn zu seinem Hof, wo die Kisten in seiner Scheune vergraben wurden. Unsere Abteilung zog anschließend ab, und ich habe nie wieder etwas von Ziller und dem Gold gehört. Nun kennen Sie die wahre Geschichte. Das, was die Amerikaner nach dem Krieg bei Ziller abgeholt haben, war jedenfalls nicht das Gold, das er von uns bekommen hat. Der größte Teil ruht auf dem Grund des Sees, wahrscheinlich eingebettet in eine dicke Schlammschicht.«

Diese sensationelle Geschichte erschien am 31. Juli in den Flachgauer Nachrichten, und nährte die Spekulationen und Gerüchte weiter.

Was war es für Gold, das die Amerikaner bei Ziller beschlagnahmten? Wo aber waren die Kisten dann abgeblieben, die Ziller von diesem SS-Trupp erhalten hatte? Vor allem aber, welchen Grund hatte der geheimnisvolle Informant, diese Geschichte ausgerechnet einem Zeitungsmann zu erzählen? Fragen über Fragen. Diese Geschichte aber würde die regen Aktivitäten erklären, die im Sommer 1969 im gesamten Gebiet Aufsehen erregten. Am 19. August 1969 wurde ein »Tigerhai« Klein-U-Boot in den

See gehievt, begleitet von Tauchern, die nach dem sagenhaften Goldschatz suchen wollten. Das Unternehmen war jedoch nicht sehr erfolgreich; in zwanzig Metern Tiefe verfing sich das U-Boot in einer Art schwimmenden Sperre. Baumstämme, die mit Stahlseilen verbunden waren, machten ein Durchstoßen auf den Grund unmöglich. Die Aktion wurde beendet und man zog unverrichteter Dinge wieder ab. Die Hinterseer lachen darüber. Die Stämme, so sagen sie, stammen von Holzfällarbeiten und mit den Stahlseilen verband man die Bäume, um sie über den See zu ziehen. Von schwimmender Sperre zu sprechen wäre übertrieben. Die Hinterseer müßten es eigentlich wissen.

Das vorerst letzte Kapitel um den Goldschatz im Hintersee steht noch aus. In diesem Herbst möchte ein spezielles Schatzsuche- und Bergungsunternehmen aus München den Kisten auf dem Seegrund zu Leibe rücken. Der Chef der Schatzsucherfirma, Alexander Liastschenko, ist zuversichtlich. Wenn das österreichische Innenministerium die Genehmigung erteilt, ist der Hintersee ab Herbst dieses Jahres ein ganz normaler See wie so viele andere auch. Ohne Geheimnis. Warten wir's ab.

DER SILBERSCHATZ DES KURFÜRSTEN

Die großen klassischen Schätze der Weltgeschichte haben fast alle einen Nachteil: Sie sind meist weit entfernt und über den ganzen Erdball verstreut, so daß es schon einige Anstrengungen kostet, sich auf die Suche danach zu machen. Deutschland selbst ist geradezu arm an solchen Schätzen – sieht man einmal von den Werten ab, die aus dem Dritten Reich herrühren oder jenen unzähligen kleinen Münzschätzen aus der Zeit des Dreißigjährigen Krieges.

Lediglich zwei bedeutende Schatzhorte existieren in der Bundesrepublik, von denen der eine wiederum sehr wahrscheinlich ins Reich der Mythen gehört und bisher noch nicht einmal von der Wissenschaft als sicher bestätigt wurde, zumal die Dichtung, die der Geschichte zugrunde liegt, im Laufe mehrerer Jahrhunderte entstanden ist. Die Rede ist hier vom Nibelungenschatz, den Privatforscher irgendwo im Rhein bei Gernsheim, unter einem Acker in der Nähe von St. Augustin oder gar unter einer zwanzig Meter dicken Bodenschicht in der Nähe von Lochheim vermuten.

Der andere dieser beiden Schätze gibt – jedenfalls was seine Existenz anbelangt – nicht den geringsten Grund zum Zweifel. Es ist der Silberschatz des bayerischen Kurfürsten Maximilian I., der seit dem 28. Mai 1648 verschollen ist.

Dabei ist das Verschwinden des kurfürstlichen Tafelsilbers nicht einmal auf Absicht zurückzuführen, sondern wie in vielen anderen Fällen auch, auf menschliche Unzulänglichkeiten und Versagen. Schuld an der Geschichte hatten die Schweden, die sozusagen der Auslöser für die Verkettung der unglücklichen Umstände waren.

Man schreibt das Jahr 1648 und damit auch – wie die Annalen später zeigen – das letzte Jahr des fürchterlichen Dreißigjährigen Krieges, der mit dem berühmten »Prager Fenstersturz« begonnen hatte und mit dem »Westfälischen Frieden« in Osnabrück und Münster endete.

Vom nahenden Ende ahnt in diesen Tagen jedoch noch niemand etwas, und die Horden der schwedisch-französischen Truppen wüten wie die Berserker. Zehn Millionen Deutsche haben bisher das Leben verloren, das sind drei Fünftel der gesamten Bevölkerung. Noch ist kein Ende abzusehen; die Horden ziehen raubend, vergewaltigend und plündernd durch die Lande. Die Orte und Siedlungen sind verödet und leer, im ganzen Reich herrschen Hungersnot und Seuchen. Zu allem Unglück endete die Schlacht bei Zusmarshausen, der man entscheidende Bedeutung zumaß, in einer katastrophalen Niederlage, und nun marschiert das mordlüsterne Schwedengesindel gar in Richtung der bayerischen Hauptstadt München. Angesichts dieser Gefahr beschließt Kurfürst Maximilian I. sicherheitshalber die gefährdete Stadt zu verlassen und sich mit seinem Hofstaat ins benachbarte Österreich abzusetzen. Da der gute Max aber nicht nur um sein Leben fürchtet, sondern obendrein auch noch um seine Reichtümer, befiehlt er, sämtliche in der Residenz zu München befindlichen Schätze zu verpacken und ebenfalls auf den Weg nach Österreich zu bringen.

Zu jener Zeit ist eine Reise über hundert oder noch mehr Kilometer beschwerlich und nicht ungefährlich. Die verschiedensten Fortbewegungsmittel sind notwendig, und besonders die Mitführung umfangreichen Gepäcks erfordert mannigfaltige Vorbereitungen und Maßnahmen. Das wertvolle Silbergeschirr wird sorgfältig in Kisten verpackt, jedoch nicht ohne vorher peinlichst genau in Listen aufgeführt zu werden. Ordnung muß schließlich sein; auch wenn es sich um die Flucht vor dem Feind handelt.

Als Reiseweg wählt Maximilian den Wasserweg auf dem Inn, wahrscheinlich wegen der Bequemlichkeit. Die Isar, sozusagen Münchens »Hausfluß« läßt nämlich keine große Fortbewegung zu, so daß als einzige schiffbare Wasserstraße nur der Inn bleibt. Wasserburg, etwa fünfzig Kilometer von München entfernt, ist deshalb mehr oder weniger der Hafen der bayerischen Hauptstadt. Zu jener Zeit steht die Inn-Schiffahrt in voller Blüte, und fast alle Güter von und nach Österreich werden auf dem Gebirgsfluß transportiert. Für die an manchen Stellen sehr seichte Wasserstraße wurden eigens dafür konstruierte Boote verwendet – die sogenannten »Plätten«. Diese Schiffe konnten nur flußabwärts fahren und benötigten zur Steuerung vier Schiffsknechte, die die an Bug und Heck drehbar gelagerten Ruder bedienten. Die Bauweise der »Plätten« war eine sehr einfache, und die bis zu zwanzig Meter langen und fünf Meter breiten Schiffe hatten nur selten Aufbauten. Meist wurden die Boote am Zielort als Brennholz verkauft. Plätten, die den Rückweg auf dem Wasser antraten, mußten mühsam von Pferde- oder Ochsengespannen vom Ufer aus gezogen (»getreidelt«) werden. Die Plätten, die Maximilian I. für seine Reisen benutzte, waren dagegen weit aufwendigere Boote mit Aufbauten und Ausstattung. Auf diese Schiffe also wird an jenem 28. Mai 1648 das Hab und Gut des Kurfürsten verladen, wobei das gesamte Tafelsilber auf dem Küchenschiff verstaut wird. Die Fahrt geht zügig voran, der Inn führt in dieser Jahreszeit bereits große Schmelzwassermassen aus den Tiroler

Maximilian I. Kurfürst von Bayern. Die Hälfte seines Silbers versank bei Mühldorf im Inn.

Alpen. Hochwasser und Überschwemmung im flachen Land sind deshalb nichts ungewöhnliches. Infolge dieses Schmelzwassers aber wird der Inn von einer reißenden Strömung beherrscht, die den Schiffsführern arg zu schaffen macht. Sie haben große Mühe, die schweren und aufgrund ihres flachen Kiels trägen Boote sicher durch die zahlreichen Windungen des Inns zu führen. Hunderte Male hat jeder dieser derben und kraftstrotzenden Schiffsknechte die Strecke bereits befahren, ohne daß jemals Gefahr für eines der Schiffe – geschweige denn für Leib oder Leben bestanden hätte. Ausgerechnet an diesem Tag aber sollte etwas geschehen, was niemand auch nur im entferntesten für möglich gehalten hätte.

Knarzend und stöhnend schieben sich die Schiffe durch die starke Strömung – die Spitze des Mühldorfer Kirchturms ist bereits in Sicht und die schwerfälligen Boote nähern sich der gefürchteten »Mühldorfer Kehrn« – einer Schleife im Flußlauf, in der das reizvolle Städtchen am Inn liegt. Die Kehre ist bei den Inn-Schiffern deshalb gefürchtet, weil sich die Strömungsgeschwindigkeit hier nahezu verdoppelt und es beinahe übermenschlicher Kräfte bedarf, die Schiffe sicher durch die enge Kurve zu bringen. Was dann kommt, ist eigentlich nichts aufregendes mehr; eine leichte Rechtsbiegung, in der sich die hölzerne Mühldorfer Straßenbrücke, gestützt auf mehrere mächtige Holzpfeiler, über den Inn spannt. Nur schwer läßt sich später rekonstruieren, was hier an dieser Stelle geschieht. Eines der Transportschiffe wird gegen einen der riesigen Pfeiler getrieben und prallt mit berstendem Krachen darauf. Der Aufprall ist so stark, daß die Plätte in zwei Teile zerbricht und die Besatzung in die reißenden eiskalten Fluten geschleudert wird. Das Bugteil versinkt in den braunen Wellen, während das Heckteil noch eine Weile sichtbar den Inn hinuntertreibt. Den Besatzungen der nachfolgenden Schiffe gelingt es, einige der im Wasser treibenden Männer aufzufischen. Trotzdem hat dieses Unglück an der Mühldorfer Brücke acht Todesopfer gefordert. Aber nicht nur Menschenleben sind zu beklagen; Auch die Hälfte des kurfürstlichen Tafelsilbers, das ausgerechnet bei diesem Transport in Sicherheit hätte gebracht werden sollen, ist nun verloren. Die andere Hälfte hatte man aus Platzmangel in einem der anderen Schiffe untergebracht. Seit dem tragischen Unglück beschäftigt das verlorene Silber die Gedanken der Menschen.

Einer, der sich besonders intensiv mit dem Unglück und dem verschwundenen Silber befaßte, war der Stiftsdekan Gabriel Küppferle, der fünfzig Jahre nach dem Schiffbruch seine Recherchen in einer Chronik festhielt. Was er im Laufe der Zeit von Augenzeugen und Beteiligten zusammentrug, ergab einen schlüssigen Beweis: Nicht die starke Strömung trug die Schuld, sondern Alkohol. *»Durch die Verwahrlosung des Schiffsmanns ißt das Schiff mitten entzwey geprochen«* – stellte Küppferle 1698 in seiner Chronik fest. Daß dies durchaus zutreffen kann, ist ohne weiteres vorstellbar. Holzknechte, Fuhrleute und Schiffer galten im alten Bayern als besonders rauf- und sauflustig. Nicht selten waren schon ein paar Liter Bier durch die durstigen Kehlen geronnen, ehe das Tagwerk überhaupt begonnen war. Außerdem galt Bier im Land der Lederhosen sowieso als Grundnahrungsmittel, wie besonders die tonnenförmigen und rotnasigen Mönche und Klosterbrüder allerorts bewiesen. Dem Bericht Gabriel Küppferles zufolge aber scheinen die kurfürstlichen Schiffsknechte besonders arge Saufköpfe gewesen zu sein, denn die Plätte lief mehr oder weniger steuerlos auf den Pfeiler auf. Maximilian dürfte den Verlust sicher verschmerzt haben, obwohl es sich doch um einen erklecklichen Anteil seines Vermögens gehandelt hatte. Welch wertvolle Stücke und Kleinodien der Gebirgsfluß verschlungen hat, zeigt die Aufstellung, die im geheimen Hausarchiv der Wittelsbacher aufbewahrt wird.

Dort ist unter anderem zu lesen:

»Verzeichnuß deß Silbergeschier welches den 28. May AD. 1648 zue Mildorff auf dem Wasser verlohren worden, und was es ungefahrlich wogen thuet:

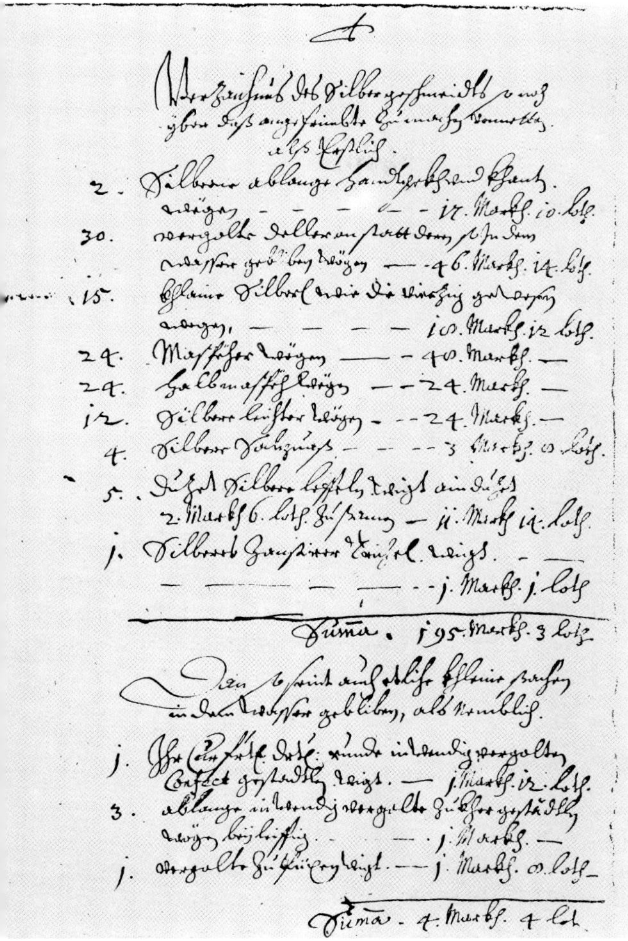

»Verzaichnuß deß Silbergeschier« – aus dem geheimen Hausarchiv der Wittelsbacher in München.

Demzufolge verlor das Haus Wittelsbach Hunderte silberner, aber auch zum Teil vergoldeter Teller, Schüsseln, Schalen, Kannen, Krüge und Besteckteile. Vierzig Kisten dienten als Verpackung für die wertvolle Fracht mit einem Gesamtgewicht von 340 Kilo.

Kein Wunder also, daß sich die hohen Herren am Hofe in München Gedanken machten, wie dem Geschirrzeug denn wohl beizukommen sei. Schwer anzunehmen, daß Maximilian selbst eine Suchaktion danach befohlen hat. Am meisten ärgerlich für den Wittelsbacher mußte wohl der

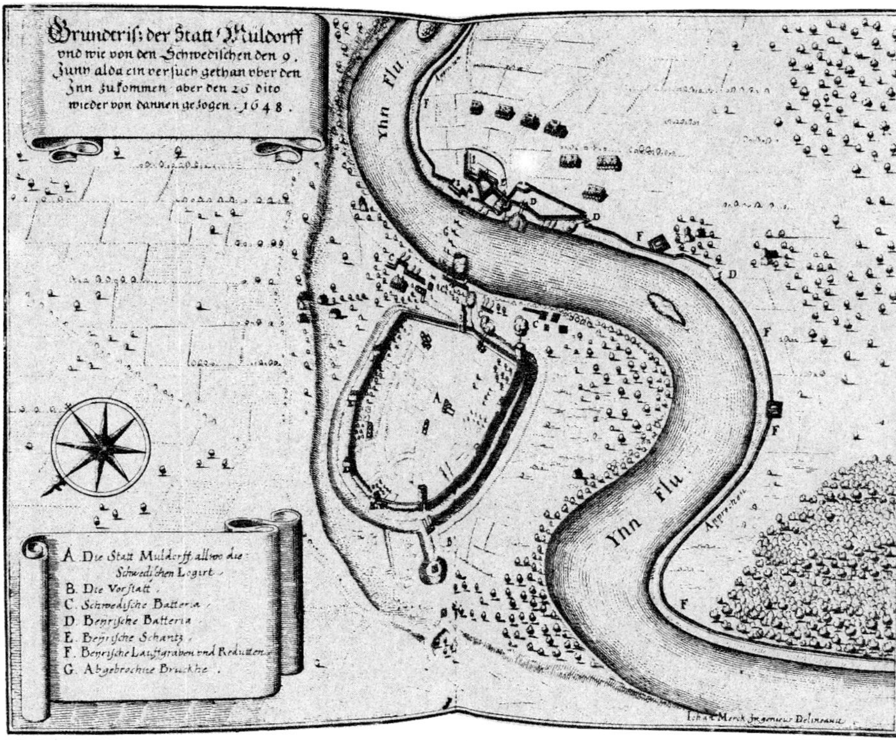

Eine alte Karte des Inn bei Mühldorf.

Umstand gewesen sein, daß bereits drei Monate nach seiner Flucht der Krieg zu Ende war. Am Verlust jedoch war vorerst nichts zu ändern. Ein anderer Wittelsbacher, König Max II. von Bayern, mochte ebenfalls noch nicht so recht an den endgültigen Verlust glauben. Er wandte sich Mitte des letzten Jahrhunderts an die Regierung von Oberbayern mit der Aufforderung: »Man möge doch Nachsuchungen anstellen, da in Strömen versunkene Gegenstände sich nicht selten tief eingraben und selbst bei reißenden Gewässern an der Stelle, wo sie versunken, oder deren nächster Umgebung liegen bleiben.« In der Folgezeit wurden zwar immer wieder die Ufer des Inns sporadisch in Augenschein genommen, jedoch kam so gut wie nie etwas dabei heraus.

Daß oftmals der Zufall die besten Ergebnisse beschert, erfuhr die Öffentlichkeit aus einer kleinen Notiz in der Münchner Zeitung im März

1851. Da hatte doch tatsächlich der Fischer Andreas Kalkofer im Inn nahe des Wallfahrtsortes Altötting einen goldenen Löffel gefunden!

Der Verbleib dieses Fundes ist ungewiß. Daß aber der März zumindest für das Tafelsilber ein günstiger Monat zu sein scheint, zeigt sich im Jahre 1925. Am 22. März nämlich vermeldet ebenfalls die Münchner Zeitung den Fund zweier Silberteller mit dem obligatorischen kurfürstlichen Wappen. In diesem Monat hatte der Inn den niedrigsten Wasserstand, das heißt, er war beinahe trocken. Franz Mareis, Mühldorfs letzter Stadtfischer, war an diesem Tag unterwegs, um aus den Pfützen die Fische herauszufangen. Etwa zweihundertfünfzig Meter unterhalb der Mühldorfer Brücke – also von jener Stelle, an der das Unglück geschah – setzte er sich auf einen der zahlreichen Felsen, die das Inn-Bett säumen, um sich eine Pfeife zu stopfen, als sein Blick auf zwei schmale schwarze Streifen fiel, die zwischen den Steinen aus dem Sand hervorlugten. Als Mareis etwas mit dem Fuß zu scharren begann, bemerkte er, daß es sich um runde Scheiben handelte, die da vor ihm im trockenen Flußbett steckten. Neugierig geworden kniete Mareis nieder und grub nun mit den Händen die Scheiben aus. Als die beiden Teller – um solche handelte es sich nämlich – dann vor ihm lagen, wußte der Fischer sofort, welch unwahrscheinliches Glück er gehabt hatte. Wie jedermann hier in der Gegend kannte auch er die Geschichte von Maximilians Silber. Dann aber zeigte sich, daß Mareis zwar vielleicht ein ganz passabler Fischer, aber sicher kein besonders guter Geschäftsmann war. Er verkaufte die beiden massiv silbernen Teller, von denen einer dreißig und der andere vierzig Zentimeter Durchmesser hatte, für dreißig Mark an einen Uhrmacher in Burghausen! Später gelangten diese beiden Teller in das Heimatmuseum von Mühldorf. Hatte man bisher angenommen, das Silber sei von der Strömung längst in die Donau und von dort ins Schwarze Meer gespült worden, so waren diese Funde der Gegenbeweis.

Die von Mareis gefundenen Teller sollten nicht die letzten sein, die der Zufall wieder ans Tageslicht gebracht hatte. Vier Jahre später, 1929, stakte Emmeran Gruber seinen Nachen durch den Inn, um Treibholz zu sammeln, das er dann in Bündeln als Brennholz verkaufte. In Höhe der Ehringer Furt, ungefähr einen Kilometer von der ursprünglichen Unglücksstelle entfernt, rutschte er mit dem Stakhaken im Flußbett ab. Beim Nachsetzen geschah das gleiche nochmal. Emmeran Gruber griff ins nur dreißig Zentimeter tiefe Wasser und hatte plötzlich eine schwere Silberschüssel in der Hand. An der Stelle, wo der Stakhaken nochmal abgerutscht war, barg der Holzsammler einen zweiten Teller. Auch Gruber behielt seine Funde nicht, sondern verkaufte sie wieder weiter.

Zwar war der Erlös diesmal höher als der von Mareis' Teller, jedoch scheint es, als hätten sich die Käufer ein Limit gesetzt, das die einhundert Mark-Grenze nicht überschreiten durfte. Die kostbaren Stücke wechselten für lumpige achtzig Mark den Besitzer! Sicher lassen sich die Werteinschätzungen der zwanziger Jahre längst nicht mit den heutigen messen; der Wert eines einzigen Stückes aber lag auch zu dieser Zeit weit höher, als der Verkaufserlös.

Im August 1983 tauchte ein Kurfürstenteller aus unbekannter Quelle bei einer Kunstauktion in Genf auf. Der dabei erzielte Preis kam dem wirklichen Wert wahrscheinlich sehr nahe. Bei einhunderttausend Schweizer Franken fiel der Hammer des Auktionators! Damit läßt sich auch der ungefähre Wert des verschwundenen Silbers taxieren: Runde zehn Millionen Mark dürften demnach im Inn bei Mühldorf liegen!

Daß die gemachten Funde Anlaß zu Hoffnungen und Spekulationen geben, liegt auf der Hand, und besonders in den letzten Jahren wurden einige Aktivitäten entwickelt, um das Silber aufzuspüren. Daß dies kein leichtes Unterfangen ist, leuchtet jedem ein, der sich mit den Gegebenheiten von Gebirgsflüssen befaßt. Ungeheure Wassermassen werden Jahr für Jahr während der Schneeschmelze transportiert, und dabei wälzt der Fluß Hunderttausende Tonnen Gestein und Geröll über den Grund. Dieses Geschiebe wird immer wieder verlagert, so daß sich der Flußgrund ständig verändert. Ein weiterer wesentlicher Punkt ist der Flußverlauf, der sich im Zeitraum von einigen hundert Jahren ebenfalls verlagert hat. Zur Zeit des Schiffsunglücks, 1648, gab es weder Flurbereinigung noch Befestigungsmaßnahmen, so daß ein Fluß immer den Weg des geringsten Widerstands wählte. Bei Hochwasser – wie es zum Zeitpunkt des Verlustes ja gerade herrschte – überflutete der Inn oft weite Teile der angrenzenden Äcker und Felder; große Uferbereiche waren Auwälder mit Dickicht und filzigem Bewuchs. Solche Verhältnisse sind heutzutage im Zeitalter der Normen und Regulierungen nur noch schwer vorstellbar. Gerade aber diese Gegebenheiten hatten vielfältigen Einfluß auf Geschiebebewegung und Strömungsverhalten. Der Inn wies – wie alte Stiche und Karten zeigen – noch bis zum Ende des letzten Jahrhunderts gerade im in Frage kommenden Abschnitt einen anderen Verlauf auf, als heute.

Verschiedene Nebenarme, die bei Normalwasserstand abgeschnitten waren, erhielten bei Hochwasser Zufuhr. Selbst heute noch ist im Bereich der Ehringer Au ein solcher Altwasserarm vorhanden.

Um dem Silber auf die Spur zu kommen, ist es erforderlich, die Umstände und die Vorgänge zu rekonstruieren.

Der Autor mit zwei der bei Mühldorf gefundenen Silberteller.

Wenn man voraussetzt, daß die zeitgenössische Schilderung zutrifft, das Schiff sei in zwei Teile zerbrochen – und es gibt keinen Grund, daran zu zweifeln – dann dürften die Kisten erst nach und nach aus den Wrackteilen gefallen sein. Die Kisten waren sicher schwer und eisenbeschlagen, so daß ein gewisser Widerstand gegenüber der Strömung und dem Geröll angenommen werden darf. Aufgrund des Gewichts ist auch anzunehmen, daß die Kisten sehr schnell auf den Grund gesunken sind und dort sich überschlagend von der Strömung weitertransportiert wurden. Zu damaliger Zeit war das Inn-Bett stark sandhaltig, mit mittleren und größeren Geröllblöcken und Felsen übersät. Auch gibt es gerade im in Frage kommenden Bereich bis zu vier Meter tiefe Felsspalten im Bett, so daß die Vermutung naheliegt, einige, oder zumindest eine Kiste könnte im Bereich der Unglücksstelle hängengeblieben sein. Diese Vermutung lassen jedenfalls die gemachten Funde zu. Sehr wahrscheinlich ist auch, daß die Behältnisse durch die Strömung an Felsen geschlagen wurden und dabei geborsten sind. Die einzelnen Teile des Silbers hätten sich dann ungleich schneller irgendwo festsetzen können als die geschlossenen Kisten. Sobald dann eine Schicht Schwemmsand und Kies darüberlag, lagen die Gegenstände so sicher wie in Abrahams Schoß. Da eine bestimmte Dicke der Lagerschicht nie überschritten wird, sondern lediglich eine ständige Umwälzung stattfindet, könnte es gut sein, daß manche dieser Stücke auch heute noch an der selben Stelle liegen.

Diese Theorie würde auch erklären, warum Teile wie Teller und Schüsseln sogar noch nach mehr als dreihundert Jahren nahe der Unfallstelle gefunden wurden, jedoch kleine Gegenstände wie der bei Altötting gefundene Löffel relativ weit getragen wurden.

DIE JAGD NACH DEM SILBER BEGINNT

Am 8. März 1983 strahlte die ARD eine dreißigminütige Dokumentation über das verschollene Mühldorfer Kurfürstensilber aus. Der Film, gedreht von dem Schauspieler Friedrich v. Thun, war für den Münchener Techniker Peter Vetter Anlaß, eine Genehmigung zur Suche nach dem Silberschatz zu beantragen. Mit diesem Antrag weckte der Elektroniker Vetter allerdings schlafende Hunde. Die Stadtväter des kleinen Marktfleckens bekamen plötzlich Angst, ein Privatmann könnte ihnen »ihren« Schatz vor der Nase wegschnappen. Zwar wurde Vetters Antrag vom Landesamt für

Denkmalpflege befürwortet, die Zustimmung der Gemeinde jedoch vorerst verweigert. In einer Gemeindesitzung wurde Hals über Kopf der Beschluß gefaßt, jenen Filmemacher und Schauspieler mit der Suche (und eventuellen Bergung) des Silbers zu beauftragen. Zusammen mit einem ortsansässigen Kreditinstitut wurden die Kosten in Höhe von 30000 Mark aufgebracht, und der Schauspieler ging mit zwei professionellen Tauchern und deren beiden Helfern für zwei Wochen an die Arbeit. Täglich fünf Stunden lang suchten der Off-Shore Taucher Peter Macher und der Kampfmittelräumungsexperte Hermann Beintner das Flußbett von der Innbrücke abwärts Zentimeter für Zentimeter mit Metalldetektoren ab. Die Zeit war gut gewählt – zwar ist das Wasser im Januar eiskalt, doch davor schützten sich die Taucher mit Trockenanzügen. Vorteilhaft dagegen sind zu dieser Jahreszeit der niedrige Wasserstand und die guten Sichtverhältnisse. In diesen zwei Wochen gelangten Beintner und Macher siebenhundert Meter flußabwärts – aber keine Spur vom Silber. Was sie fanden stellt zwar eine Bereicherung für das Heimatmuseum dar – Schwerter, Äxte und dergleichen –, ist aber im Grunde nichts als Schrott. Diese Relikte stammen aus dem 13. Jahrhundert, als Mühldorf Schauplatz einer jener zahlreichen Auseinandersetzungen war, die das Mittelalter beherrschten. Im Jahre 1257 fiel der Böhmische König Ottokar II. in Bayern ein und Herzog Ludwig der Strenge von Bayern stellte den böhmischen Otto hier in Mühldorf, wo es zur entscheidenden Schlacht kam. Die bayerischen Kämpen drängten die zurückweichenden Böhmen so heftig gegen die hölzerne Innbrücke, daß diese einstürzte, und die Böhmen letztlich bei diesem Kampf einige tausend Mann verloren.

Das Fazit für die Stadt Mühldorf lautete letztendlich: »Außer Spesen nichts gewesen!«

Die nächste und bisher größte Runde im Ringen um den Schatz des Kurfürsten wurde 1984 von mir selbst eingeläutet. Der Herausgeber einer Zeitschrift bat mich, sozusagen als »PR-Aktion« eine Suchaktion für das Blatt zu organisieren und durchzuführen. Das Konzept, das ich dafür ausarbeitete, war im Grunde einfach, aber doch hocheffizient: Auf einer Strecke von sieben Kilometern wurden die exponiertesten der in Frage kommenden Stellen ausgewählt, die später abzusuchen waren. Der Aufwand, der für diese größte Schatzsuche Europas getrieben werden mußte, war enorm. Allein mehr als zweihundert Grundeigentümer mußten angeschrieben werden mit der Bitte um die erforderliche Genehmigung. Fast alle großen deutschen Zeitungen riefen Taucher und Schatzsucher zur Mithilfe auf, und das geplante Unternehmen erregte weltweit Aufsehen.

Suche nach dem Tafelsilber 1984.

Vom 7. bis 10. September 1984 war Mühldorf Schauplatz dieser Suchaktion, die der Stadt keine Mark kostete, sondern im Gegenteil internationale Publicity einbrachte.

Zwei Tage bereits durchkämmten knapp zweihundert Schatzsucher mit Metalldetektoren die betreffenden Gebiete und suchten unsere Taucher den Flußgrund ab, bis auf eine handvoll römischer Münzen jedoch ohne Erfolg, als sich in der Funkleitzentrale eine Frau meldete und eine kuriose Geschichte erzählte.

Im Jahre 1936 fand der Vater der Frau eine schwarze Blechschüssel, die er, da sie unbeschädigt war, mitnahm als Freßnapf für den Hofhund. Eines Tages, als man dem Hund wieder einmal den Napf füllen wollte, fiel dem Bauern auf, daß die Schüssel infolge des ständigen Ausleckens blitzblank

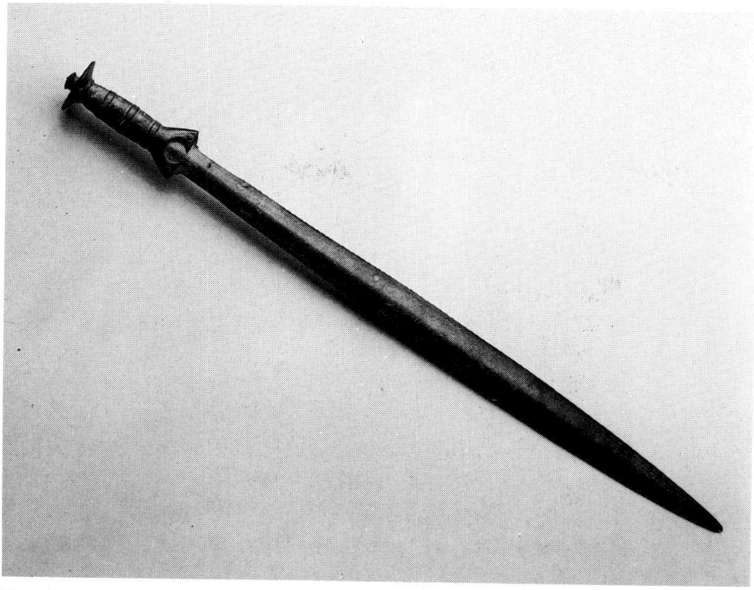

Das keltische Opferschwert, das bei der Suche 1984 gefunden wurde.

geworden war und im Schüsselrand Zeichen eingeprägt waren. Diese entpuppten sich bei genauerem Hinsehen als ein Wappen mit einer Krone und den Initialien »M H I B«, was nichts anderes hieß als: »MAXIMILIAN HERZOG IN BAYERN!«

Was dann geschah, kann sich beinahe jeder denken – das gute Stück fand einen Käufer – diesmal für achtzig Mark! Dummheit scheint das Hauptmerkmal der Mühldorfer Silberfinder gewesen zu sein.

Nachdem wir eine Tauchmannschaft zu dem bezeichneten Altwasserarm gebracht hatten, suchte diese den ganzen Kanal ab, jedoch ohne Erfolg. Als wesentlich erfolgreicher erwies sich das Tauchteam unserer Bergungsgruppe im Inn bei einer Furt: Nachdem eine speziell für dieses Unternehmen konstruierte zwei Quadratmeter große Suchspule im Einsatzgebiet mengenweise Schrott geortet hatte, wurde der Taucher Hans Fichtner fündig. In dreiviertelstündiger Arbeit grub er fünfzig Zentimeter tief aus dem Kiesbett ein keltisches Opferschwert aus, das in einem Erhaltungszustand war, als hätte es längstens eine Woche dort gelegen. Wie Wissenschaftler des Landesdenkmalamtes in München später feststellten, war es vor mehr als 3600 Jahren an dieser Stelle den Flußgöttern geopfert worden. Ein weiterer Beweis dafür, daß Gegenstände ohne weiteres über einen längeren Zeitraum an ein und derselben Stelle liegen können, ohne daß sie von der Strömung oder dem Geschiebe bewegt werden.

Die schlechten Wetterverhältnisse mit Hochwasser und starker Strömung behinderten die Suchaktion dermaßen, daß diese bereits einen Tag früher beendet werden mußte. Zwar kam auch dabei kein Stück des Tafelsilbers zutage, jedoch war zum einen der Zweck der PR für das Mineralienblättchen erfüllt und außerdem ein Prunkstück für die prähistorische Staatssammlung in München gefunden, die das »Mühldorfer Schwert« vom Finder Hans Fichtner zu einem ansehnlichen Preis erwarb.

Die bisher letzte Runde um den Silberschatz von Mühldorf ging an den GOLDENEN RING, Gesellschaft zur praktischen Erforschung der Geschichte und Wiederauffindung verschollener Kulturgüter, in München. Der gemeinnützige Verein bekam vom Freistaat Bayern 1986 den offiziellen Auftrag, die Suche nach dem Silber Maximilians I. durchzuführen.

Daß das Silber bislang noch irgendwo im Mühldorfer Bereich vorhanden sein muß, wenn auch nicht unbedingt im Bett des Inns, geht jedenfalls deutlich aus den Worten eines Mitarbeiters einer Mühldorfer Bank hervor: »Ich komme aufgrund meiner Stellung zu vielen Leuten in Mühldorf und Umgebung. Was glauben Sie, was da in manchen guten Stuben für edle Stücke vorhanden sind...«

Vielleicht brächte »die größte Hausdurchsuchungsaktion Europas« wesentlich mehr Erfolg als eine noch so große Schatzsuche. Immerhin geht es ja um Millionenwerte.

DER SCHATZ DES SEETEUFELS

Geschichten von vergrabenen Schätzen auf einsamen Inseln gibt es viele. Meist sind sie verbunden mit so wohlklingenden Namen wie Käpt'n Kidd, Schwarzbart, Benito Bonito, La Buse oder Davis, die ihre Altersversorgung im Sand unter Palmen deponierten. Zwischen all diesen echten Piratenschätzen stößt man gelegentlich auch auf einen Schatz, der zwar auch auf einer Trauminsel verborgen ist, aber mit den blutrünstigen Schnapphähnen der sieben Meere herzlich wenig zu tun hat. Der Schatz des »Seeadlers« zum Beispiel. Das heißt nun aber nicht, daß die Geschichte deshalb weniger reizvoll wäre – nein, ganz im Gegenteil. Der Mann, um dessen Gold es hier geht, war bereits zu Lebzeiten eine Legende – und dies immerhin im zwanzigsten Jahrhundert.

Ein Kerl wie ein Baum, mit Händen wie Kohlenschaufeln. Wo immer auch diese Hände zupackten, war Kraft im Spiel. Das Telefonbuch von New York zerriß er mühelos in zwei Teile. Ein Fünfmarkstück verbog er lächelnd mit den Fingern. Und auf dem Oberschenkel hatte er eine Tätowierung. Den Lageplan seines legendären Schatzes. Der Schatz des Felix Graf Luckner – weitaus besser bekannt unter dem Namen »Seeteufel«. Der unsterbliche Ruhm Luckners wuchs während des Ersten Weltkrieges, der ja nicht nur aus den fürchterlichen Landschlachten bestand, sondern auch zur See geführt wurde. Einer der großen Seehelden war zu dieser Zeit Graf Luckner. Zusammen mit seinem Schiff »Seeadler« ging er ein in die Geschichte der Kaperkapitäne. Die »Seeadler« war ein Dreimast-Vollschiff – eine jener Windjammern, die heutzutage nur noch vereinzelt als Schulschiffe existieren. Mit einer Länge von 72 Metern und nur knapp 11 Metern Breite war das Schiff ein Rennsegler von nur 1571 Tonnen; eigens 1888 in Glasgow gebaut, um Baumwolle von Amerika nach Europa zu transportieren. Baumwollhandel und Spekulation war zu jener Zeit sozusagen das Warentermingeschäft, mit dem sich ordentliche Gewinne genauso schnell machen ließen wie empfindliche Verluste. Meist befand sich die Baumwolle noch in den Laderäumen der Schiffe auf hoher See ehe überhaupt der Weltmarktpreis feststand. Durchaus verständlich deshalb, daß nur die schnellsten Schiffe für den Transport in Frage kamen, ähnlich wie beim Transport des Tees. Zu Beginn des Ersten Weltkriegs 1914 war für die »Seeadler« dann die schottische Flaggenherrschaft zu Ende. Das Schiff wurde von einem deutschen U-Boot aufgebracht und nach Deutschland geholt und hier mit zwei 105-mm-Schnellfeuerkanonen und einem neuen 1000-PS-Dieselmotor ausgerüstet. Zusätzlich wurden die entsprechenden Umbauten vorgenommen, um Raum für ca. 600 Gefangene zu schaffen. Als Kommandant wurde ein Mann gewählt, der die Weltmeere wie seine Westentasche kannte und in jedem Hafen zuhause war. Felix Graf Luckner. Der Hilfskreuzer S.M.S. »Seeadler« brach Weihnachten 1916 unter dem Kommando Luckners zur ersten Kaperfahrt auf. Unter dem Motto: »Im Kaperkrieg ist jede List erlaubt«, zog der ausgekochte Graf sämtliche Register. Luckner tarnte das Schiff als heruntergekommene Windjammer, die bei anderen Kapitänen höchstens Mitleid erregte und von der alles andere als Gefahr auszugehen schien. Wenn es dann zu Begegnungen mit anderen – feindlichen Schiffen – kam, signalisierte er, man möge ihm doch freundlicherweise mit der genauen Uhrzeit aushelfen. Sobald der andere die Fahrt verlangsamte, erlebte er sein blaues Wunder. Ein Schuß vor den Bug und ein zweiter in die Funkanlage, falls der Befehl nicht unverzüglich befolgt wurde, bestrafte die Geringschätzigkeit, mit der man dem Segler begegnet war. Zähneknirschend mußten die Kapitäne ihre Schiffe übergeben und zusehen, wie Mannschaft und Passagiere als Gefangene an Bord der »Seeadler« gingen. Das aufgebrachte Schiff ließ Luckner dann mit Hilfe einer Ladung Dynamit versenken. Auf diese Art und Weise gelang es dem listigen »Seeteufel«, elf alliierte Frachtschiffe auf den Meeresgrund zu schicken.

Dann kam jener denkwürdige Tag, der Luckners Ruhm unsterblich machen sollte. Der Mann im »Krähennest« meldete »Schiff in Sicht«. Tatsächlich tauchte am Horizont die Silhouette einer Bark auf. Mit dem alten, bekannten Trick, die Uhrzeit wissen zu wollen, kam die Bark längsseits. Ehe sich der Kapitän versah, war die »Chabronne« im Handstreich gekapert. Diesmal verzichtete der »Seeteufel« darauf, das Schiff zu versenken. Luckner befahl, alle Gefangenen, die sich auf der »Seeadler« befanden, auf die »Chabronne« zu bringen. Dreihundert Männer und zwei Frauen standen kurz darauf an Deck der Bark. Was Luckner nun tat, brachte ihm den Ruf eines »Ritters der Meere« ein. Zum Abschied zahlte er jedem Seemann auf den Pfennig genau die Summe aus, die ihm während der Zeit der Gefangenschaft auf der »Seeadler« entgangen war. Unter dem Jubel der Leute schickte er das Schiff nach Rio, damit die Freigelassenen dort an Land gehen konnten. Trotz seiner Ritterlichkeit waren der »Seeteufel« und sein Schiff den Gegnern längst ein unliebsamer Dorn im Auge. So wie früher die britische und spanische Marine die verhaßten Seeräuber als Feind Nummer eins erkoren und gejagt hatte, genauso

Das berühmteste Kaperschiff des 1. Weltkriegs: Graf Luckners »Seeadler«.

machte man nun Jagd auf die »Seeadler«. Schnelle Dampfschiffe durchpflügten die Wellen der Gewässer, in denen man das Kaperschiff vermutete – und tatsächlich gelang es britischen Kriegsschiffen den Hilfskreuzer aufzuspüren: Mehrere Tage dauerte die Jagd, und die Verfolger trieben Luckner um Kap Horn in den pazifischen Ozean. Immer noch auf der

Flucht vor den Feinden, aber sozusagen im »Vorbeisegeln« versenkte der »Seeteufel« schnell noch drei amerikanische Salpeterfrachter, ehe es ihm gelang, sich seiner Verfolger zu entledigen. Nach diesem nervenaufreibenden Katz- und Maus-Spiel benötigte die Mannschaft dringend einige Tage Ruhe. Luckner beschloß deshalb, sich in das Gewirr der polynesischen Inseln zurückzuziehen, um seinen Leuten die wohlverdiente Ruhepause zu gönnen und gleichzeitig die notwendigsten Reparaturen und Überholungsarbeiten durchzuführen. Ein einsames Korallenatoll am Rande der Gesellschaftsinseln, 265 Seemeilen westlich von Tahiti, erschien dem Kapitän als der richtige Platz für dieses Vorhaben. Der Versuch, in die Lagune vor der Insel Mopelia einzufahren, scheiterte aber daran, daß die Einfahrt für die »Seeadler« nicht breit genug war. Sicherheitshalber ankerte Luckner deshalb außerhalb, etwa in Höhe der »Vogelinsel«. Um ein Schwojen des Schiffes zu verhindern, ließ er ein Tau vom Heck an Land laufen. Diese – eigentlich absolut richtige Entscheidung – kostete Luckner das Schiff. Die Unachtsamkeit der Deckwache und des Wachoffiziers trug Schuld, daß dieses herrliche Schiff als Wrack vor dieser kleinen Insel endete. Während Luckner mit der Mannschaft an Land ein Fest feierte, scheuerte die achtere Schwojleine durch, und das Schiff begann sich zu drehen. Noch wäre nichts verloren gewesen, hätte der junge Offizier nicht in einem Panikanfall falsch reagiert. Mit dem Kommando «Volle Kraft zurück« trieb er die »Seeadler« regelrecht in die messerscharfen Korallen. Nun war an der Situation nicht mehr viel zu ändern, und Luckner wäre nicht der »Seeteufel« gewesen, hätte er nicht versucht, das Beste aus dem Schlamassel zu machen. Als erstes gab er die Parole aus, das Schiff sei einem Seebeben zum Opfer gefallen. Bis zu seinem Tod blieb der alte Seebär bei dieser Version und bezeichnete jede andere Schilderung als Seemannsgarn und Humbug. Dieses Verhalten, andere um jeden Preis zu schützen und notfalls eben die Schuld auf sich selbst zu nehmen, war eine Charaktereigenschaft Luckners, die ihn Freund und Feind sympathisch machten. Den wirklichen Hergang der Geschichte schilderte der Steward der »A.A. Johnson«, der als Gefangener auf der »Seeadler« als Steward Dienst tat. Einhundertfünf Mann saßen nun auf einer kleinen Südseeinsel fest, die kaum ihre Bewohner ernährte, geschweige denn so viele hungrige Mäuler. Luckner nahm die Insel kurzerhand als »deutsche Kolonie« in Besitz und benannte sie um in »Seeadlerburg«. Auf Dauer war dies allerdings auch keine Lösung, und Luckner beschloß, etwas zu unternehmen, um mit der Mannschaft von der Insel wegzukommen. Der Plan, den er entwickelte, war recht einfach. In einem offenen Kutter wollte er zusammen mit fünf Männern versuchen, zu den Fidschi-Inseln zu segeln und dort ein Schiff kapern, um die Zurückgebliebenen abholen zu können. Aber vorher mußte noch eine wichtige Sache erledigt werden. Zwei Nächte vor der Abreise zu den Fidschis machte sich Graf Luckner zusammen mit seinem Maat beinahe die ganze Nacht am Wrack zu schaffen. Niemand sonst von der Mannschaft wußte, welche geheimnisvollen Aktivitäten vor sich gingen, und Luckner selbst sprach auch mit niemandem aus der Mannschaft darüber. Achtundvierzig Stunden später befand er sich bereits auf dem Weg zu den Fidschi-Inseln. Der Versuch, den Zweimaster »Gleana A« zu kapern schlug fehl, und Graf Luckner und seine Männer wurden dabei gefangengenommen. Die Eingeborenen und der Rest der Mannschaft bargen aus dem Wrack der »Seeadler« alle noch brauchbaren Gegenstände. Flaggen, Handfeuerwaffen, vier Ledersessel aus der Messe sowie ein handgemaltes Schild »FELDLAZARETT« landeten im Museum von Papeete, der Hauptstadt Tahitis. Eine der geborgenen Kanonen mit der Inschrift »Friedrich Krupp Essen – No. 201 L, 1899« ist heute das Prunkstück im Stadtpark der Inselhauptstadt. Was der Mannschaft zu denken gab war die Tatsache, daß die Schiffskasse, die der Kapitän immer sorgfältig in seiner Kajüte verwahrte, nirgends auffindbar war. Aber, und dies wußten alle der Zurückgebliebenen, außer Wasser und Proviant wurde nichts auf den Kutter mitgenommen. Nun ahnten die meisten, was ihr Käptn und der Maat in jener Nacht im Wrack zu tun gehabt hatten.

Luckner kam bald wieder aus der Gefangenschaft frei – ebenso die mit ihm gefangengenommenen Männer. Luckner war einer der wenigen Gefangenen, die vor dem Gegner Achtung fanden. Sein faires und anständiges Verhalten während des Seekriegs nötigte jedem, der mit ihm zu tun hatte, Respekt ab. Nach dem Krieg brach in den USA eine regelrechte »Seeteufel-Manie« aus. Urheber dieser Begeisterungswoge war der amerikanische Journalist Lowell J. Thomas, der Lawrence von Arabien weltberühmt gemacht hatte. Thomas – immer auf der Suche nach einer Figur, die das Heldenhafte verkörpert, stieß dabei auf Felix Graf Luckner. Dies war genau der Typ, den er suchte und genau der Stoff, aus dem Abenteuergeschichten geschneidert werden – zumal, wenn sie auch noch auf wahren Begebenheiten beruhen. Luckner war mehr oder weniger der Idealheld – pfeiferauchend, groß, breitschultrig und immer den Schalk in den Augen. So stellte man sich einen Seehelden vor. Er fraß für zwei, soff für drei und hatte mehr Kraft in einer Hand als mancher Politiker Gehirn im Kopf. Die Beliebtheit ging soweit, daß man den alten Seebären sogar für den

Friedensnobelpreis vorschlug, wegen seines Einsatzes für die Völkerverständigung. Ein Thema aber wurde entweder total vergessen oder aber geflissentlich übergangen. Der Schatz des »Seeteufels«.

VIELE JAHRE SPÄTER

Hatte Luckner auch immer behauptet, es gäbe keinen Schatz – alles was an Wert an Bord der »Seeadler« von Wert gewesen sei, hätte man ins Meer geworfen, wurde diese Behauptung doch gelegentlich angezweifelt. Richtig aufgegriffen aber wurde das Thema 1969, als der Schriftsteller Rolf Lasa begann, sich für die Geschichte der »Seeadler« zu interessieren. Im Verlauf seiner Recherchen traf er auf Dr. Bengt Danielsson, einen Völkerkundler des »Etnografiska Museet« in Stockholm. Danielsson, der mit Graf Luckner befreundet war, erzählte Lasa, daß ihm der alte Graf kurz vor seinem Tod mitteilte, daß der Schatz wohlerhalten und gut verborgen sei. Danielsson empfahl Lasa an einen Freund, den in der Südsee lebenden Ralph Varady, der die Geschichte von Luckners Schatz kannte wie sonst niemand. Und diese Geschichte sollte dann auch ausschlaggebend sein für eine Expedition in die Südsee, zum Wrack der »Seeadler«. Varadys Interesse an der Person Graf Luckners wurde geweckt durch das Buch des Amerikaners Thomas. Varady reiste nach Mopelia, um den Schauplatz mit eigenen Augen zu sehen. Zahlreiche Souvernirs vom Wrack brachte er mit und begann von da an alles zu sammeln, was mit Luckner und dessen abenteuerlichen Leben zusammenhing. Je mehr Varady jedoch sich in die Person seines Idols hineindachte, desto ungereimter erschien ihm manches an der Geschichte. Besonders die Freilassung der Gefangenen mit der Bark »Chabronne« gab ihm zu denken. Warum, in Dreiteufelsnamen, entschädigte Luckner die Gefangenen so großzügig? Er fand darauf nur eine Antwort. Weil Geld für den »Seeteufel« keine Rolle spielte! Varady spann den Gedanken weiter: Die Bordkasse der »Seeadler« mußte zum Bersten voll gewesen sein. Daß deren Inhalt aus wertbeständiger Währung sein mußte, schien ihm auch klar. Wie sonst wäre eine monatelange Kaperfahrt möglich gewesen? Treibstoff, Ersatzteile, Lebensmittel und all die Dinge, die auf großer Fahrt benötigt werden, noch dazu im Kriegszustand. Nur Gold garantierte eine hundertprozentige Versorgung. Die Rechnung, die Varady aufmachte, kann so falsch nicht sein. Rund eine halbe Million Goldmark, so schätzte er, müßte der Stock der Bordkasse beim Auslaufen gewesen sein. Hinzu kamen die Bordkassen der 15 aufgebrachten Schiffe, die – so vermutete er – ebenfalls jeweils denselben Betrag enthalten haben. Dies ist allerdings ein Punkt, in dem Varady sich geirrt zu haben scheint. Unter den gekaperten Schiffen befanden sich keine Kriegsschiffe, sondern es handelte sich ausschließlich um Frachtschiffe. Kaum anzunehmen, daß die Bordkassen von Frachtschiffen solch große Geldsummen enthalten haben sollen. Deshalb dürfte der Wert des Schatzes auch die Summe von höchstens zwei Millionen kaum überschritten haben. Daß zumindest dieser Schatz Realität ist, darf angenommen werden. Je mehr sich Varady aber in die Sache verbiß, desto überzeugter war er von den Summen, die er im Riff von Mopelia vermutete. Sein Ziel war von nun an, den Schatz des »Seeteufels« zu suchen. Varady bereitete sich sehr sorgfältig auf diese Aufgabe vor. Er trainierte Tauchen und Schwimmen, beschaffte sich sogar ein Atemgerät. Inzwischen hatte er regen Briefkontakt zu Graf Luckner, aber auf den Schatz getraute er sich sein Idol doch nicht anzusprechen. Sehnlichster Wunsch Ralph Varadys war, den Mann persönlich kennenzulernen, dessen Lebensgeschichte ihn so sehr faszinierte. Zufälligerweise geschah es, daß Varadys Schwester 1963 in Malmö heiratete, wo zufällig auch das Ehepaar Luckner wohnte. Varadys Mutter, die zur Hochzeit der Tochter nach Schweden fuhr, lernte den alten Skipper dann tatsächlich bei einer Weihnachtsfeier kennen. Varady vollführte einen Freudentanz, als ihm seine Mutter in einem Brief vom 7. Februar 1964 diese Zeilen schrieb: »Der Käptn hat mir erzählt, daß er eine Munitionskiste zurückgelassen hat, in der sich eine Menge Geld, die Schiffspapiere und noch andere wertvolle Dinge befinden. Diese Kiste liegt immer noch dort, da er bei seinem Besuch 1937 auf Mopelia ständig unter Beobachtung stand.« Bereits zwei Monate später folgt der nächste Brief, in dem Varadys Mutter mitteilt: »...der Skipper zeigte mir sein Knie, über dem er eintätowiert hat, wo sich die Kiste befindet. In dem Moment, als er mir dazu eine Erklärung geben wollte, kam aber seine Frau ins Zimmer, und der Graf brach das Gespräch ab.« Zum Schluß hatte sie hinzugefügt: »Ich denke, daß dies auch mit ein Grund ist, die Geschichte als wahr anzusehen.« Nun konnte Ralph Varady nichts mehr halten. Schon in seinem nächsten Brief an den »Seeteufel« bat er ihn um Informationen über das Schatzversteck. Der alte Graf, inzwischen schon sehr krank und im Rollstuhl sitzend, schickte ihm tatsächlich einen ausführlichen Brief, mit einer Darstellung der Insel und, als Höhepunkt, eingezeichnet die exakte Lage des Schatzes. Bei dem Behälter handelte es sich um eine Munitionskiste aus Messing, mit einer Länge von etwa einem Meter und einer Kantenlänge von dreißig mal dreißig Zentimetern. In jener Nacht, als Graf Luckner und sein Maat am Wrack tätig waren, verlöteten sie die Kiste und wickelten sie in geteertes Segeltuch. Die Kiste versteckte der »Seeteufel« eigenhändig in einer Korallengrotte in zwei Faden Tiefe. Luckners Brief schloß mit den besten Wünschen für eine erfolgreiche Suche. Varady hielt nun nichts mehr zurück. Zusammen mit seiner Frau Maria ließ er sich im Juli 1964 von einem Kopraschoner zum Atoll von Mopelia bringen. Die Suche nach der Kiste schilderte Varady später mit den Worten: »Ich stieg in der Mitte zwischen Ozean und Lagune ins Wasser, um die Strömung auszunutzen. Mit einem Speer stocherte ich in alle Höhlen. Zum großen Glück trug ich Handschuhe – sonst hätte ich mir die Hände in kürzester Zeit an den messerscharfen Korallen zerschnitten. Und Blut konnte ich am allerwenigstens gebrauchen, denn ständig war ich von zehn und mehr Haien umlagert.« Letztendlich waren es die Haie, die Varady zur Aufgabe zwangen. Beim Versuch, einer der Hai-Attacken auszuweichen, wurde er von der Strömung weit aufs Meer hinausgetrieben, so daß der Rest Luft in der Tauchflasche gerade noch ausreichte, um das Schiff wieder zu erreichen. Varady kehrte nie wieder zum »Seeadlerriff« zurück.

Ähnlich wie Ralph Varady faszinierte auch Rolf Lasa die Geschichte des adeligen Seehelden. Im April 1970 startet Lasa seine Seeadler-Expedition in die Südsee. Der zu jener Zeit schon sehr erfolgreiche Buchautor und Schriftsteller gehört zu denen, die die Abenteuer, über die sie schreiben, wirklich selbst erlebt haben. Das Unternehmen »Seeadler« gehört zu Lasas größten Abenteuern. Aus diesem Grund stattet er Ralph Varady einen Besuch ab, insgeheim in der Hoffnung, den alten Freund des Grafen Luckner zum Mitkommen bewegen zu können.

Ralph Varady ist inzwischen fünfzig Jahre alt, als Rolf Lasa ihn in seinem Haus auf Tahiti trifft. Varady freut sich, den Mann persönlich kennenzulernen, der das selbe Ziel verfolgt wie er auch und den er bisher nur brieflich kannte. Es gibt viel zu erzählen, und dabei dreht sich selbstverständlich alles um den »Seeteufel«, sein Schiff und natürlich um den Schatz. Varady bringt eine jener großformatigen Pappmappen, wie sie von Künstlern zum Aufbewahren ihrer Skizzen und Zeichnungen verwendet werden. Als er sie öffnet, quellen die Unterlagen förmlich hervor: Briefe, Skizzen, Notizen, Seekarten, Fotos und auch die Karte, von Luckner selbst gezeichnet und mit jenem Bleistiftpunkt versehen, der aus der einfachen Zeichnung eine echte Schatzkarte macht. »Sie müssen allein fahren – ohne mich. Ich kann hier nicht weg.« Varadys Stimme zittert bei diesen Worten. »Fahren Sie hin und vollenden Sie mein Werk. Nehmen Sie die Unterlagen, Sie werden sie brauchen.« »Das hier«, dabei deutete er auf die Zeichnung mit dem Punkt, »das ist sie! Das ist die Karte, die der Seeteufel persönlich für mich angefertigt hat.« Varady erhob sich und rückte den Stuhl zurecht. »Ich wünsche Ihnen alles Glück, das ich nicht hatte.« Ohne sich nochmals umzudrehen, sagte er noch: »Glauben Sie mir, ich würde eine Hand drum geben, wenn ich mit Ihnen könnte.« Seiner Stimme war anzumerken, daß er mühsam die Tränen zurückhielt. Rolf Lasa hat Verständnis für die Entscheidung Varadys. In mühevoller Arbeit hatte sich dieser eine Firma für Perlmutt-Export aufgebaut und kämpfte schwer gegen die übermächtige einheimische Konkurrenz. Zudem stand es auch in seiner Ehe nicht zum allerbesten, so daß eine längere Abwesenheit höchstwahrscheinlich das geschäftliche und private Ende dieses prächtigen Mannes gewesen wäre. In den nächsten Tagen hat Lasa alle Hände voll zu tun, um Mannschaft und Ausrüstung zusammenzustellen. Als größtes Problem stellt sich die Beschaffung eines geeigneten Schiffes dar. Zwar ist der Hafen von Papeete zum Bersten voll mit den schönsten Yachten, die man sich wünschen könnte. Leider aber gibt es keine Chance, eines dieser Schiffe zu chartern, da es Ausländern nicht gestattet ist, Chartergäste oder Passagiere an Bord zu nehmen. Dieses seltsame und hirnrissige Verbot dient höchstwahrscheinlich dem Zweck, den einheimischen Eignern die zahlende Kundschaft zuzutreiben und deren Seelenverkäufer zu füllen. Das Boot, das Lasa von Deutschland aus vorbestellt hatte, sah eher aus wie ein vom Meeresgrund geborgenes Wrack, als ein brauchbares Boot. Die »Chance«, so der Name, machte den Eindruck, als hätte sie kaum mehr eine solche. Ein anderer, eher lustig anmutender Behördenfauxpas war die Bestimmung, daß Boote und Schiffe ohne Lokus keine Passagiere, sondern nur Fracht befördern dürfen. Die »Manuia«, die Lasa vom Eigner stolz als »das beste Schiff« angeboten wird, hat zwar weder Kombüse, noch Bank, Back oder Koje, dafür aber einen abenteuerlichen Balkon, der über das Heck ragt und als »Donnerbalken« fungiert. Ein »Passagierschiff«! Als reiner Glücksfall entpuppt sich eine schneeweiße Hochseejacht in der hintersten Ecke des Hafens. »Raipoia« – »umwölkter Horizont« steht am Heck. Die »Raipoia« hat tatsächlich alles was zu einem richtigen Schiff gehört. Sogar zwei Toiletten! Darüber hinaus verfügt sie über eine Süßwasserdusche, umfangreiche technische Ausstattung, ausreichend Platz und sogar einen Tauchkompressor zum Füllen der Flaschen. Das allerhöchste aber ist – sie ist tatsächlich zu haben!

Mit der »Raipoia« fährt Rolf Lasa die einzelnen Stationen an und sammelt seine Mannschaft ein. Als Leiter der Expedition heuert er den auf

Bora-Bora lebenden Tauchlehrer und Unterwasserfotografen Erwin Christian an. Die Tauchmannschaft bilden die drei schweizer Sporttaucher Bruno Maechler, Fritz Freivogel und Bruno Nufer, der dreieinhalb Minuten freitauchend den Atem halten kann. Am 29. April 1970 ist die »Raipoia« mit der nun kompletten elfköpfigen Mannschaft zum Auslaufen bereit.

Die Überfahrt zu den abgelegenen Gesellschaftsinseln dauert mehrere Tage. Während dieser Zeit schmieden die Männer bereits Pläne. In erster Linie aber sind sie neugierig, wie sie die Wrackstelle vorfinden werden. Liegt der Schatz überhaupt noch da? Haben vielleicht die Eingeborenen die Grotte mit der Messingkiste entdeckt und längst geborgen? Oder ist die Grotte in den vielen Jahren, die seither vergangen sind, ebenfalls mit Korallen zugewachsen? Oder...? Viele bange Fragen, die einem durch den Kopf gehen, wenn genug Zeit zum Nachdenken vorhanden ist. Deshalb sind alle froh, als sich das Schiff den Gewässern nähert. Zuerst ist es nur eine Art Ahnung. Die Farbe des Wassers ändert sich und wechselt vom dunklen Blau der Tiefe in das Türkis niedrigen Wassers. Am Horizont wachsen die wogenden Palmen der Südsee, und die weißen Gischtkronen über den Riffen warnen vor gefährlichen Untiefen. Kurz vor elf Uhr nähert sich dann die »Raipoia« der Einfahrt der Lagune. Rolf Lasa denkt an die »Seeadler«, die genau vor 53 Jahren ebenfalls an dieser Stelle in die Lagune einlaufen wollte. Das Riff ist ringsum übersät mit rostbraunen Relikten der Windjammer. Die Männer sind tiefberührt und mit ihren Gedanken bei den Geschehnissen 1917. Weithin sichtbar ist immer noch ein großer, verrosteter Kasten, der auf dem Riff liegt. Der ehemalige Frischwassertank der »Seeadler.« Von dem ursprünglich großen und stolzen Schiff ist nicht mehr viel zu sehen; irgendwann in den vergangenen Jahren ist Luckners Schiff vom Riff ins Meer gerutscht und selbst ein Teil dieses Riffs geworden. Im klaren Wasser ist auf dem Grund zu sehen, was noch nicht Opfer des Korallenatolls geworden ist. Anker, Winschen, Kurbelgehäuse, Kolben und mengenweise Granathülsen aus Messing. Langsam und sehr behutsam steuert der Kapitän die »Raipoia« auf die gefürchtete Einfahrt der Lagune zu, die so eng ist, daß die Eingeborenen sie »Taihaaru vahine« – »Frauenschoß« nennen. Diese Einfahrt ist nicht viel breiter als eine Straße. Am linken Rand entlang taumelt die 22-Meter-Yacht durch diesen Flaschenhals ins Innere der Lagune. Die Strömung, mit der die »Raipoia« zu kämpfen hat, ist enorm stark, und es bedarf großen seemännischen Könnens, um hier nicht aufzulaufen. Die Einfahrt ist nur bei hochstehender Sonne passierbar. Nur dann sind die Riffkanten klar erkennbar.

Schlechtes Wetter und Regen machen diesen Kanal unpassierbar, und jeder, der dann drinnen ist, sitzt unweigerlich fest. Erwin Christian deutet auf die Kante des rechten »Seeadlerriffs«. Schaudernd sehen die Männer große dreieckige Rückenflossen durch die Brandung flitzen. Zehn, zwanzig, dreißig und mehr sind es. Auch die Besatzung deutet aufgeregt auf die Flossen. »Parata – Parata!« Dies ist sie, die bei den Einheimischen am meisten gefürchtetste Hai-Art. Der »Menschenfresser« – der große weiße Hai. Stumm blicken sie auf die Karte, die Rolf Lasa von Varady bekommen hat. Am nächsten Morgen beginnt die Suche nach dem Schatz des Seeteufels. Als sie das erste Mal in das klare Wasser eintauchen, empfängt sie eine Märchenwelt. Ein Korallengarten, wie man ihn sich nur schwer vorstellen kann. Überall verstreut die Überreste der »Seeadler«. Und im Riff eine Grotte neben der anderen! Irgendwo hier muß eine Messingkiste verborgen sein. Es ist bereits der dritte Tag, an dem die Männer Stunde um Stunde hinabtauchen und jede Höhle und Grotte mit dem Unterwassermetallsuchgerät prüfen. Es ist beinahe halb Zwölf, als Erwin Christian auftaucht und aufgeregt ruft: »Schnell, einen Hammer und ein Brecheisen. Wir haben ihn!« Sofort ist er wieder abgetaucht, verschwindet in einem Strudel von Luftblasen, der silbrig an die Oberfläche emporsteigt. Inzwischen steht die Sonne am Himmel wie eine feurige Scheibe. Kein Hauch und keine Brise bietet Kühlung, die Hitze hängt wie ein Gardinenvorhang über dem Boot. Trotzdem sind die Männer im Boot total überdreht und umarmen sich in der Vorfreude. Alles hat sich gelohnt – sämtliche Qualen und Mühen, alle Schinderei unter diesen Verhältnissen. Vergessen sind alle Unannehmlichkeiten, die sie bisher ertragen haben. Eiternde Schienbeine von den Verletzungen der Korallen, Bruno Nufers Sonnenbrand, Fritz Freivogels bohrende Ohrenschmerzen und auch die große Beule, wo ihn der Großbaum an der Stirn getroffen hat. So also sieht der Erfolg aus! Zwanzig Minuten später versammeln sich alle um die zurückgekehrten Taucher. Wo ist das Gold? Wo ist der Schatz des »Seeteufels«? Erwin Christian öffnet das Netz, und es blinkt wie Gold. Aber alle wissen, daß sie einem Trugschluß zum Opfer gefallen sind. Das vom Sand blankgescheuerte Messing der Granatenkartuschen täuscht Edelmetall vor, wo keines ist. Längst ist die Euphorie der nüchternen und berechneten Suche gewichen, Meter um Meter wird der Meeresboden wieder abgesucht, und was sie an Bord bringen, könnte ein Museum mit Souvenirs der »Seeadler« füllen. Aber bisher nicht die Spur von Luckners Schatz. Fritz Freivogel fällt aus, die Stirnhöhlenbeschwerden nehmen bereits beängstigende Ausmaße an. Sie setzen alles auf eine Karte und starten nochmals einen Großangriff auf das Grab der »Seeadler«. Die verstärkten Aktivitäten und vor allem das ständige Gehämmer und Klopfen hat die Haie neugierig und nervös gemacht. Ständig pirschen sie wie ein Wolfsrudel um den Arbeitsplatz der Taucher. Hier würde auch ein Haikäfig nichts nützen; die Strömung risse ihn ständig hin und her. Aber dann macht sich wieder Hoffnung breit. Tatsächlich steckt so etwas wie eine Kiste in einer Grotte. Bereits um 11.40 Uhr werden die Flaschen gewechselt, und sofort arbeiten sie weiter. Inzwischen zeichnet sich aber auch ein Wetterumschwung ab, der die Schatzsucher zu noch mehr Eile treibt. Und plötzlich – mitten in den Aktivitäten, die Kiste freizubekommen, geschieht es. Es geht alles furchtbar schnell. Die Ereignisse überstürzen sich wie in einem Slapstick. Die Kiste ist bereits zur Hälfte frei, da bricht das Versteck zusammen. Der ganze Felsen zerbirst mit seinen Höhlen, Kavernen und Kanälen und spuckt die Bewohner aus. Armdicke Muränen und schwere Lobster schießen geradewegs hinein in die Meute der lauernden Haie. Ein Wirbel gieriger futterneidischer Haie – und mittendrin Erwin Christian und Bruno Maechler, die die Kiste um keinen Preis aufgeben wollen. Rolf Lasa versucht, ihnen den Weg freizuschießen, braucht nicht einmal zu zielen, drückt ab und trifft – aber der hochempfindliche Pfeil explodiert nicht, sondern geht lediglich durch den Hai hindurch wie durch Butter. Das Blut strömt aus dem Raubfisch wie Wasser aus einem Hahn. Die Meute der Haie gerät nun vollkommen außer sich, und die Schlieren des Blutes verdunkeln das Wasser. Nun denkt keiner mehr an Gold, Schätze und Reichtum. Was nun zählt, ist nur noch, das nackte Leben zu retten und ins schützende Boot zu gelangen. Die Kiste sinkt im Strudel der tollwütigen Haie immer tiefer.

Am 6. Mai um 14.55 Uhr läuft die »Raipoia« aus Mopelias »Frauenschoß« aus mit Kurs auf Papeete. Zwei Tage später wird bereits eine neue Legende geboren, wie sie typisch ist für Geschichten um versunkene Schätze: Zwei stabile Kisten stehen auf dem Heck der »Raipoia«. Sie enthalten Möweneier, die die Insulaner den Schatzsuchern mitgegeben haben, um sie für sie in Papeete zu verkaufen. Wie ein Lauffeuer verbreitet sich das Gerücht, in diesen Kisten sei der legendäre Schatz des »Seeteufels«. Dabei liegt der Schatz nach wie vor auf dem Grund des »Frauenschoßes« vor Mopelia. Und niemand weiß dies besser als der Gauner, der ihnen in der ersten Nacht im Hafen diese beiden Kisten gestohlen hat.

DER SCHATZ DER GOTEN

Wenn das Thema Schätze zur Sprache kommt, dann ist es die Regel, daß wir Europäer uns geflissentlich der Mitsprache enthalten, da doch die großen und klassischen Schätze ganz wo anders lagern und unsere angeborene Bescheidenheit demnach Kommentare verbietet. Dabei dürften wir durchaus unsere Stimme erheben im erlauchten Kreis der Schatzkundigen. Was die wenigsten wissen ist: Unsere Geschichte vergeheimnist Schätze, die vor denen der Völker aus der überseeischen Antike keineswegs zurückstehen müssen. Solide gewachsene Völkerbündnisse und Stammesverwurzelungen in der Frühgeschichte Europas haben für den entsprechenden Reichtum gesorgt. Zugegeben: Geschichte ist nicht jedermanns Sache: Die Hintergründe jedoch sind spannend wie Romane von Agatha Christie.

Nicht die Geschichte der Germanen, Kelten oder Gallier ist es, die Anlaß geben könnten, sie in die Reihe der bedeutenden Schätze aufzunehmen. Es sind die Goten, die uns einige Überraschungen bescherten und uns den entsprechenden Respekt abnötigen. Die Ausdehnung des Goten-Reiches war zu damaliger Zeit immens. Deshalb ist es auch nicht weiter verwunderlich, daß ihre Schätze beinahe über gesamt Westeuropa verstreut vermutet werden und wahrscheinlich auch sind. Aber um eines besseren Verständnis Willen sollte man die Geschichte doch halbwegs in die Reihe bringen.

Die Geschichte der Gotenschätze beginnt mehr oder weniger um das siebte Jahrhundert. Als das Christentum Spanien wiedereroberte. Zu den am meisten umkämpften Metropolen gehörte Toledo, das lange Zeit unter grausamer maurischer Knute gelitten hatte. Der Reichtum dieser Stadt war schon zu jener Zeit sagenhaft; neben Gold und Silber bargen die Schatzkammern der Stadt Kleinodien, die besonders für die christliche Religion von unschätzbarem Wert waren. Darunter ein juwelenverzierter Tisch aus purem Gold, der, so wird vermutet, aus dem Tempel König Salomons stammte.

Neben all diesen religiösen Schätzen aber barg Toledo auch noch verschiedene Stammesschätze, darunter den der Sueben. Als Toledo im Oktober 711 von dem arabischen Heerführer Musa genommen wurde, fiel ihm auch dieser in die Hände. Auch die Stammesschätze der Westgoten befanden sich darunter, die lange Zeit in Ravenna und Carcassonne aufbewahrt waren, aber später hierher verlagert worden waren. Diese

Westgotenschätze waren zeitgenössischen Berichten zufolge derart umfangreich, daß keiner der Berichterstatter eine Wertangabe machen konnte. Immerhin aber ist bekannt, daß darunter auch die Jerusalemer Tempelschätze waren, mit der Minorah, dem berühmten siebenarmigen Leuchter der Juden, sowie dem Abendmahltisch und dem heiligen Gral – jenem Kelch aus einem einzigen Smaragd geschnitten, mit einem Rubin besetzt. Diesem Kelch, aus dem Jesus beim letzten Abendmahl Wein getrunken haben soll, werden viele wundersame Eigenschaften nachgesagt. Die Summe aller Schätze jedoch war die Tatsache, daß es sich um die Stammesschätze, bzw. um die Königsschätze der Westgoten handelte. Somit also um einen heiligen Schatz, der sozusagen den Fortbestand des gesamten gotischen Volkes sichern sollte.

Dieser Schatz bestand in der Hauptsache aus zwei streng getrennten Bestandteilen. Zum einen aus dem sogenannten Königsschatz und zum anderen aus dem eigentlichen Stammesschatz. Wie exakt die Goten dies zu unterscheiden wußten, beschreibt der Geschichtsschreiber Jordanes bereits bei der Bestattung des Gotenkönigs Alarich im Flußbett des Busento. Nachdem die gotischen Kriegshorden Rom geplündert hatten und weiter nach Süditalien gezogen waren, starb Alarich. In monatelanger Arbeit wurde Jordanes zufolge der Busento nahe der Stadt Cosenza umgeleitet und dem toten Fürsten im Flußbett eine Grabkammer errichtet, in der er mit all seiner Habe bestattet wurde. Jordanes betont dabei, daß Alarich seinen Königsschatz mit ins Grab bekommen habe. Der Stammesschatz blieb davon unberührt. Dieser Königsschatz bestand in erster Linie aus der persönlichen Habe, dem Schmuck, den Steuereinnahmen und den Tributen, die andere Fürsten dem Herrscher abzuliefern hatten. Der Stammesschatz dagegen war eine bunt zusammengewürfelte Ansammlung an Wertgegenständen, die in der Hauptsache aus Kriegsbeuten stammten. Welchen Stellenwert der Stammesschatz einnahm, beschreibt der französische Geschichtsforscher Gèrard de Sède folgendermaßen: *»Der Stammesschatz besaß in den Augen der Goten einen beinahe heiligen Charakter. Er war unveräußerliches Allgemeingut und selbst der König durfte nur dann einzelne Teile daraus entnehmen, wenn das Schicksal der gesamten Nation davon anbhing.«*

Um diesen heiligen Schatz nicht zu gefährden, wurde er bei Gefahr an sicheren Plätzen vorübergehend deponiert. Damit ist wahrscheinlich auch erklärbar, wie verschiedene Teile dieser Schätze an verschiedenen Stellen zufällig gefunden werden konnten. Einer dieser Zufallsfunde wurde im Jahre 1837 in Rumänien gemacht.

An einem Apriltag besagten Jahres verlassen Stan Avram und sein Schwiegersohn Yon Lemnar schon sehr früh ihre Hütte in Petroassa und begeben sich in den Steinbruch des nahegelegenen Berges Istritza, wo sie für ihren Arbeitgeber Sandstein abbauen. Petroassa war nichts anderes als eine kleine Ansammlung von Tagelöhner-Katen, in der Nähe der Stadt Buzeo. Bei der harten Arbeit fällt Avram plötzlich eine ungewöhnliche Felsformation auf, die sich von den anderen in der Umgebung deutlich unterscheidet. Die Spalten und Ritzen sind nämlich mit Humus aufgefüllt, und dies ist tatsächlich ungewöhnlich, da es im Bereich des Steinbruchs keinen Humus gibt. Avram und Yon kratzen mit ihren Brecheisen die Erde aus den Spalten und stoßen so auf einen Hohlraum, der mit einem flachen Stein verschlossen scheint. Mit vereinten Kräften wuchten sie schließlich den Deckel weg und stehen ehrfurchtsvoll vor dem glitzernden Inhalt der Schatzkammer – denn um eine solche handelt es sich. Ein richtiger kleiner Haufen aus Gold und Edelsteinen! Insgesamt 23 einzelne Teile, bestehend aus Ketten, Fibeln, Krügen und seltsam anmutenden Hühnerköpfen. Alles zusammen mehr als dreißig Kilo schwer, schaffen die beiden nach und nach heimlich nach Hause. Dieser Schatz aber, den Gotenforscher später dem Fürsten Athanarich zuordnen, der ihn im Jahre 380 n. Chr. hier verborgen hatte, brachte den beiden Tagelöhnern kein Glück. Es zeigte sich, daß Armut eben doch ein schlechter Ratgeber ist. Einzelne Stücke des Fundes verwenden Stan Avram und Yon Lemnar, um verschiedene Lebensmittel einzutauschen. Damit machte ein entsprechendes Gerücht die Runde, und das Schicksal nahm seinen Lauf.

Eines Tages stattet der Steinmetz Anastaso Verussi den glücklichen Findern einen Besuch ab. Ohne große Umschweife kommt er zur Sache und bietet ihnen an, das ganze »Messing« zu einem ordentlichen Preis abzukaufen. Die beiden sind mehr als erfreut, zumal die Summe für die damaligen Verhältnisse tatsächlich anständig ist. Für rund sechshundert Mark nach heutigem Wert wechselt der Gotenschatz den Besitzer. Der Steinmetz Verussi hatte zwar ganz klar erkannt, daß es sich um Gold handelte – ansonsten aber schien er eher ein Schwachkopf gewesen zu sein, denn mit einer schweren Axt zertrümmerte er die kostbaren Dinge, um sie unauffälliger abtransportieren zu können. Welch großer Fehler dies war, sollte sich alsbald zeigen. Bei der Zertrümmerung sprangen nämlich die wertvollen Rubine, Smaragde und Diamanten aus den Fassungen, die der Steinmetz in seiner Ahnungslosigkeit für wertlos hielt und liegenließ. Als die Kinder aus Petroassa mit den auserlesensten Juwelen spielten, wurde die ganze Sache ruchbar, und eine Untersuchungskommission aus Bukarest ermittelte in der Angelegenheit. Ergebnis der Geschichte des Gotenschatzes war, daß Avram und sein Schwiegersohn zu langjährigen Strafen verurteilt wurden, während der Steinmetz Verussi seltsamerweise ein außergewöhnlich mildes Urteil erhielt. Nicht lange danach befand er sich bereits wieder auf freiem Fuß und genoß in Bukarest ein angenehmes Leben. Der Schatz von Petroassa wurde größtenteils wieder restauriert und befindet sich nun im Nationalmuseum in Bukarest.

Daß Vorgänge wie der beschriebene nicht die Ausnahme sind, zeigt auch die Geschichte, die sich in einer anderen Ecke Europas, in Spanien, zutrug. Hier in der iberischen Stadt Toledo konzentrierte sich die Macht der maurischen Besatzer und demzufolge auch die Bemühungen, die Invasoren wieder loszuwerden. Goten, Germanen und Franken verbündeten sich zu einem großen Heer, um vereint die Barbaren zurückzuschlagen. All diese scheinbar uneigennützigen Einsätze aber hatten jedoch auch sehr materielle Motive: verschiedene Prunkstücke und Kleinodien, auf die jeder der Stämme Anspruch zu haben glaubte, lockten die einzelnen Fürsten an. Besonders das »Missorium«, eine fälschlicherweise als Schiff bezeichnete Weiheschale aus purem Gold, fünfhundert Pfund schwer, wurde von fast allen Stämmen als Eigentum betrachtet. Um dieses Missorium gab es verschiedentlich die erbittertsten Fehden unter den Bruderstämmen. Ausgerechnet dieses Missorium befand sich in den Händen der Mauren. Somit war es nicht weiter verwunderlich, daß plötzlich Einmut und Geschlossenheit herrschte, als es darum ging, Toledo zu befreien. Insgeheim hoffte jeder der Stammesfürsten, nebenbei auch noch einen erklecklichen Teil der reichen Schatzkammern der Stadt an sich bringen zu können. Wie wohlgefüllt diese zu jener Zeit waren, berichtete der arabische Chronist Aben Adhari:

»Im Königspalast von Toledo gab es eine Zimmerfolge, deren Eingang mit 24 Schlössern gesichert war. In diesen Räumen wurden unzählbare Schätze aufbewahrt, aber auch manche Beute, unter der sich geheimnisvolle Amulette und fremdartige magische Figuren befanden, deren Bewahrung und Erhaltung den Bestand des von Athaulf gegründeten Reiches garantierten. Diese Talismane werden in einem wunderbaren Marmorschrein aufbewahrt, der mit Symbolen und Figuren geschmückt war. Jeder Fürst, der den Thron bestieg, fügte ein weiteres Schloß zur Sicherung der Schatzkammer hinzu, um die Entweihung des Stammesschatzes unmöglich zu machen.«

Wen wundert es, daß die verschiedenen Stammesfürsten mit Hintergedanken nach Toledo gekommen waren. Wo all die unermeßlichen Reichtümer abgeblieben sind: Wir wissen es nicht! Verschiedene Teile davon aber sind zumindest in der Umgebung Toledos verblieben. Wie anders wäre sonst der Schatzfund von Guarrazar zu erklären, der Mitte des letzten Jahrhunderts unter ähnlichen Umständen gemacht wurde, wie jener von Petroassa.

Im Sommer 1858 herrschte in dieser Region eine Gluthitze, die den Boden ausdörrte und reißen ließ. Das Vieh litt unter der Trockenheit, und die Menschen wußten nicht mehr, wo sie noch Wasser hernehmen sollten. Die kleine Quelle von Guarrazar war längst trocken und der Guarajaz, in den das Bächlein mündete, gab längst nichts mehr als Staub her. Eines abends dann kam mit einem Donnerknall das langersehnte Ende der Dürre. Der Himmel öffnete seine Schleusen, und es ergossen sich Wassermassen über das Land und seinen Boden, der so trocken war, daß das Wasser überhaupt nicht mehr versickern konnte. Das Bächlein schwoll zu einem Bach, und der Guarajaz verwandelte sich in einen reißenden Fluß, der mit seinen braunen Fluten alles mit sich nahm, was im Wege stand. Trotz des weithin überschwemmten Landes aber ging für die Bauern die Arbeit weiter. So auch an jenem denkwürdigen Tag des 25. August 1858. Die Bauern des nahegelegenen Ortes Guadamur arbeiteten seit Tagesanbruch auf ihren lehmigen Feldern, als einer von ihnen mitten auf dem Acker eine große vom Wasser freigespülte Felsplatte entdeckte. Zwei Besonderheiten waren es, die die Aufmerksamkeit der Bauern erregten; zum einen unterschied sich diese Platte von den vielen anderen durch ihre exakte rechteckige Form, und zum anderen aber durch den Umstand, daß der Stein von der Flut weggerückt worden war. Nicht viel zwar, aber immerhin doch soweit, daß man erkennen konnte, daß sich darunter ein Hohlraum befand, aus dem es metallisch hervorblitzte. Es war ein hartes Stück Arbeit, bis die Bauern gemeinsam die Platte entfernt hatten. Nun aber erkannten sie, daß es sich um einen regelrechten steinernen Schrein handelte, der es im wahrsten Sinn des Wortes in sich hatte. Nach kurzer Beratung einigten sie sich, daß eine Bergung bei Tage zu gefährlich sein würde und man deshalb diese in den Abendstunden durchführen sollte. Gemeinsam rückten sie den Deckel wieder über das Versteck und schaufelten sogar noch Erde darauf, um es zu tarnen. Wie sie es besprochen hatten, so geschah es: Ohne Schwierigkeiten gelang es ihnen, den Schatz in ihr Dorf zu schaffen. Welchen Fund sie gemacht hatten, schien ihnen nicht ganz klar gewesen zu sein: Wie sonst ließe sich erklären, daß die Bauern zwar redlich teilten, aber in ihrer Einfalt alles für einen Spottpreis wieder einem gerissenen Kenner aus der Nachbarschaft verkauften. Dabei genügte schon der bloße Anblick, um erkennen zu können, daß es sich um einen Königsschatz handelte. Allein sieben große Kronen und 14 kleinere lagen in dem Versteck. Dazu noch eine Anzahl Schmuck und Kultgegenstände, so daß ein Gewicht von mehr als zweihundert Kilo zusammenkam.

Welcher Wert tatsächlich ihren Händen entglitten war, stellte sich erst später heraus, als offenbar wurde, wie schlau der Aufkäufer wirklich gewesen war.

Dieser schaffte nämlich den zusammengekauften Schatz über die Grenze nach Frankreich und bot die kostbaren Stücke der französischen Regierung zum Kauf an. Da der Preis anscheinend nicht zu hoch war, griff diese selbstverständlich zu und erstand den gesamten Schatz für das Museum in Cluny. Dieser Verkauf rief nach Bekanntwerden in ganz Spanien große Betroffenheit hervor. Nicht nur, weil damit der Wissenschaft unersetzbares Material entzogen wurde, sondern auch wegen des Außerlandesschaffens. Königin Maria Luisa Isabella II. setzte zur Untersuchung der Vorgänge eigens eine Kommission ein, die allerdings auch nicht mehr in Erfahrung brachte, als ohnehin schon bekannt war. Sämtliche Interventionen und Versuche bei der Regierung Frankreichs, den Schatz zurückzubekommen, verliefen ergebnislos. Während die Spanier vor Wut kochten, triumphierten die Franzosen um so mehr. Anhand der Kronen ließen sich viele offenen Fragen in Bezug auf die Regenten des Gotenvolkes klären. Besonders die größte und zugleich schwerste Krone entpuppte sich als wahres Buch: es war die Krone des Königs Recceswintha (653–672). Dieses Prunkstück war aus einem doppelten massiven Goldring von 22 Zentimetern Durchmesser und 10 Zentimetern Höhe gefertigt. Rubine, dreißig Smaragde und ebensoviele Perlen zierten die königliche Kopfbedeckung. Rings um die Krone hingen vierundzwanzig Buchstaben aus Gold an feinen goldenen Häkchen und bildeten folgenden Satz:

»Recceswinthus Rex offeret«

(Durch König Recceswintha dargeboten)

Gotenforscher stellten fest, daß diese Krone niemals auf des Königs Haupt gesessen haben konnte, da sie viel zu massig und damit zu schwer war. Nach oben hin waren vier goldene Ketten befestigt, die ähnlich einem Kronleuchter in eine Aufhängung aus Bergkristall ausliefen. Diese Vorrichtung erfüllte wohl den Zweck, dieses Zeichen der Macht über den Thron aufhängen zu können. Dies war der Stand der Dinge, und eigentlich für eine Schatzgeschichte schon ausreichend genug, aber immer noch nicht zu Ende. Die braven Bauern, die geglaubt hatten, mit dem Verkauf der Stücke das Geschäft ihres Lebens gemacht zu haben, sahen sich nun in Anbetracht des Hick-Hacks, der zum Großteil öffentlich ausgetragen wurde, schwer hintergangen. Die Summen, die die Zeitungen veröffentlichten, differierten nämlich gewaltig zwischen denen, die der Aufkäufer, ein Goldschmied, bezahlt hatte. Und nun zeigte sich die sogenannte und immer wieder zitierte »Bauernschläue«. Einer der unzufriedenen Verkäufer, der Bauer Domingo de la Cruz, kehrte zur Fundstelle zurück, um in deren Umgebung noch einmal genau nachzusuchen. Was niemand für möglich hielt, geschah: In unmittelbarer Umgebung der ersten Fundstelle stieß er auf einen weiteren Felsenschrein, ebenfalls wohlgefüllt mit kostbaren Dingen aus dem edlen Metall. Wieder war eine große Krone dabei – die Votivkrone des Gotenkönigs Swinthila (631–632).

Genau wie jene Recceswinthas war diese auch mit goldenen Buchstaben geziert, ebenso reich geschmückt mit Edelsteinen und Juwelen. Daneben befanden sich noch mehrere kleinere Kronen, ebenfalls mit Steinen besetzt, sowie Gürtel und Kreuze aus Gold. Domingo de la Cruz nahm den Schatz mit nach Hause, wo er ihn vorerst in Steinguttöpfen verwahrte. Diesmal war der Bauer klüger; lediglich einige kleine Stücke verkaufte er in Toledo und wartete dann ab, ob und was geschehen würde. Tatsächlich geschah bald etwas. Wieder tauchte eine Untersuchungskommission auf, die die Herkunft der aufgetauchten Stücke ausfindig machen wollte. Nun schien es dem Bauern geraten, eine falsche Spur zu legen; er fuhr nach Madrid und ersuchte um eine Audienz bei Ihrer Majestät der Königin. Dabei machte Domingo seiner Königin eine kleine Krone und ein Kreuz zum Geschenk, die, wie er ihr sagte, aus dem ersten Schatzfund stammen würden und sein Anteil gewesen waren. Dies war zwar eine dumme Lüge, da der Sekretär des königlichen Hofes, Don Antonio Flores, als Leiter der ersten Untersuchungskommission sehr wohl wußte, daß Schatz Nummer 1 komplett verhökert worden war und somit keine Stücke daraus mehr auftauchen konnten. Schnell kam man dahinter, daß es somit einen zweiten, nicht minder wertvollen Schatz geben mußte. Wieder zeigte sich der Bauer äußerst clever. Er gestand, daß die Stücke tatsächlich aus einem erneuten Schatzfund stammten und bot bereitwillig an, alles an die spanische Regierung abzutreten. Diese war nun froh, wenigstens einen Teil in Besitz zu bekommen, nachdem der erste Schatz schon außer Landes gebracht worden war und zahlte Domingo de la Cruz sogar noch eine großzügige Ablösesumme von 400000 Realen. Die Königin selbst zeigte sich ebenfalls von ihrer freizügigen Seite und setzte für den – notgedrungen – »ehrlichen« Bauern eine lebenslange Rente in Höhe von 4000 Realen pro Jahr aus. Diese großzügigen Gesten hatten wahrscheinlich nur den Zweck, möglichen weiteren Findern die Entscheidung zu erleichtern.

Ob dieses Verhalten allerdings viel nutzte, darf bezweifelt werden. Zumindest ist in der Nachfolgezeit kein weiterer Fund bekanntgeworden. Glück anderer Art aber hatte Spanien in Hinsicht auf den ursprünglich verschleppten Schatz Nr. 1, der nach Frankreich geschmuggelt wurde: Nach zahlreichen geheimen Verhandlungen zwischen dem späteren spanischen Diktator Franco und dem französischen Staatspräsidenten Pètain erhielt Spanien drei Viertel des Schatzes zurück. Diese Funde waren zwar von großem Wert und stellen auf jeden Fall einen kaum schätzbaren Wert dar, doch sind sie lediglich ein kleiner Bruchteil dessen, was sich in dieser Region befand. Die gesamten angesammelten und gehäuften Gotenschätze bestanden ja nicht ausschließlich nur aus Votivkronen und ein paar Kreuzen. Zum gesamten Hort zählten Unmengen an Wertsachen und Kultgegenständen, die zwangsläufig irgendwo abgeblieben sein müssen. Aber wo?

Mit an einiger Sicherheit wurden große Teile von den maurischen Räubern fortgeschafft. Zumindest im Falle von 25 Kronen ist dies bekannt. Wo aber blieben solche Stücke wie Abendmahltisch oder Minorah? Daß das Missorium dem Schmelzofen zum Opfer fiel, daran zweifeln Forscher heutzutage kaum noch. Anders aber dürfte es sich im Falle des Tisches und des Leuchters verhalten haben. Tatsächlich ist ein Teil der Wissenschaftler der Meinung, diese und auch andere Gegenstände aus den Gotenschätzen befinde sich immer noch irgendwo in der Umgebung von Toledo verborgen. Ganz auszuschließen ist dies jedenfalls nicht. Ebenfalls nicht von der Hand zu weisen sind Theorien, denenzufolge große Teile in einer Art »Umverteilung« in Kirchen und Klöstern gelandet sind. Reale Beispiele hierfür gibt es durchaus genug. Seit Bekanntwerden des Umfanges und Inhaltes der Gotenschätze reißen die Nachforschungen dazu nicht mehr ab. Besonders auf den Abendmahltisch, die Minorah und den sagenhaften Gral konzentrieren sich die Aktivitäten. Zündenden Nährstoff erhielten all die Vermutungen und Thesen mit dem Fund des ebenfalls sagenhaften »Smaragdtisches«, der in einem Dorf in der Nähe Toledos gemacht wurde. Dieser Tisch, in dem man die Tafel König Salomos vermutet, wird von allen Zeitzeugen als einmalige Kostbarkeit mit den herrlichsten Verzierungen geschildert. Demnach soll er mit Perlen und Smaragden geschmückt und mit mehreren Reihen Rubinen, Saphiren und Topasen eingelegt gewesen sein. Die Geschichte der Auffindung des Tisches wird folgendermaßen geschildert:

»Nachdem Sultan Muza 713 Toledo eingenommen hatte, kam ein Mann zu ihm, der sich mit einem Verrat die Gunst des Muselmanen erkaufen wollte. Nachdem ihn Muza in ein Verlies geworfen hatte, bot der Verräter im Tausch gegen seine Freiheit einen unermeßlichen Schatz. Der gierige Muza ging auf den Handel ein, und nachdem die Mauren zu dem Versteck geführt waren, entließ der Sultan den Verräter tatsächlich mit einer großzügigen Belohnung in die Freiheit.« In denselben Zeitraum fällt auch das Verschwinden der Minorah und des heiligen Grals, jenes berühmten Abendmahlbechers Christis. Zu diesem Bibelschatz gehörte auch der bereits erwähnte Abendmahltisch, der mit einem halben Meter Breite und sechs Metern siebzig Länge zu den wohl größten Gegenständen zählte. Gefertigt aus Akazienholz und belegt mit Goldplatten, war der Tisch sehr wahrscheinlich das am ungefügigsten zu transportierende Stück. Deshalb darf die These der Gotenforscher als wahrscheinlich betrachtet werden, in der die Vermutung geäußert wird, Tisch und Leuchter seien vergraben worden. Seltsamerweise ist nichts näher darüber bekannt, ob die Umgebung der Fundstellen der Kronschätze ausreichend nach weiteren Verstekken abgesucht worden ist. Wahrscheinlich nicht. Riesige Schätze aus der Zeit der maurischen Schreckensherrschaft, so vermutet man, liegen immer noch in der Gegend um Toledo verborgen.

Nicht minder geheimnisvoll ist das Verschwinden und der mögliche Verbleib des Abendmahlkelches – des Grals. In den letzten Jahren hat sich eine ganze Reihe von Laienwissenschaftlern mit dessen Verschwinden befaßt, aber auch die ernsthafte Wissenschaft ist mittlerweile bereit, die Existenz einer solchen Devotionalie als zumindest im Rahmen des Möglichen zu erachten. Trotzdem ist und bleibt der Kelch vorerst verschwunden. Das allgemeine Interesse daran ist verständlich; immerhin stellen die angeblich im Gral enthaltenen Kräfte das dar, wovon die Menschheit seit eh und je träumt.

Der Überlieferung zufolge soll der Gral Licht, Nahrung, Trank und Beistand spenden – darüber hinaus Energie und sogar das ewige Leben geben. Bereits in der Bibel heißt es, daß Josef von Arithmäa im Verließ nur deshalb solange überlebte, weil er den Gral bei sich hatte. Josef tauchte nachweislich in England auf, nachdem er seine Freiheit wiedergewonnen hatte, um dort als Missionar zu wirken. Die Nachfahren Josefs, der 63 n. Chr. in Kent starb, galten seitdem als Gralshüter. Ende des 5. Jahrhunderts gelangte der heilige Kelch schließlich nach Merida, von wo aus er dann später über Asturien nach England zurückgebracht wurde. Damit war die Irrfahrt des Grals noch nicht beendet; über Wales und die Bretagne landete er schließlich in der Festung Montségur, die als letzte Gralsburg berichtet ist. Montségur, die während des Albigenserkrieges im Jahre 1208 Schauplatz einer langanhaltenden Belagerung war, gilt in Fachkreisen als Bewahrungsort großer Reichtümer. In einer Geschichte wird von einem heimlichen Ausbruch berichtet, bei dem große Teile eines Schatzes in einem nahegelegenen Wald verborgen worden sein sollen. Weiter spricht die Geschichte davon, daß unter den Grundmauern von Montségur riesige unterirdische Anlagen, ähnlich einer Katakombenstadt existieren sollen, in der die Belagerten Zuflucht fanden und worin auch die Schätze – darunter der Gral – in Sicherheit gebracht worden sein sollen. All diese Thesen und Theorien sind nicht so ohne weiteres von der Hand zu weisen; viele Festungen und Burgen an dieser Strecke wurden laufend von den Goten als Rast- und Fluchtburgen benutzt. Bis eines Tages das wohl größte Geheimnis der Bibel und des christlichen Glaubens gelöst wird, was wohl nur mit dem Fund des Grals möglich ist, werden alle Spekulationen um den geheimnisvollen Kelch weiter Blüten treiben. Irgendwo existiert er wohl noch, und wenn es nur in Form des Wunschdenkens in den Köpfen der Menschen ist.

SCHÄTZE, SCHÄTZE, SCHÄTZE

Die Welt ist voll von Schätzen. So wie die Weltgeschichte ihre großen bedeutenden Schätze hat, so hat jede Kultur, jeder Landstrich und jede Region Dutzende solcher Geschichten von verlorenen, verschollenen und verborgenen Schätzen. »Der bedeutendste Schatz ist immer der, welchen man gerade sucht«, lautet eine alte Schatzsucherweisheit.

Ob dies nun einer der bisher berichteten oder einer der nachfolgenden beschriebenen Schätze ist, mag jeder für sich selbst entscheiden.

Einer der bedeutendsten Umstände, der zur Existenz verlorener Schätze beigetragen hat, war die Inbesitznahme des südamerikanischen Kontinentes durch die spanische Krone. Permanente Ebbe in der königlichen Kasse und eine unersättliche Gier nach dem edelsten aller Metalle waren die Hauptmotive für die systematische Ausplünderung und Unterdrückung der Kulturvölker der neuen Welt. Am schlimmsten betroffen waren die Inkas, jenes Herrschervolk im Hochland Ecuadors und Perus. Ihre prunkvoll mit Gold und Juwelen ausgestatteten Tempel und Priestergebäude wurden als erstes geplündert, und die kunstvollen Stücke respektlos eingeschmolzen und nach Spanien geschafft. Dieser – vermeintlich unerschöpfliche – Goldfluß trug mit die Schuld an der Überentwicklung der spanischen Gold- und Silberflotte. Aus dieser anfangs reinen Transportflotte entwickelte sich dann nach und nach die Seekriegsnation Spanien, die die Vormachtsstellung der Engländer beendete. El Dorado, was ursprünglich soviel wie »der Goldene« bedeutete und sich auf ein Ritual bezog, wurde bald interpretiert als das goldene Land, in dem die unerschöpflichen Edelmetallquellen sprudeln. In Anbetracht des verschwenderischen Reichtums der Inkas erscheint dies denn auch verständlich.

Nach dem Einfall der ersten Spanier unter Pizarro und den damit verbundenen Plünderungen ließ Huascar, Thronfolger des letzten Kaisers der Inkas, Atahualpa, sämtliche Schätze aus der Inka-Stadt Cuzco wegschaffen und in Sicherheit bringen.

Zeitgenössischen Berichten zufolge sollen allein für diese drei Monate dauernden Arbeiten mehr als 20000 Arbeiter mit mehr als 10000 Lamas beschäftigt gewesen sein. Diese riesigen Mengen an Gold – denn um dieses Metall handelte es sich in erster Linie – wurden so sicher verborgen, daß nicht einmal die Spanier mehr daran kamen. Eine der Hauptgründe ist wahrscheinlich darin zu sehen, daß die Inkas zu jener Zeit schon hervorra-

Kostbare Verzierungen aus reinem Gold fanden die Spanier überall vor.

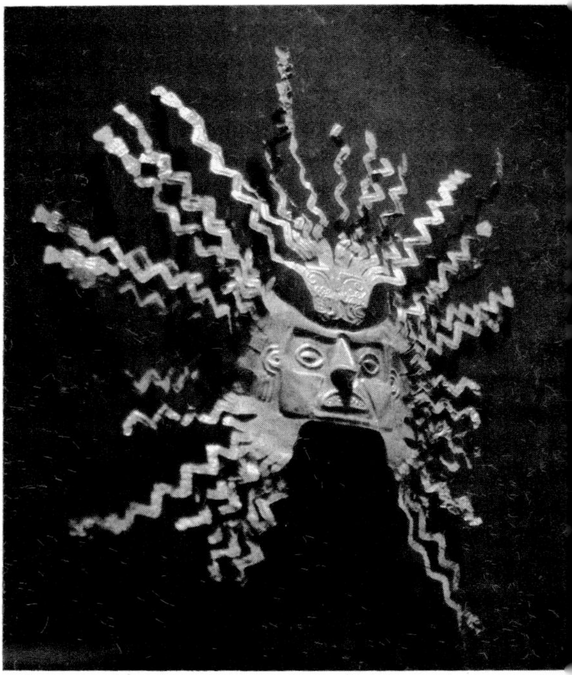

gende Baumeister waren, die über Techniken und Materialien verfügten, die eine solch sichere Verbringung gewährleisteten. Vermutet werden diese riesigen Goldschätze im Lurintal, das sich unweit der Tempelstadt Cuzco befindet. Eine besondere Kostbarkeit hatte es den Spaniern angetan: Die goldene Kette Huascars, die bis zum heutigen Tag nicht gefunden wurde. Diese Kette, die Huascars Vater Huayna Capac anfertigen ließ, wurde bei feierlichen Anlässen um den Hauptplatz von Cuzco gespannt und hatte eine Länge von 230 Metern. Zweihundertachtzig Männer konnten diese Kette mit Mühe tragen, und Berechnungen zufolge mußte sie etwa zwölf Tonnen gewogen haben!

Im Jahre 1563 ging der spanische Soldat Jose Barrilla de Orantes ein amouröses Abenteuer mit der Tochter eines Inka-Priesters ein und erfuhr von dem Mädchen, daß die Kette Huascars in einem kleinen See in der Nähe ihres Dorfes versenkt worden sei. Diesen See, ungefähr 40 Kilometer von Cuzco entfernt, wollte man trockenlegen, um so an die begehrte Kette heranzukommen. Technische Unzulänglichkeiten ließen dann aber dieses

Unternehmen im Ansatz scheitern, und seither ist kein weiterer Versuch bekannt geworden. Unzulänglichkeiten auf spanischer Seite zeigten sich im Laufe der Gold- und Silbertransporte ins Mutterland Spanien in der Folgezeit am laufenden Band; Hunderte schwerstbeladener Schiffe, tief im Wasser liegend und infolge Überladung kaum oder überhaupt nicht mehr manövrierfähig, sanken in Stürmen oder liefen auf die gefährlichen Riffe, die die Route säumten.

Im Bereich der »Silberbanks« vor der Dominikanischen Republik liegen ungefähr 120 Wracks der spanischen Flotte in Tiefen von acht bis fünfzehn Metern, eingebettet in Korallen. Das »Archivo de los Indios« in Sevilla verzeichnet allein von 1550 bis 1678 mehr als siebenhundert verlorene Schiffe! Schatzsucher können hier reiche Ernte halten. Aber nicht nur die tropischen Gefilde sind es, die fette Pfründe für ausdauernde Treasure-Hunter bereithalten. Das gute alte Europa bietet ein solch reichhaltiges Betätigungsfeld, daß ein Menschenalter nicht ausreichen würde, hinter all den hier existenten Schätzen herzuspüren.

Großbritannien mit seinen zahlreichen Inselchen bietet eine Fülle an verborgenen Schätzen, deren bekannteste wohl jene des Piraten Marisco sind und die Schätze König Johns.

Die Geschichte des William de Marisco begann im Jahre 1238 auf der Insel Lundy, die der Nordküste von Devon vorgelagert ist. Hier, auf einer Felszunge, umgeben von gefährlichen Klippen, stand auf einer Anhöhe Marisco Castle. Diese Festung war das Stammhaus dieser berüchtigten Sippe, deren Haupteinnahmequelle die Piraterie war. Die Macht, die William de Marisco ausübte, war so groß, daß er sich 1238 tatsächlich daran machte, König Heinrich III. den Thron abzunehmen, indem er ihn ermorden lassen wollte. Das geplante Attentat mißlang jedoch, und der Drahtzieher Marisco wurde in einem Handstreich auf der Insel gefangengenommen und im Tower zu London gehängt. In der Nacht vor seiner Hinrichtung brüstete sich Marisco noch mit seinen ungeheueren Reichtümern, die er so gut versteckt habe, daß sie niemand finden würde. Die Insel Lundy blieb auch nach dem Tod William Mariscos ein Seeräubernest. Besonders in den Jahren von 1623 bis 1632 war die Insel Hochburg der räuberischen Gebrüder Nutt. John und Robert Nutt kaperten jedes Schiff, dessen sie habhaft werden konnten und schafften die Beute auf Lundy Island.

Glaubhaften Berichten zufolge brachten die Gebrüder Nutt ihre zusammengeraubte Beute in eine Höhle am Fuß einer achtunddreißig Meter hohen Klippe an der gefährlichen zerklüfteten Westküste der Insel. Im

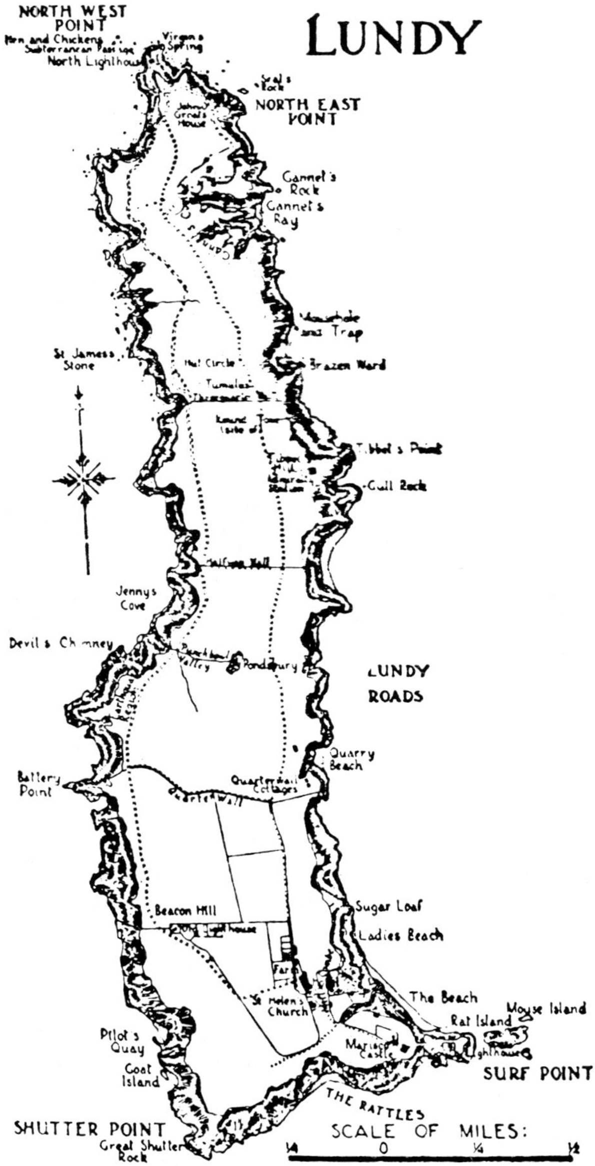

Karte der Insel Lundy vor der Küste von Devon.

Marisco Castle auf Lundy.

Jahre 1864 entdeckten zwei Männer diese Höhle, aber bei dem Versuch, an die Schätze zu gelangen, löste sich ein Steinschlag, und beide kamen dabei ums Leben. Seither wurde kein Versuch mehr unternommen, die Schätze Mariscos und der Gebrüder Nutt zu suchen.

Weitaus weniger gefährlich gestaltet sich die Suche nach dem Kronschatz Englands, den König John, der ältere Bruder Richard Löwenherz', verloren hat. John, der nach dem Tod Richards im Jahr 1199 den Thron bestieg, war seit seiner Kindheit ein Pechvogel. Daran ändert sich auch nichts, als er als König von England mit dem deutschen Kaiser Otto IV. verbündet gegen Frankreich in den Krieg zieht. Das deutsch-englische Heer erhält ausgiebig Prügel, und zurück in England erwarten John Aufruhr und Streit mit dem Adel, der mit der neuen Regentschaft überhaupt nicht einverstanden ist. John zieht nun mit einem Heer gedungener Söldner durch sein eigenes Land. Die um ihren Besitz fürchtenden Adeligen rufen den französischen Thronfolger Louis um Hilfe und bieten ihm sogar die Krone des Reiches an. John nimmt nun auf sein Land keinerlei Rücksicht mehr, und sein Troß

»Gannets Rock« an der Ostseite von Lundy: hier gibt es zahlreiche Höhlen, die jahrhundertelang von Schmugglern und Piraten als Verstecke genutzt wurden.

Hier an der steilen Westküste Lundys befindet sich irgendwo die Höhle, in der die Gebrüder Nutt ihre Beute versteckten.

rollt plündernd durch die Grafschaften. Jegliche Seßhaftigkeit ist von ihm abgefallen, sein Hofstaat ist sein Wagenzug, in dem er sämtliche Kronschätze und Juwelensammlungen ständig mit sich führt. Am 13. Oktober 1216 geschieht dann das, was Historiker »King Johns Desaster« nennen. Bei der Überquerung des Wellstream versinken seine schwerbeladenen Wagen im Treibsand der Flußmündung, und das Einsetzen der Flut macht jeden Versuch, noch etwas zu retten, unmöglich. Kronjuwelen, Gold, Silber und Kleinodien im heutigen Wert von ca. fünfzig Millionen Mark versinken in Schlamm und Morast. Die Stelle, an der dies geschah, ist heute Marschland. Unweit der Stadt Wisbech liegen die Schätze König Johns unter einer 10 bis 15 Meter dicken Erdschicht.

In weitaus wärmere und klimatisch angenehmere Gefilde führt die Geschichte des geheimen U-Boot-Bunkers, in dem sieben Tonnen Gold auf den mutigen Schatzsucher warten, der es schafft, die Einfahrt in das unterirdische Grottensystem der Urlauberinsel Fuerteventura zu finden.

Tausende von Urlaubern, die Jahr für Jahr ihre Ferien auf der Kanareninsel verbringen, ahnen nicht, daß dieses Eiland vor der afrikanischen Küste ein millionenschweres Geheimnis birgt. Die Geschichte des U-Boot-Bunkers von Fuerteventura ist geheimnisvoll und bedrohlich zugleich. Mord und Totschlag haften ihr an, und wie die Vergangenheit gezeigt hat, ist es nicht immer ratsam, hinter das Geheimnis kommen zu wollen. Alles begann während des Zweiten Weltkriegs mit Admiral Dönitz' ehrgeizigen Plänen, den Aktionsradius der »Seewölfe« vor allem im Atlantik vor Afrika festigen zu wollen. Spanien verhielt sich zwar nach außen hin neutral, aber insgeheim mit Billigung der spanischen Regierung fanden die NS-Strategen Mittel und Wege, die Neutralität zu umgehen. Die Grundlage für eine ständige und versorgungsunabhängige Präsenz deutscher U-Boote in diesen Gewässern war eine solide, wichtige Basis. Eine solche Operationsbasis mußte jedoch sämtliche technischen Vorteile bieten, die für ein Projekt in dieser Größenordnung erforderlich waren. Besonders die Kriterien für einen geheimen U-Boot-Stützpunkt galten als besonders prekär, und es eigneten sich nur wenige Örtlichkeiten. Das Festland Spaniens kam nicht in Frage, da dies den Aktionsradius wieder zu sehr eingeschränkt und zum anderen Spanien kompromittiert hätte. Teneriffa und Gran Canaria schieden aus, weil diese zu stark bevölkert waren. Hierro war zu klein, und Lanzarote eignete sich wegen seiner flachen Küsten nicht. Als optimal bot sich lediglich Fuerteventura an, allein schon wegen der geringen Entfernung zur afrikanischen Küste. Schnell war man sich mit der spanischen Regierung einig. Große Teile der Insel wurden gekauft und auf den Besitz General Winters eingetragen. Unverzüglich begann man mit der Befestigung und dem Ausbau des Stützpunktes; die Aktivitäten, die entwickelt wurden, waren enorm. Eigens aus Deutschland herangeschaffte Spezialtrupps bohrten Brunnen und schufen die logistischen Voraussetzungen. Beim Bau des eigentlichen Bunkers nutzten die Baumeister die Tatsache, daß sich an vielen Stellen durch vulkanische Tätigkeit riesige Luftblasen gebildet hatten. Diese natürlichen Dome waren zudem meist nur von See aus erreichbar und somit prädestiniert für einen U-Boot-Hafen. Im Süden der Insel errichtete man eine luxuriöse Villa mit einem Turm, der sehr wahrscheinlich den einlaufenden U-Booten als Bezugspunkt zum Peilen diente. Eine in der Nähe befindliche Barranca,

Einsam und verlassen liegt die geheimnisvolle Villa Winter in der kargen Landschaft Fuerteventuras. Aber der Schein trügt.

also ein trockenes Flußbett, wurde aufgegraben, um so ins Innere der Luftblase vorstoßen zu können. In dieser heißen Phase der Bauarbeiten wurde der größte Teil der Bevölkerung evakuiert. Dies ist wahrscheinlich auch ein Grund, weshalb niemand die genaue Lage des Bunkers kennt. Die Arbeiten müssen jedoch schnell beendet gewesen sein, denn bald schon liefen große Frachtschiffe die Insel an. Von einem dieser Schiffe, so wird berichtet, wurden zwei große, schwere Drehbänke in den Bunker geschafft. Mit ein Beweis, daß es mindestens einen Landzugang gegeben haben muß. Eine Einmaligkeit war mit Sicherheit auch der Umstand, daß dies der einzige Bunker war, der unter Wasser angefahren werden mußte. U-Booten der 7C-Klasse war es durchaus möglich, in Sehrohrtiefe eine Peilung vorzunehmen und sich dem Punkt dann in Schleichfahrt zu nähern. Nun mag der eigentliche Zweck des Bunkers vorerst offenbleiben; möglicherweise diente er in erster Linie dem Wolframschmuggel, der in dieser Region abgewickelt wurde. Auch das Vorhandensein der »Milchkühe« – wie die großen Schweröl-Versorgungsschiffe genannt wurden, deutet auf einen zentralen Punkt der Unterwasserkriegsführung hin.

Welchen Stellenwert die Basis auch immer eingenommen haben mag, eines ist sicher: Jeglicher autonome Stützpunkt mußte finanziell absolut unabhängig sein. Nur die Existenz einer entsprechend bestückten Kasse konnte dies garantieren. Das einzige Zahlungsmittel, das in einem solchen Krieg dafür in Frage kam, war Gold. Nach ziemlich gleichlautenden Aussagen soll es sich dabei um eine Reserve von etwa sieben Tonnen gehandelt haben! Der Stützpunkt war also einsatzbereit – für welche Aktionen auch immer.

Daß es sich aber um Dinge von ungeheurer Tragweite gehandelt haben muß, beweist ein Vorfall, der sich einundvierzig Jahre später ereignete.

FUERTEVENTURA 1974

Bereits seit mehreren Tagen bewegt sich eine große Yacht in den Gewässern um die Insel. Die Mannschaft besteht aus zwei spanischen Journalisten und einem österreichischen Fotografen. Wo immer sie auftauchen, spielen sie die reichen Touristen, die großzügig Drinks ausgeben und über viel Freizeit verfügen. Allerdings fällt eines auf: Immer wieder bringen sie das Gespräch geschickt auf den Zweiten Weltkrieg und auf den seither verschollenen U-Boot-Bunker. Tagsüber kreuzt die Yacht immer öfter in den südlichen Gewässern Fuerteventuras. Eines Tages werfen sie an einer Stelle Anker, und während ein Mann auf dem Boot zurückbleibt, gleiten zwei Taucher ins Wasser und nähern sich zielstrebig der Küste, wo in sechs Metern Tiefe ein großes dunkles Loch gähnt – die Einfahrt zum U-Boot-Bunker! Der Meeresgrund ist im Laufe der Zeit stark versandet, aber trotzdem ist das Loch immer noch fast fünf Meter hoch. Die vorherrschende starke Strömung macht den beiden Tauchern schwer zu schaffen, und die Sicht am Grund des Tunnels beträgt allerhöchstens zwei bis drei Meter. Allmählich wird das Wasser flacher, und einige Meter weiter stoßen sie auf eine Betonmauer. Über eine eiserne Leiter gelangen sie ins Trockene und legen erst einmal ihre Tauchgeräte ab. Als sie die Lichtkegel der Unterwasserscheinwerfer über das Innere der riesigen Höhle streichen lassen, rieseln ihnen Schauer über den Rücken hinab. Was sie sehen, ist zu unglaublich. Im diffusen Schein der Lampen erkennen sie die Silhouetten zweier dunkler, bedrohlicher Ungetüme. Die Lichtkegel wandern über zwei U-Boote der 7C-Klasse! Als sich die beiden Taucher wieder einigermaßen gefangen haben, gehen sie daran, die stählernen Rümpfe näher zu untersuchen. Festgemacht mit Stahltrossen dümpeln die Boote in der Atlantikdünung, die selbst hier in der Höhle noch spürbar ist. Im Inneren der Boote ist nichts Ungewöhnliches zu bemerken. Lediglich ein Stapel Karten erregt ihre Aufmerksamkeit. Besonders die Karte von der Küste Südamerikas. Sechs Stellen sind mit dem Buchstaben »T« in einem Kreis markiert. Auch einige Zeitungsausschnitte liegen dabei, die sie ebenfalls mitnehmen.

Die Strömung ist inzwischen stärker geworden, und sie haben Mühe dagegen anzukämpfen. Mit letzter Kraft erreichen sie schließlich ihr Schiff. Auf der Rückfahrt zum Hafen prüfen sie im Handbuch die Nummern der beiden U-Boote nach und erleben eine gewaltige Überraschung. Die im Bunker vorgefundenen Tauchboote gelten offiziell als nachweislich versenkt!

In dieser Nacht passiert auf der kleinen Kanareninsel nichts Besonderes. Außer daß sich auf einer Touristenyacht eine Explosion ereignet, bei der zwei Spanier ums Leben kommen und der dritte Passagier einen schweren Schock erleidet und das Gedächtnis verliert. Seither hat niemand mehr gewagt, neugierige Fragen nach einem U-Boot-Bunker zu stellen, den es hier irgendwo geben soll.

Fuerteventura ist nicht der einzige Ort, an dem ein Schatz von geheimnisvollen Hütern bewacht wird. Rund um den Erdball gibt es mehrere solcher ominöser Horte. Die Bewohner der amerikanischen Stadt Phoenix im Bundesstaat Arizona können darüber nicht nur ein Lied, sondern eine ganze Arie singen.

Schroffe, steile Felsnadeln, wie sie aus Hunderten klassischen Cowboyfilmen dem Westernfan bekannt sind, bilden auch die Kulisse für eine geradezu unheimliche Mord-Serie, deren Motiv nichts anderes als Goldgier ist. Schauplatz dieser gnadenlosen Jagd nach dem gelben Metall sind die Superstition Mountains, kaum mehr als fünfzig Gewehrschüsse von Arizonas Hauptstadt Phoenix entfernt. Die Superstition Mountains – Berge des Aberglaubens – galten bereits bei den Apachen als Region, in der die bösen Geister wohnen. Die Spanier, die zum Ende des 16. Jahrhunderts diese Gegend bewohnten, waren dagegen völlig anderer Ansicht. Sie interessierten sich lediglich für das Gold und Silber, das es hier im scheinbaren Überfluß zu geben schien. Von all den Familien, die das Land kontrollierten, waren es besonders die Peraltas, die das einträglichste Gebiet mit Needle Canon, Bluff Springs und La Barge in Besitz genommen hatten. In unablässiger Folge wurden die Erzlagerstätten ausgebeutet, bis dann im Jahre 1848 die Apachen diesem Tun ein Ende bereiteten. Erst im Jahre 1862 begann die Jagd nach Gold und Silber in dem erzreichen Bergmassiv von neuem.

Zwei Deutsche Auswanderer sind es, die in diesem Jahr das Goldrauschkarussell drehen: Jakob von Walzer, ein Bergbauingenieur aus Württemberg, schließt Partnerschaft mit seinem Landsmann Jakob Wisner, den er in Arizona kennengelernt hat. Die beiden beschließen, die ehemaligen Peraltaminen in den Superstitions auszubeuten. Dies ist der Beginn einer unheimlichen Mordserie, die bis in die jüngste Zeit anhalten sollte. Walzer und Wisner werden bei ihrem Vorhaben von zwei Mexikanern überrascht, die sie irrtümlicherweise für Indianer halten. Walzer und Wisner töten die beiden und begraben sie in einer Schlucht. Ohne Hemmungen gehen sie daran, die Mine auszubeuten. Als der Proviant knapp wird, bricht Walzer auf, um in einer Mühle am Gila River Nachschub zu organisieren. Als er zurückkommt, ist Wisner verschwunden. Erst später stellt sich heraus, daß dieser bei einem Indianerüberfall schwer verwundet wurde und nur mit knapper Müh und Not entkommen konnte. Einem Arzt in Florence, der ihn gesundpflegte, schenkte er zum Dank eine Karte, auf der der Lageort der Mine vermerkt war. Walzer nimmt das Gold an sich und taucht 1874 in Hill City auf, dem heutigen Phoenix. Von Zeit zu Zeit verläßt Walzer Hill City und verschwindet für einige Tage in den nahen Superstitions, um sich wieder Nachschub zu holen. Dabei versteht er es ausgezeichnet, seine

Jakob von Waltzer – genannt »Dutchman«.

Waltzers Partner Wiesner.

Spuren zu verwischen, so daß alle, die ihn verfolgen, ihn aus den Augen verlieren. Durchaus verständlich, daß Walzers Geheimniskrämerei seinen Mitbürgern keine Ruhe läßt. Dabei stellt sich heraus, daß er zwischen 1881 und 1889, in der Münze von Sacramento, Rohgold im heutigen Wert von etwa zehn Millionen umschmelzen hat lassen. Im Herbst 1891 stirbt Walzer, und als man in seiner bescheidenen Hütte den Boden umgräbt, findet man immer noch fünf Säcke voller Rohgold. Der Rest aber bleibt spurlos verschwunden. Nun beginnt der Run auf »The lost Dutchman Mine« – wie im Volksmund Walzers Goldquelle genannt wird. Leider hat der schlaue Walzer nicht allzu viele Hinweise hinterlassen; man weiß lediglich, daß es eine Höhle in einer Felsenschlucht hoch oben in einer Felswand sein muß. Auch muß der Eingang nach Westen gerichtet sein, denn Walzer liebte es, manchmal geheimnisvoll darauf hinzuweisen, daß die untergehende Sonne das Erz im Berg nur so funkeln läßt. Trotz, oder gerade wegen dieser Geheimnistuerei versuchen viele, dieses Mine zu finden. Ein markanter Hinweis ist es, der Hoffnung gibt, die Mine doch zu finden. »Weavers Needle« – eine steil und spitz aufragende Felsnadel steht wie ein drohender Finger in unmittelbarer Nähe. Zudem befindet sich am Fuß der Felswand in einem Canyon ein Felsen, dessen Silhouette wie ein Pferdekopf aussieht und etwa zweieinhalb Meter hoch ist. All diese Details erfährt George Scholey aus Phoenix von seinem Freund, dem alten »Apache Jack«. Jack war als junger Mann dabei, als man Peraltas Miner vertrieb und die Minen schloß. Scholey überredet Jack, ihn in die Superstitions zu führen und ihm die Minen zu zeigen.

Einige Tage später findet man den alten Indianer vergiftet auf, während Scholey verschwunden ist. Zwischendurch aber gibt es auch Glückspilze, die mit Taschen voller Gold nach Phoenix zurückkehren, wie C. H. Silverlock und seinen Partner. Gold im Wert von 25 000 Dollar fanden sie in einem Flußbett – so daß sie den Reichtum nur noch aufzuheben brauchten. Daß solche Funde lediglich »armselige« Mauleselladungen waren, die nach dem Überfall auf Peraltas Miner von den Apachen einfach aus den Satteltaschen geleert wurden, ist bekannt. Die Suche nach der Mine selbst geht weiter. Im Juni 1931 kommt der sechzigjährige Adolph Ruth nach Arizona. Er hat in einer Zeitung über die verlorene Mine gelesen. Barkleys Ranch an den Ausläufern der Superstition gilt als Ausgangspunkt für alle Expeditionen, die sich auf die Suche nach der »Dutchman-Mine« machen. Auch Ruths erster Weg führt zu dieser Ranch, da er Tex Barkley als Führer in die unwegsamen Schluchten anheuern will. Ruths Chancen stehen nicht schlecht; immerhin besitzt er eine alte Karte, die aus dem

Weavers Needle in Arizona – in diesem Gebiet befindet sich die Mordmine.

Besitz der Peraltas stammt. Da Barkley nicht anzutreffen ist, geleiten zwei Cowboys Ruth in die Berge. Im Westboulder-Canyon richtet er sein Lager an der »Willow-Springs« genannten Wasserstelle. Laut seiner Karte soll sich die Mine in unmittelbarer Nähe befinden. Die beiden Cowboys sind die letzten, die Ruth gesehen haben. Als sie zur vereinbarten Zeit wieder am Treffpunkt sind, ist von Adolph Ruth weit und breit nichts zu sehen. Eine Suchexpedition unter Tex Barkleys Führung bleibt erfolglos. Selbst die Belohnung, die Ruths Frau für sein Auffinden aussetzt, muß nie ausgezahlt werden. Sechs Monate nach Adolph Ruths Verschwinden durchkämmt eine Expedition der Zeitung »Arizona Republic« mit einem Spürhund das Gelände. Am 11. Dezember stoßen sie auf den Schädel eines Mannes, der von einer großkalibrigen Kugel durchlöchert ist. Einen Monat später findet der Sheriff Jeff Adams achthundert Meter entfernt den Rest der Leiche. Ein Notizbuch, das bei der Leiche gefunden wird, enthält Eintragungen, die der Ermordete allem Anschein nach kurz vor seinem Tod noch gemacht hat. Demnach hat er die Mine gefunden, denn die Eintragung schließt mit den Worten: »veni, vidi vici« – ich kam, sah und siegte. Nun folgt kaum ein Jahr, in dem nicht irgendwelche waghalsigen Abenteurer als vermißt gemeldet werden oder man ihre Leichen in dem zerklüfteten Gebiet findet. Und seltsam: Alle weisen dieselben Merkmale auf – erschossen mit einem großkalibrigen Revolver, wahrscheinlich Kaliber 44 oder 45, Armeecolt.

Am 16. Juli 1947 chartert der 62jährige ehemalige Fotograf James Cravey einen Helikopter, um sich in den »La Barge«-Canyon fliegen zu lassen. Cravey glaubt fest daran, die Mine zu finden, nachdem er angeblich eine »Vision« hatte. Vereinbarungsgemäß kehrt der Helikopter am 2. August zurück, um Cravey abzuholen. Der Pilot findet das Lager völlig unberührt vor und folgt den Fußspuren, ohne jedoch eine Spur von dem Verschwundenen zu finden. Wieder werden Suchtrupps gebildet und die weitläufige Umgebung abgesucht, aber selbst die Spürhunde finden nichts. Erst zwölf Monate später finden zwei Wanderer ein Seil, das quer über den Weg gespannt ist und dicht dabei in einem Gebüsch die enthauptete Leiche von James Cravey, wie sie anhand verschiedener Gegenstände feststellen können. Seltsamerweise ist der Fundort der Leiche an einer Stelle, die ein Jahr vorher von den Suchmannschaften mit den Hunden gründlich abgesucht wurde. Deshalb gilt es als sicher, daß der Mörder die Leiche erst im nachhinein dorthin gebracht haben muß. Der Schädel Craveys wird später einige hundert Meter entfernt gefunden. Mit dem obligatorischen Einschuß. Aus einem Colt, Kaliber wie gehabt.

Der Schädel des ermordeten Adolph Ruth, durchlöchert von einer großkalibrigen Kugel.

Am 23. Februar ziehen vier junge Jäger in das mittlerweile berüchtigte Gebiet, um dort zu jagen. Obwohl vereinbart war, daß man zusammenbleiben wollte, sondert sich Charles Massey von seinen Freunden ab. Diese verbringen eine Nacht am vorher sicherheitshalber vereinbarten Treffpunkt, aber Massey kommt nicht. Der Suchtrupp findet Masseys Leiche am nächsten Tag acht Kilometer entfernt. Die großkalibrige Kugel eines alten Armeecolts hat ihn zwischen den Augen getroffen. Ein Jahr später,

am 1. Januar 1956, stoßen Ausflügler auf ein unberührtes Camp oberhalb der »Massaker-Gründe«, wie die Gegend schon lange genannt wird. Man wundert sich bereits, da bisher, ganz im Gegensatz zu sonst, keinerlei Vermißtenmeldung vorliegt. Aber diese läßt nicht lange auf sich warten. Am 28. Januar 1956 meldet Mr. Zywotho aus Brooklyn seinen Bruder Martin als längst überfällig. Martin Zywotho wollte, so berichtet der Bruder, in den geheimnisvollen Superstition Mountains nach der verlorenen Mine suchen. Ob er sie gefunden hat, läßt sich nicht mehr sagen. Seine sterblichen Überreste dagegen fand ein Jäger am 13. Februar an einer Stelle, die auch bereits im Rahmen einer Suchaktion schon durchkämmt worden war. Das große Einschußloch wies auf ein äußerst schweres Kaliber hin. Wahrscheinlich 44er oder 45er Armeecolt. Inzwischen hat sich die Zahl der Todesopfer auf über sechzig erhöht. Und das Gold? Es liegt noch immer da. Unschuldig, mattglänzend und in tiefer Stille. Nur manchmal unterbrochen von einem Schuß. Aus einem alten Armeecolt. Kaliber 44 oder 45. Man weiß es nicht so genau.

DANKE

Als ich 1975 begann, mich der Forschung nach verschollenen und verborgenen Schätzen zuzuwenden, ahnte ich noch nicht, wie sehr dieses Thema mich eines Tages fesseln und in Beschlag nehmen würde. Hätte mir zu jener Zeit jemand prophezeit, daß ich die Ergebnisse meiner Nachforschungen und Recherchen später als Bücher veröffentlichen würde, ich hätte ihn schlichtweg für verrückt erklärt. Zu engstirnig war mein Denken und glich jener Sorte von Geheimniskrämern, die glauben, nur sie allein hätten den Schlüssel zu all den verborgenen Geheimnissen, die Schatzgeschichten anhaften. Ich habe erkannt, daß vermeintliches Wissen allein nicht genügt, und nur der Austausch von Gedanken und Erfahrungen das Ziel ein Stück näherbringt. Dies wurde mir bewußt durch all die vielen Menschen, mit denen ich gesprochen habe und die ihr Wissen und ihre Gedanken bereitwillig mit mir teilten. Ihnen gilt mein Dank allgemein, und besonders danke ich nachfolgenden Personen und Institutionen für die wertvolle Hilfe bei meiner Arbeit.
Rolf Lasa, Buchautor, Dießen
Ralph Hancock, S. Diego
Ruth Meerkamp, Seychelles Tourist Board
Dr. Richard Gissler, Jülich
Roman Zeller, Fa. Seefahrt und Reisen, Inning
Such- und Bergungsgruppe Liastschenko
Hans-Gerd Brandes, München
Lorenz & Zeller, Reprostudio, Inning a. Ammersee
Günther Steger, Costa Rica
Peter Disch-Lauxmann, Costa Rica
Bibliotheque National Paris
Commune de Rennes le Chateau
Servicio Parques Nacionales, Costa Rica
sowie meinen Freunden vom Goldenen Ring e. V. München

ANHANG

BIBLIOGRAPHIE

BÜCHER

Anderson, S.: Australian Gold Fields
Beebe, Wiliam: The Arcturus Expedition
Carlisle, Christopher: Treasure Hunting in the USA
Cooper, Gordon: Das Gold der Jahrtausende
Disch-Lauxman, Peter: Die authentische Geschichte von Stevensons Schatzinsel
Whymper, Edward: Travels amongst the Great Andes of the Equator
Exquemelin, Alexander: Das Piratenbuch von 1678
Erdmann, Wilfried: Tausend Tage Robinson
Fleischmann, Julius: Footsteps in the sea
Fischer, Fabian: Schätze, Forscher, Abenteurer
Frank, A.: Schießeisen, Silber und Skelette
Hancock, Ralph: The lost Treasure of Cocos-Island
Haydock, Tim: Treasure Trove
Ion Idriess: Lasseters last Ride
Kirchner, Gottfried: Terra X
Lasa, Rolf: Schätze, Träumer, Abenteurer
Leitner, Thea: Schätze, verloren, versunken, gefunden
Melagari, Vezio: Die Geschichte der Piraten
Meinz, Manfred: Schönes altes Silber
Mitchell, David: Pirates
Paul, Wolfgang: Wer war Hermann Göring?
Piekalkjewicz, Janusz: Da liegt Gold
Piekalkjewicz, Janusz: Schatzsucher haben noch Chancen
Potter, John: Treasures Divers Guide
Roden, Hans: Schatzsucher
Rose, Arno: Werwolf
Schließler, Martin: Auf verwehten Spuren
Stonen/Sargent: For Gold and Relicts in Australia
Touboul, Richard: Die Seychellen
Terry, Thomas: World Treasure Atlas
Tucker, Fred: Authentic Treasures
Wrigth, Theon: The Voyage of the Herman

TAGESZEITUNGEN, ILLUSTRIERTE; MAGAZINE UND SPECIALS

Australian Geographic, Australien
Diario Insular, Azoren
Diario da Madeira
Die Woche in Australien
El Pacifico, Puntarenas
Flachgauer Nachrichten, Salzburg
Folha da Tarde, Porto Alegre
Gazeta Mercantil, Sao Paulo
GEO, Hamburg
High Society, München
Journal da Madeira, Funchal
Journal of the Royal Geographical Society of London
La Nacion, Costa Rica
La Republica, Costa Rica
L'Echo des Iles, Victoria, Mahê
LUI, München
Morning Herald, Melbourne
Nation, Seychellen
Nassau Guardian, Bahamas
National Geographic, USA
Nugget, Abenteuer + Mineralien
Paris Match, Paris
People, Sidney
Quick, München
Sidney MORNING Herald, Australien
Skin Diver, USA
Spiegel, Hamburg
Stern, Hamburg
Treasure Magazin, USA
Zeit Magazin, Hamburg